张雅琪 著

巴文献书目控制研究

武汉大学出版社
WUHAN UNIVERSITY PRESS

图书在版编目(CIP)数据

灰色文献书目控制研究/张雅琪著.—武汉：武汉大学出版社,2023.11
(2024.12 重印)
ISBN 978-7-307-24064-3

Ⅰ.灰… Ⅱ.张… Ⅲ.灰色文献—书目控制—研究 Ⅳ.G257.2

中国国家版本馆 CIP 数据核字(2023)第 197138 号

责任编辑:沈继侠 责任校对:鄢春梅 版式设计:马 佳

出版发行：武汉大学出版社 (430072 武昌 珞珈山)
(电子邮箱: cbs22@ whu.edu.cn 网址: www.wdp. com.cn)
印刷:湖北云景数字印刷有限公司
开本:720×1000 1/16 印张:14.25 字数:231 千字 插页:1
版次:2023 年 11 月第 1 版 2024 年 12 月第 2 次印刷
ISBN 978-7-307-24064-3 定价:68.00 元

序

　　书目控制是人类文献文化发展到一定程度的产物。如果从西方 16 世纪文艺复兴时期 Conrad Gesner 完成的《世界书目》算起，书目控制至今有 470 余年的历史。如果从中国 12 世纪南宋郑樵的《通志·艺文略》算起，书目控制至今则有 870 余年的历史。

　　按照曾担任国际图联(IFLA)世界书目控制计划负责人 Dorothy Anderson 关于"自从出版物大量出现以来——自从印刷术真正问世——就面临着出版物的书目控制问题"的观点，书目控制的主要对象是人类的出版物。西方最早的出版物是 1455 年 Gutenberg 用铅活字印制的 Gutenberg Bible。中国早在 11 世纪中叶就发明了活字印刷术，而在此之前的 400 余年里，一直使用雕版印刷术生产并传播文献。唐咸通九年(868 年)印制的《金刚经》是世界上现存最早的有刻印时间的图书(其雕版现藏于英国图书馆)。由此可见，世界出版物之源在中国，世界书目控制之源也应当属于中国。

　　在郑樵之前，早在公元 5 世纪，南朝齐梁时期目录学家阮孝绪作《七录》，就提出了"天下之遗书秘记，庶几穷于是矣"的思想。宋朝著名史学家、目录学家郑樵 16 岁时与堂兄郑厚在夹漈山下刻苦读书，历三十年，于礼乐、文字、天文、地理、虫鱼、草木、方书之学皆有论辨。以后又出外访查佚书十年，遇藏书家，必借留读尽乃去。直至 1158 年，54 岁的他被推荐为右迪功郎，得高宗批准编修通史。1161 年转任枢密院编修，完成长达 200 卷的史学巨著——《通志》。郑樵在《通志·校雠略》提出"总天下之书为一书""纪百代之有无"的主张，这是人类书目控制思想的最早表达。其《通志·艺文略》突破奉为正统的四部分类，按十二野分天之纲设类，总十二类百家四百二十二种，通录古今，记亡书，"广古今而无遗"。

如果说郑樵《通志·艺文略》开启了国家书目控制，那么，Gesner 的《世界书目》是世界书目控制之始。Gesner 是瑞士博物学家、医学家、目录学家。1541年，25 岁的 Gesner 获得博士学位，在苏黎世大学讲授生物学和物理学，同时开始整理当时所见到的各门学科的书籍。到 1545 年其编成的 *Bibliotheca Universalis*，收录了近 3000 名著者的书籍约 1.2 万多种，按著者字顺编排。1548 年和 1549 年出版了这部书目的两本分类目录附主题索引。他突破欧洲中世纪通行的七大类分类法，创建了 21 大类的知识分类。1555 年又出版了该书目的补编，增补 2000 名著者的近 3000 种图书。Gesner 书目收书总量约占 1555 年以前欧洲出版物的五分之一至四分之一。实际上，该书目在范围上并没有达到世界性，就拉丁文、希腊文、希伯来文这三门语言范围，收录完成的还不到 20%~25%。

尽管书目控制思想与实践起源很早，但直到 20 世纪中叶才有"bibliographical control"术语的产生，1949 年美国芝加哥大学 M. E. Egan 和 J. H. Shera 在 *Journal of Cataloging and Classification* 发表《书目控制绪论》，最早提出了书目控制的概念。

经过 UNESCO 和 IFLA 等组织的推动，书目控制理论与实践全面发展，到 20世纪七八十年代达到高潮。1971 年，西德巴伐利亚图书馆馆长 F. G. Kaltwasser 在 *Unesco Bulletin for Libraries* 第 25 卷发表《世界书目控制》(*Universal Bibiographic Control*)，标志着书目控制进入一个新的阶段。1973 年 IFLA 第三十九届布鲁塞尔大会以 UBC 作为大会主题进行了广泛讨论，最终由执行委员会将 UBC 列入 IFLA 的第一项核心计划，它标志着 UBC 的实践开始成为全球图书馆界的中心任务。至 1986 年 IFLA 执行委员会决定将 UBC 和 IMP 两项计划合并为"Universal Bibliographic Control and International MARC"即 UBCIM 计划，该计划持续实施，推动世界各国参与出版物书目控制，直至 2003 年结束。

随着出版物的发展变化，IFLA 以及世界各国对于书目控制的重视，特别是由于数字时代信息技术对于书目控制的挑战，书目控制的理论研究相对薄弱且滞后。1975 年 Donald Davinson 出版的《书目控制》系统探讨了书目控制的概念、国家和国际书目的发展史、非书资料控制等问题。之后的半个世纪，书目控制的研究重点转向了 UBC、MARC、CIP、ISBD、AACR、FRBR、RDA 等主题，缺乏对书目控制全面系统的理论研究，高水平的学术专著极为少见。

从出版物书目控制扩大到所有文献的书目控制，这是书目控制认识论上的一个巨大进步。于是，针对不同类型文献进行书目控制专题研究，成为书目控制发展的方向，由此产生了关于报纸、期刊、政府出版物、古文献、缩微品、音乐图书等多种类型文献书目控制的研究成果。

按文献的传播和使用范围划分，公开发行的文献特别是出版物的控制已有较多的理论研究和实践成果，而非公开发行的文献特别是灰色文献因为属于内部文献，生产该文献的组织不对外公开，限制其流通范围，其传播途径不明确且难以获得，对其实施控制相当困难。也正因为此，研究者少有问津。

2016年，张雅琪同志到南开大学攻读图书馆学专业博士学位，在学术上以目录学为专攻，对书目控制进行了全面系统的研究，打下了深厚的专业理论基础。她勇挑研究重担，敢啃"硬骨头"，博士论文选题经过反复的论证，最终选定灰色文献进行书目控制研究。这在当时博士毕业论文以追求学科或行业热点领域为潮流的背景下，不逐时尚而坐"冷板凳"，不图简易而偏挑难题，的确是难能可贵的。

任何一项学术研究都是建立在前人的研究基础上且有着坚实的理论基础，张雅琪同志所进行的灰色文献书目控制研究也不例外。以图书馆学、出版学、传播学等相关学科理论为基础，对国内外灰色文献研究和书目控制研究进行全面系统的学术史梳理。特别是以数字化为背景，重新界定灰色文献与书目控制，构建起数字化环境下灰色文献书目控制的概念框架。

灰色文献的复杂性要求研究者深入实践。张雅琪同志在对灰色文献进行理论研究的基础上，围绕灰色文献工作实践展开了调查研究。从灰色文献过程出发，调研灰色文献产生领域和流通领域的现状。运用利益相关者理论，详细调查了灰色文献相关利益主体即文献产生者、政府官方、文献组织者、用户的角色、职能等。从我国灰色文献的现实基础与灰色文献书目控制的发展趋势入手，为国家的灰色文献事业提供发展策略。

书目控制的实践性越强，越呼唤理论指导。张雅琪同志将灰色文献书目控制实践探索上升到理论思考。经过对灰色文献特殊性的系统考察，从灰色文献工作全流程出发，构建了数字化环境下灰色文献源的书目控制模型和灰色文献流的书目控制模型，这对于长期以来国内外书目控制奉为经典的 Wilson 关于"descriptive"和"exploitative"两类控制的区分，以及 Wellish 书目控制开环系统模型，是一个新的重要理论突破。

南开大学图书情报与档案管理一级学科博士点向来以标准高、要求严、过程艰而闻名。张雅琪同志在这样的环境下，得到了十分严格的科学训练，具有独立从事创新性科学研究的学术素养。我一直认为，博士论文不是写出来的，而是以科学的研究设计为先导，运用科学的研究方法与工具，经过严格艰苦的科学研究过程，最终形成创新成果，是研究出来的。与其他同学一样，张雅琪同志也经过了四年多的研究，才完成博士论文。2021 年 5 月，张雅琪同志的博士论文顺利通过了答辩并获得老师们的一致好评。这充分证明：高水平的科学研究成果从来都不是轻易能够得到的。

张雅琪同志博士毕业后，到郑州大学任教。才一年时间，就获得了国家社会科学基金青年项目，在科研道路上有了新的更高的起点。

我是张雅琪同志在南开的博士生导师。今天，当我得知她的博士论文即将出版时，感到由衷的高兴和一种成就感。一篇好的博士论文，对学生来说是成就了她漫长的科学事业中一个关键阶段；而对老师来说也是一种成就，是为国家培养英才的成就。

张雅琪同志所在的郑州大学，是我曾工作过的地方。祝愿张雅琪同志坚守学术初心，在人才培养、科学研究与社会服务诸方面取得突出成绩，为国家、为社会作出更大贡献！

是为序。

柯 平

2023 年 9 月 1 日于南开大学

前　　言

灰色文献是文献体系中的重要组成部分，它是介于白色文献（正式出版物）和黑色文献（机密文献）两者之间的一类文献统称，通常指的是那些在传统出版和发行渠道之外产生的信息，包括政府报告、会议记录、机构文件、工作文件、未发表的临床试验等。灰色文献中蕴含着不可忽视的价值和潜力。在数字时代，来自个人、企业、政府等领域的灰色文献大量产生，未有商业和学术出版的延迟和限制使得灰色文献可以提供更为新颖和更为丰富的信息。灰色文献在许多学科包括科学、工程、健康、社会科学、教育、艺术和人文科学中被认为是分析、论证和创新的重要来源，成为开展公共政策、系统评估、学术研究等工作的重要依据。

自该概念提出至今，相较于白色文献（正式出版物），灰色文献仍然是信息社会中难以应对的一种文献类型。随着计算机技术、网络技术、信息技术的发展，一方面使得灰色文献变得越来越丰富、类型越来越复杂、格式越来越多样化；另一方面，得益于搜索引擎和检索系统的发展，数字灰色文献似乎比以往的纸质灰色文献更易被人们获取，为使用者提供了在更大范围内直接获取信息的机会，但同时它也把使用者带入了一个繁杂无序的信息世界里。由于没有诉诸出版行业的组织控制，灰色文献仍然存在着质量差异、编排无统一规格、形态复杂、永久标识等问题，对于使用者而言，查找、访问和获取相关的、高质量的灰色文献仍是一件费时的任务。

20 世纪 40 年代美国芝加哥大学玛格丽特·伊根和杰西·谢拉提出了书目控制这一术语。书目控制是基于控制论的原理，以书目系统对输入文献进行调节和控制的过程与方法，书目控制的目的在于开展书目工作的组织与协调，达到有效记录和检索文献的要求，促进信息资源共享。灰色文献的自身特性决定了其相较于白色文献(正式出版物)，在文献获取和使用等方面具有更大的问题和困难。书目控制以往多用于白色文献(正式出版物)，但随着现代信息技术和书目控制技术的不断深入，已经有越来越多的研究和实践成果表明书目控制在灰色文献领域中发挥更加重要的作用。

探究如何对灰色文献进行组织和控制才能使其成为有序化集合，才能达到推动应用灰色文献的目的，是当下值得思考的问题。

本书便是基于以上现实背景而开展的对灰色文献书目控制的探讨。为尽可能全面系统地研究灰色文献书目控制的相关问题，本书综合运用多种研究方法，立足于相关概念和理论辨析，通过专家访谈和文本编码分析探究灰色文献整体控制的相关要素，以此确定面向灰色文献的书目控制的属性空间；通过具体文献类型的实践调研，明确灰色文献书目控制的属性和维度并进行赋值；从我国灰色文献的现实基础与发展趋势入手，提出宏观层面和微观层面的灰色文献书目控制实现策略。

本书的特色之处在于：

第一，在方法论层面上，突破了以往书目控制的定性研究路线，综合运用访谈法、文本编码分析、案例调研等分析方法，将实证分析方法与规范分析方法相结合，为灰色文献的研究提供了相对完善的材料；将实际问题和主观倾向相结合，在实践领域中充分发挥业内学者的专业指导性。这不仅为灰色文献的研究提供了多种思路，而且为以问题为导向的灰色文献研究扩展了资料收集范围和分析深度。尤其是所采用的文本编码分析，摆脱了仅从某一实践领域关注灰色文献某一方面书目控制的片面性和局限性，转而自足于更为宏观和整体的高度综合看待灰色文献及其书目控制问题，提取出灰色文献书目控制的多重因素和条件，并思考和识别了多重因素和条件之间的联系和相互作用。

第二，基于图书馆情报学、出版学、传播学等综合视角关注灰色文献书目控制问题，扩展了研究视域。基于灰色文献自身生产和流通等方面的特殊性，在立足于图书馆情报学的基础上，采用复杂系统理论用于加强对包含多种文献类型的灰色文献的理解，将灰色文献作为一个复杂系统，在难以提出或者不需要提出具有足够复杂性的措施的情况下，根据必要变异度原则提出灰色文献复杂系统的应对原则；依据文献传播理论将灰色文献划分为灰色文献源和灰色文献流两个阶段，即灰色文献的产生领域和流通领域，分别探究灰色文献产生者、文献组织者和外部监管者的相关行为。本书将书目控制前移至灰色文献的产生领域，从整个灰色文献生命周期的视角，将灰色文献因其产生情况所导致的文献特殊性与书目控制联系起来，避免了孤立分析灰色文献流通阶段被采集、揭示和组织所存在的局限性，是对以往研究只集中于图书馆内部灰色文献控制的有效扩展和补充。

第三，融合灰色文献的特殊性，构建了适用于灰色文献的书目控制模型及系统。灰色文献在其整个文献生命周期过程具有不同于正式出版物的显著特征，要对其进行书目控制还需采取不同于正式出版物的观念和措施。通过理解灰色文献尤其是内部连续性出版物和会议文献书目控制的场景，深入观察和分析访谈资料和调研资料后，识别灰色文献的特征以及开展书目控制的要素和条件，确定灰色文献书目控制的属性和维度。在此基础上，构建了灰色文献源的低尺度调节和控制系统、灰色文献流的开环系统、灰色文献源的书目控制模型、灰色文献流的书目控制模型。尤其是灰色文献源的低尺度调节和控制系统，考虑到灰色文献系统复杂度的特点，强调在有限范围内实施控制的可操作性。同时，灰色文献流的开环系统，考虑到灰色文献非商业出版特性对其文献形式、发布、传播、描述等工作的影响，在前人研究的基础上进行了面向灰色文献的适应性改良，以区别于正式出版物。避免将灰色文献描述、分类等组织工作孤立看待，着重突出了产生领域灰色文献的状态对其后控制表现的影响。

希望本书可以为灰色文献以及书目控制的研究添砖加瓦。

张雅琪

2023 年 2 月

目　　录

第一章 绪 论

作为本书的逻辑起点，本章介绍并阐述了灰色文献书目控制的研究背景、研究内容、研究目的、研究框架、研究意义等基本情况，并对本书进行了整体规划和设计。

第一节 研究背景与意义

一、研究背景

数字化和信息化的发展对整个社会及各个领域都产生了深远的影响。在当前环境下，信息技术已发展成为支撑社会生活和生产活动的基石。从信息化、数字化发展到智能化、智慧化，信息技术的广泛应用使人们能够更高效地对资源进行优化配置和管理，使信息的要素和战略资源的作用得以发挥。在促进新兴领域发展的同时，信息技术也不断推动着传统产业和领域的转型升级。

互联网技术和信息化技术的不断更新发展，促使文献生产方式也随之改变。新技术的引入使得文献生产流程、文献表达方式、文献载体形式等方面都发生了变化。可以说，新兴技术推动的是整个文献出版业生态的重构，特别是大数据、虚拟现实、云计算、二维码识别等技术促进出版各环节的改造升级，在以高新技术为基础，融合和超越传统出版内容发展出了数字出版行业。相较传统出版，数字出版更为强调文献内容的移动化、数字化；生产模式和运作流程的数字化；传播载体的数字化等。管理和推广效能的提升为出版从业人员进行数字出版提供了动力。此外，读者阅读环境、阅读方式和阅读需求的改变也需要不断增加数字出版的市场容量。

在数字化环境下，要扩大出版业的影响力、传播力和竞争实力，就需要推动传统出版向数字出版发展，但是，数字出版转型需要在现有传统出版的基础上逐渐实现，因此，中国当前更为强调的是传统出版和新兴出版的融合发展。在2015年，国家新闻出版广电总局、财政部联合印发的《关于推动传统出版和新兴出版融合发展的指导意见》①将推进互联网+出版转型上升为了国家战略，要求坚持传统出版和新兴出版优势互补、此长彼长、一体化发展；立足传统出版，发挥内容优势，运用先进技术，走向网络空间，切实推动传统出版和新兴出版在内容、渠道、平台、经营、管理等方面深度融合，实现出版内容、技术应用、平台终端、人才队伍的共享融通，形成一体化的组织结构、传播体系和管理机制。在此背景下，出版单位不断持续探索融合发展道路，在出版内容、出版载体、出版服务、出版发行进行数字化升级，传统出版和数字出版的融合发展成为覆盖整个出版业的重要发展趋势。例如，中国新闻出版研究院发布的《中国数字出版产业年度报告》(2019年)②中提到，在新媒体媒介不断发展的大背景下，传统的报刊、书籍及出版业务日渐式微，出版融合机制必将成为数字出版的未来发展趋势。自2019年以来，伴随国家大数据、网络强国战略的深入推进，人工智能、区块链、物联网等技术应用场景的应用，我国的出版业融合发展呈现出了高质量的发展态势(张立，2020)。同时，全球出版传媒业保持着融合发展态势，有声读物、播客等有声内容已成为全球出版传媒业的重要增长点。③

数字化和网络化不仅改变了文献生产方式，而且也改变着文献传播、检索、查阅和获取的方式。因此，信息化的发展不仅影响着文献产生的领域，也同样影响着文献产出之后的信息服务机构的行为，其既为这些信息服务机构提供了发展机遇，同时也提出了更高的要求。信息技术为推动图书馆等文献机构实现转型升

---

① 两部门印发关于推动传统出版和新兴出版融合发展的指导意见[EB/OL].(2015-04-09)[2021-01-02].http：//www.gov.cn/xinwen/2015-04/09/content_2844294.htm.

② 2018—2019中国数字出版产业年度报告发布[EB/OL].(2019-08-30)[2021-01-02].http：//www.sohu.com/a/335583901_211393.

③ 有声内容已成为全球出版传媒业的共同增量[EB/OL].(2020-12-22)[2021-01-02].http：//www.bj.chinanews.com/news/2020/1222/80131.html.

级提供了重要工具。在 2017 年发布的《新媒体联盟地平线报告：图书馆版》（Becker 等，2017）中，大数据、图书馆服务平台、数字学术技术、人工智能、网络身份、物联网等技术被认为拥有一定潜力，能够促使学术和研究型图书馆发生重要改变。2018 年 IFLA 的趋势报告中，强调了人工智能在图书馆中的应用。从 2019 年举办的以"AI 在图情：人工智能赋能图情服务"为主题的图书馆前沿技术论坛（IT4L）到 2020 年 6 月举办的第二届全国数字人文年会（DH2020），包括大数据、物联网、云计算、人工智能等技术被应用到图书馆的多个领域，不断对传统业务工作和服务项目进行改造，建设发展出语义数字图书馆、语义搜索引擎、智能网页服务、智能参考咨询等，同时，本体技术、自然语言处理等技术完善和促进了数字图书馆的应用。

面对文献数量激增、文献类型多样化、文献传播方式变化的情况，图书馆等信息机构的文献处理场景和方式都在相应发生着改变，新兴技术和设施设备的更新和引入，一方面将传统纸质文献以数字化和网络化进行呈现，另一方面也将数字文献作为资源建设的重点。在文献组织方面，互联网产生了新的数字出版形式，包括预印本、工作文件、博客、音频、视频等各种多媒体形式。为了确保文献的长期访问和检索，信息机构需要收集和保存各种文献和信息。同时，技术推动了图书馆资源建设等方面的深化和创新，例如，图书情报领域的机构结合数字文献和网络文献的特点，不断探索新的文献揭示规则和技术。FRBR、FRAD、FRSAR 与 RDA 等书目规则研究和应用不断深入，本体论、关联数据、语义分析技术等技术和概念也被纳入文献揭示领域。

在这种数字化环境中，作为人类社会信息产品的灰色文献也必然会受到网络技术和信息技术的影响。一方面，数字出版和融合出版的概念虽然是以商业出版社为中心主体开展的出版活动的改变，但同时这些概念也更为体现出信息技术对文献生产活动的改变和意义。信息技术的应用使得灰色文献制作方式越发灵活，灰色文献数量激增、形式越来越复杂、格式越来越多样化，例如，GreyNet 网站上所列出的灰色文献类型，就有超过 100 种之多。① 但是，另一方面，信息技术

---

① GreyNet. Grey Literature Network Service 2021 [EB/OL]. (2021-01-05) [2022-10-12]. http: //www. greynet. org/.

也为灰色文献生产、保存、组织、管理等工作提供了更多的选择方案，能够帮助灰色文献更好地在信息世界中生存发展。例如，国际联合项目"比萨宣言"（Pisa Declaration）①就涉及参与到灰色文献产出、使用、收集和管理过程中的各方利益相关者。2014 年在意大利比萨举行的灰色文献研讨会中，来自 9 个国家共 70 名代表围绕灰色文献资源政策的制定进行了讨论，会议产生了《灰色文献资源政策制定》，即"比萨宣言"。来自加拿大、希腊、比利时、意大利、美国、印度、罗马、爱尔兰、哥伦比亚、捷克、乌克兰、韩国、英国、法国、米兰、荷兰、斯洛伐克、匈牙利、日本、埃及、冰岛、肯尼亚、澳大利亚、新加坡等 30 个国家和地区共 74 个组织的 140 名信息专家签署了这份宣言，并且还为便于使用译制了 22 种语言的文本。"比萨宣言"的目的是明确灰色文献在学术、政府、公民社会、教育和经济的研究和信息情报方面的优势，呼吁政府、学者和所有利益相关者提高对灰色文献作用和价值的认识，尤其是开放获取研究、开放科学研究、以证据为基础的政策研究和知识转移的重要性。为此，"比萨宣言"中从组织、研究/教育、法律、财政/可持续发展、技术五个方面提出了相关的做法，包括"在灰色文献生产和书目控制过程中要优化标准""政府机构、高校和其他组织在认可高质量的灰色文献方面采用新的形式""在灰色文献管理工作中开发和应用互操作性标准""使用灰色文献永久标识符和开放元数据标准"等。② 此外，各国以国家图书馆为首为灰色文献建立了各类信息设施，主要表现形式便是数据库，如美国国家信息中心、法国科学技术信息中心、英国图书馆文献供应中心、德国科学技术图书馆、日本科技情报中心、捷克国家技术图书馆、捷克国家灰色文献知识库、欧洲灰色文献信息系统等。我国的灰色文献系统包括《中国学术会议论文全文数据库》《中国学位论文文摘数据库》《国家图书馆学位论文收藏中心数据库》、中国预印本服务系统等。

---

① GreyNet. Pisa Declaration on Policy Development for Grey Literature Resources［EB/OL］.（2020-12-14）［2022-09-18］. http：//greyguiderep. isti. cnr. it/Pisadeclapdf/Pisa-Declaration-May-2014. pdf.

② GreyNet. Pisa Declaration on Policy Development for Grey Literature Resources［EB/OL］.（2021-01-02）［2022-10-11］. http：//greyguiderep. isti. cnr. it/Pisadeclapdf/Pisa-Declaration-May-2014. pdf.

二、研究意义

(一) 理论意义

本书的理论意义主要有以下两个方面：

其一，在数字化环境中重新界定灰色文献、书目控制和灰色文献书目控制，并从理论上构建了灰色文献书目控制的概念框架，指导不同类型的具体灰色文献书目控制的模型构建，促进文献学相关理论的发展，尤其是丰富灰色文献理论的研究。

其二，通过对灰色文献产生者和包括图书馆在内的灰色文献组织者的研究，分析和揭示灰色文献在数字化环境中的产生特征、传播模式和组织描述特征等，丰富如图书馆学、出版学、传播学等文献信息相关学科的理论内容。

(二) 实践意义

本书的实践意义主要有以下两个方面：

其一，调研灰色文献产生领域和流通领域的现状，并在此基础上从宏观层面和微观层面提出相应的策略和建议，有利于了解和掌握当前数字化环境下灰色文献生产、组织、管理、传播、描述等情况以及整体的信息化水平，为利益相关者对灰色文献进行组织管理和信息化升级提供支持服务。

其二，通过对灰色文献不同利益相关者的调研，识别灰色文献相关利益主体的角色、职能等相关情况，并且将灰色文献相关利益主体总结为文献产生者、政府官方、文献组织者、用户，其中，文献产生者进一步区分为来源主体和产生主体。有助于了解当前国内利益主体在参与灰色文献书目控制过程中的目的、态度、意愿和障碍，为理解和促进灰色文献利益主体不同于正式出版物的行为转变和相关工作实施提供支持。

第二节　研究问题和内容

一、研究问题

如前所述，在数字化环境中，灰色文献体系相较纸质化环境下表现得更为复杂，例如，灰色文献大量产生、文献形式多样化、传播方式多样化。一方面，数字技术的发展和创新为灰色文献开展书目控制提供了新的契机和方式；另一方面，依据灰色文献自身特征，在以灰色文献为对象开展书目控制的过程中，信息技术运用是否存在某些问题。

因此，本书研究的具体问题是：其一，数字化新环境下如何重新定义灰色文献和书目控制？其二，数字化环境对灰色文献和书目控制产生了什么样的影响，新环境下灰色文献实施书目控制的因素和条件是什么？其三，数字化环境对灰色文献源产生了什么样的影响，灰色文献生产呈现出何种变化和状态？其四，数字化环境对灰色文献流产生了什么样的影响，灰色文献流通和揭示呈现出何种变化和状态？

二、研究内容

本书采用规范分析方法分析灰色文献书目控制模型和实现机理，主要研究内容为：

(1)通过灰色文献和书目控制基本理论和研究，掌握国内外有关灰色文献和书目控制的相关研究进展、规范、操作标准等，结合数字环境形势，重新对灰色文献、书目控制、灰色文献书目控制的概念和内容进行界定。

(2)通过探讨在当前环境中灰色文献产生、组织、管理、传播和描述所体现出的特征，识别在开展灰色文献书目控制中的主要因素和条件，明确这些要素之间的关系和作用，构建灰色文献书目控制的概念框架。

(3)确定内部刊物和包括征文启事、会议海报、会议论文、会议记录等在内的会议文献为案例分析对象，通过对内部刊物和会议文献进行案例调研，了解在当前数字化环境中，国内部分灰色文献产生领域和流通领域的书目控制的实践进展，掌握数字环境中我国灰色文献书目控制的发展趋势。

(4)结合新型技术和观念，从我国灰色文献的现实基础与当前灰色文献书目控制的发展趋势入手，提出宏观层面和微观层面的灰色文献书目控制策略。

三、研究目的

本书的研究目的是：探究在数字环境中，灰色文献体系有序化的可行性和可操作性，为此：首先，明确灰色文献书目控制的影响因素及相互间关系，确定灰色文献书目控制的概念框架；其次，通过案例调研识别在当前我国灰色文献实践工作中的控制形式，确定灰色文献产生领域和流通领域的实践模型；最后，根据已搭建的灰色文献书目控制模型，提出可资借鉴的控制途径。

第三节　结构框架与研究方法

一、研究框架

本书按照"背景分析—研究述评—理论构建—实践推导—应用策略"的思路展开整体框架。通过对相关理论的背景分析和现有研究进展的调研分析，为灰色文献书目控制研究提供理论依据；在理论分析的基础上，应用专家访谈结果构建灰色文献书目控制的概念框架；基于理论分析、文献综述和专家访谈结果分析，将灰色文献传播过程划分为灰色文献源和灰色文献流两个主要环节，分别在灰色文献源和灰色文献流两个阶段开展案例研究，基于案例分析结果对所构建的灰色文献书目控制概念框架进行具体化，分别构建灰色文献源书目控制的实践模型和灰色文献源书目控制的实践模型。最后，根据灰色文献书目控制概念框架和实践模型，提出面向我国灰色文献书目控制的策略和实现路径。本书的研究框架如图1-1所示。

基于上述研究框架，本书共分七章：

第一章为引言。对研究背景与意义、研究内容与目的、研究框架与方法等基本情况进行阐述。

第二章为基本理论与文献综述。首先，探讨灰色文献书目控制相关概念，对灰色文献概念、书目控制概念、灰色文献书目控制概念进行探讨和分析，界定本书中灰色文献、书目控制以及灰色文献书目控制的分析范围，提供灰色文献书目控制模型构建的理论基础和分析视角。其次，梳理回顾与本书相关的国内外研究，对包括书目控制、灰色文献书目控制等在内的相关研究进行综述，发现现有研究的进展和不足，为后续研究提供支持。最后，明确对本书中具有指导作用的理论工具，包括复杂系统理论、书目控制理论、文献传播理论、资源组织理

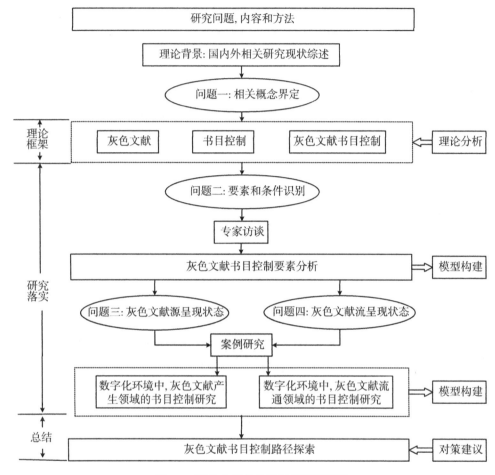

图 1-1   灰色文献书目控制的研究框架

论等。

第三章为灰色文献书目控制的概念框架构建。根据第二章基本理论与文献综述和前期调研，围绕灰色文献生产和传播环节的文献组织、管理、描述和揭示，设计专家访谈问题，主要涉及灰色文献的标准化、规范化、集中化等情况。基于专家访谈识别灰色文献书目控制的影响因素、条件、利益主体，分析主要的控制概念和维度，以此构建面向灰色文献的书目控制概念框架，概念框架是作为灰色文献书目控制整体的初步的模型。

第四章为灰色文献源的书目控制。基于第三章已构建的灰色文献书目控制概念框架，根据当前灰色文献的生产、传递、组织和管理的情况，针对灰色文献产生领域进一步具体化该概念框架。具体而言，以灰色文献书目控制概念内涵和灰色文献类型等基本理论分析为依据，根据一定标准择取适宜的文献类型。同时，根据各文献类型特点选择合适的样本或节点，进行灰色文献产生领域的书目控制的多案例研究。并且，依据相关维度对多案例研究的结果进行分析，讨论两种灰色文献书目控制的共性和个性，识别多案例的灰色文献书目控制的共同之处，以此构建灰色文献源的书目控制的实践模型。

第五章为灰色文献流的书目控制。基于第三章已构建的灰色文献书目控制概念框架，根据当前灰色文献的收集、组织和描述的情况，针对灰色文献流通领域进一步细化该概念框架。具体而言，沿用第四章文献类型选择，根据各文献类型特点，基于灰色文献交流传播过程选择样本或节点，进行灰色文献流通领域的书目控制的多案例研究。并且，提取多案例的灰色文献书目控制的共同之处，以此构建灰色文献流的书目控制的实践模型。

第六章为我国灰色文献书目控制路径探索。在理论研究、专家访谈和案例研究的基础上，根据灰色文献书目控制的概念框架和实践模型，从宏观层面和微观层面提出我国灰色文献书目控制的路径和策略。

第七章为结论与展望。阐述本书所得出的主要结论、主要贡献和研究不足之处，并在探讨本书局限性的基础上提出未来需要进一步研究的问题。

其中，第二章基本理论与文献综述为本书的理论探讨，为本书灰色文献书目控制界定研究内容、范围和领域。第三章灰色文献书目控制的概念框架构建、第四章灰色文献源的书目控制、第五章灰色文献流的书目控制、第六章灰色文献书目控制路径探索为本书的核心章节，其逻辑关系为：第三章和第四章为总—分的关系，即从抽象概念框架到具体模型；第三章和第五章也为总—分的关系，从抽象概念框架到具体模型；从整篇文章结构来看，第四章和第五章都为第三章的从属关系；从文献生命周期理论的角度而言，第四章和第五章为递进关系，第五章承接第四章；第六章为第三章、第四章、第五章的实践策略和应用分析。

关于第三章同第四章、第五章之间的逻辑联系。一方面，体现在访谈问题的设计具有连续性。第四章和第五章采用内部刊物和会议文献来代表灰色文献，通过对这两类文献进行多个样本的调研分析，提取出灰色文献书目控制的共性。第三章的研究问题同样包含这两类文献，涉及会议文献、内部刊物的产生、传播、组织、描述等方面，因而得到的访谈结果是能够继续引导第四章、第五章开展深入研究的。另一方面，体现在灰色文献书目控制模型的构建具有承接性。第三章中构建的概念框架体现了面向灰色文献所实施的书目控制形式的概念、维度、影响因素。在第四章和第五章，通过对两类文献的案例调研，确定了书目控制形式中一些维度的取值，将概念框架具象化、具体化和操作化。

二、研究方法

为更好地服务于研究内容，本书拟综合运用访谈法、文本编码分析和案例研究法来研究灰色文献书目控制问题。

（1）访谈法。主要应用在第三章、第四章和第五章。在第三章，设计半结构化访谈提纲并按照访谈法的程序对图书馆学、目录学等领域的专家学者实施访谈和调查，用于了解专家学者对于灰色文献书目控制的意见和想法，来构建灰色文献书目控制的概念框架。在第四章和第五章内部刊物和会议文献的案例研究中，在文献生产者、描述者、收集者方面选取关键利益相关者，采用半结构化深度访谈，分析数字化环境对灰色文献产生领域和流通领域的影响，明确当前灰色文献在产出、传播和交流、描述和揭示等方面的现状和问题。

（2）文本编码分析。主要应用在第三章。在第三章，将专家访谈结果经过转录后形成访谈资料文本，对访谈文本进行分析，按照开放编码的程序和要求进行编码，然后采用图示的方法呈现并分析文本编码的结果，用于展示多个主类目之间的关联性，便于之后构建灰色文献书目控制的概念框架。

（3）案例研究法。主要应用在第四章和第五章。由于灰色文献类型众多，因此选择具有代表性的两类灰色文献进行重点分析，以便归纳出灰色文献书目控制的普遍情况和特征。在第四章，按照内部刊物、会议文献的产生特点，共选取五个文献产出单位进行案例研究，分析灰色文献源包括文献来源、质量、组织、记录、描述等方面的产生情况，构建灰色文献源的书目控制模型。在第五章，按照内部刊物、会议文献被收集、描述和组织的特点，在灰色文献流选取两个单位机构进行案例研究，分析灰色文献流的传播模式和流程，构建灰色文献流的书目控制模型。由于文献交流过程中涉及的如图书馆文献编目工作的同质性程度较高，并且有关文献源情况的研究相对较少，因此，文献源案例样本量多于文献流样本量。此外，为了解当前图书馆灰色文献建设情况，笔者于 2019 年 11 月对三家公共图书馆：浙江图书馆、南京图书馆、上海图书馆进行调研，调研结果支撑第三章有关专家访谈问题的设计，以增强问题的现实性和可能性；第七章提出有关灰色文献策略，以增强策略的实用性和可操作性。

第二章 基本理论与文献综述

本章主要包括两个方面，即基本理论分析和文献综述。首先对本书涉及的基本术语包括灰色文献、书目控制、灰色文献书目控制进行重新界定，并厘清这些术语与其相关术语之间的关系。其次，对书目控制、灰色文献书目控制等方面的现有研究进行梳理和总结。最后，对开展本书所需的主要理论基础和理论视角进行探讨，包括复杂系统理论、书目控制理论、文献传播理论、资源组织理论。通过对灰色文献书目控制相关概念及理论工具的梳理和分析，为后续各章节展开深入研究作理论上的铺垫。

第一节 基 本 概 念

概念的明晰对于理解一个事物，并针对这个事物开展具体研究至关重要。

一、灰色文献概念

(一) 文献

灰色文献首先是类属于文献而非其他事物，它具有文献的一般属性和特征，因此，需要对文献概念进行明确。

"文献"一词既是我国的一个古老旧词，早在《论语·八佾》中便已提到该词，但同时它又是由西方后传而来的新词，在英语中，"文献"一词有多种表达方式，literature；document；bibliography 都可被译为"文献"。我国"文献"一词在历史上曾被赋予了各种解释：书与人；文学；书与口述；文字材料与活材料；具有历史价值的图书和文物资料。国家标准《文献著录 第 1 部分：总则》(GB/T 3792.1—2009)将"文献"释义为"记录有知识的一切载体"。《图书馆·情报与文献学名词》(2019:2)将其定义为"记录知识和信息的一切载体"。信息和知识是文献的内容，文献的外在形式也即物质载体用于承载和保存信息和知识。

随着历史变迁，人们所使用的文献载体也在不断发生变化。文献曾以纸草、泥版、甲骨、金石、简帛为载体，印刷术发明之后，文献广泛依存于纸张而盛行于社会生活中，在信息时代，数字文献依托电脑等设备存取使用。因此，随着信息技术和文献工作的发展，文献概念的范畴在不断扩大，叶继元(2019)认为在"文献"概念中添加"信息"二字，便将文献的外延扩大了。《中国文献编目规则》(第 2 版)(2005:430)将其定义为"文献，记录有知识信息的一切载体，包括纸质的图书、报刊和非纸质的录音资料、影像资料、缩微资料、电子资源等"。《国际标准书目著录》(2012:232，235)将"文献"(document)与"资源"(resource)建立了互见关系，它是一切包含知识内容和(或者)艺术内容的有形的或无形的实体，除文字资料外，还涵盖诸如乐谱、动画、地图、图形、录音录像等各类音像资料，以及电子数据、程序、连续发行的资源等。

因此，当前的"文献"概念并非仅指文字资料，而是泛指各种文字、类型、载体的资料，除文字资料外，其他如图像资料、音像资料和数据等数字资料也都可被纳入"文献"概念中。

由于各类文献在其内容、功用、载体、形态以及产生方式、信息加工等各个方面存在差异，因此，依据不同的标准可将文献进行划分，将具有相似特征的文献类型聚集起来形成一个文献概念体系。依据文献生产方式和获取范围的不同，文献可被划分为白色文献、灰色文献、黑色文献和无色文献，如表 2-1 所示。"白色""灰色""黑色"这些颜色的赋予实际上是用来说明这些文献之间传播状态和获取难易的区别，其中，白色文献是指正式出版物，黑色文献是具有保密性质的文献，无色文献指早期以甲骨、金石等为载体的文献。

而在非正式出版渠道之外的但又并不完全保密的当代文献被以二分法的形式归纳到灰色文献这个集合中来，这导致灰色文献这个文献集合并不是完全稳定的，尤其是在当前数字化环境下，灰色文献的识别更加难以确定。因此，有必要基于以往的灰色文献概念，结合当前信息社会发展的新特点，将灰色文献进行重新界定。

表 2-1   **"颜色"文献的特征比较**

	白色文献	灰色文献	黑色文献	无色文献
商业出版	是	否	否	否
流通范围	公开	半公开	保密	公开
物理载体	多样化	多样化	多样化	纸草、泥版、甲骨、金石等
内容表达	多元化	多元化	多元化	多元化
产出量	多	较少	较少	少
知识产权	有	有	有	无
安全问题	无	部分	有	有

资料来源：作者整理。

(二) 灰色文献

在"灰色文献"这一概念明确提出之前，信息专业人员和图书馆员在工作中就已经注意到这类文献。通常，信息专业人员知晓这些文献的存在，但问题在于如何获取这些文献，尤其是当无法通过常规的市场渠道获得时。在查找那些难以获得的特定类别的文献工作中，产生出了"灰色文献"这一术语。"灰色文献"一词最早可能出现于 1970 年德国出版的一篇文章的标题中的"Graue Literatur"。依据 Schmidmaier（1986）的说法，自 1920 年以来，业界就已使用德语" schwer geschaffbare Literatur"（难以检索的文献）和"Kleinschriften"（较小的著作）来表示比报告文献更广泛的文件集合，而且这些文件通常无法通过正常商业渠道获得。在 1970 年之前，它以特定文献类型来表述，涵盖政府、科研、商业、贸易等领域的技术报告和会议记录。就可用性和分布而言，它们有时被称为非常规文献，具有难以获得的文献和瞬态特征，但当时还没有对其进行定义（池田贵仪，2015）。

Wood 和 Smith（1993）认为灰色文献很难给出清晰的定义，这或许与其灵活的文献特征相关。灰色文献是一个高信息量的模糊集（王磊，2013）。不过，在灰色文献的定义中，通常都会使用到否定词汇，Alberani 和 Castro（2001）认为这样能够支持去分辨那些不属于传统专著和连续出版物的所有文献。

自 20 世纪 70 年代"灰色文献"术语被提出以来，国内外学者就对其进行了反复辩论和重新定义。表 2-2 列出了国外学者对灰色文献的概念探讨,尤其是其中包含国际机构和会议所取得的关于灰色文献的国际共识。

表 2-2 国外有关灰色文献的代表性定义

时间	会议/作者/专著	定义名称	灰色文献定义
1978	约克灰色文献研讨会①	约克研讨会定义	非常规文献(non-conventional literature),未通过正常商业出版渠道发布的资料
1995	美国政府机构灰色文献工作小组(IGLWG)②	\	通常可以通过专门渠道获得,但可能无法进入出版、发行、书目控制或由书商或订阅代理商获得的正常渠道和体系的国内外公开来源的资料
1997	第三届灰色文献国际会议(GL3)	卢森堡定义(Luxembourg definition)	指由各级政府、学术单位、工商业界所生产的多种类型的印刷与电子形式的资料,但它们不受商业出版社控制
2004	第六届灰色文献国际会议(GL6)	纽约定义/纽约-卢森堡定义(New York definition)	指由各级政府、学术单位、工商业界所生产的多种类型的印刷与电子形式的资料,但它们不受商业出版社控制,即出版不是生产主体的主要活动
2005	Cassell	\	以印刷和电子形式产生于各级政府、学术界、工界和商界,但不受商业出版商的控制
2010	第十二届国际灰色文献会议(GL12)③	布拉格定义(Prague definition)	指由各级政府、学术单位、工商业界所生产的多种类型的印刷与电子形式的资料,这些资料受知识产权的保护,并具有被图书馆或机构知识库收藏并保存的质量,但不受商业出版社的控制,即出版不是生产主体的主要活动

---

① Alberani V, Castro P D. Grey Literature from the York Seminar (UK) of 1978 to the Year 2000[J]. INSPEL, 2001, 35:236-247.

② Infogalactic:The Planetary Knowledge Core. Grey Literature [EB/OL]. (2021-01-03) [2022-04-19]. https://infogalactic.com/info/Grey_literature#cite_note-Augered-2.

③ Schöpfel J. Towards a Prague Definition of Grey Literature [C]// GreyNet International, Grey Literature Network Service. Transparency in Grey Literature, Grey Tech Approaches to High Tech Issues:Twelfth International Conference on Grey Literature. Amsterdam:TextRelease, 2011:11-26.

续表

时间	会议/作者/专著	定义名称	灰色文献定义
2017	Adams 等	\	对外公开并且不受传统学术同行评审过程约束的多样性和异质性资料
2018	Savić	\	灰色文献是具有当前或未来价值的任何记录性的、可参考的和可持续的数据或信息资源,无需传统的同行评审过程即可公开获得
2020	图书情报学科在线词典(ODLIS)①	\	指印刷格式和电子格式的文献材料,例如报告、预印本、内部文件(备忘录、时事通讯、市场调查等)、学位论文、会议记录,技术规格和标准、贸易文献等,无法通过常规市场渠道获得,因为其未曾商业出版/面市或未广泛分发
2020	GreyNet②	\	灰色文献是图书情报学科的一个领域,致力于产生、发布和获取各级政府、学术机构、企业和组织所制作的多种文献类型,这些电子和印刷版本的文献不受商业出版的控制,即出版不是生产主体的主要活动

资料来源:作者整理。

1978 年在英国约克召开的灰色文献研讨会首次达成灰色文献的国际共识,人们普遍认为灰色文献和非商业材料几乎具有相同的含义(池田貴儀,2015)。约克研讨会四年后,在 1982 年英国伦敦举行的 Aslib 会议中,虽然没有直接讨论灰色文献的定义,但提到"灰色文献通常是不经由商业出版渠道进行发布"(Auger,1982)。灰色文献的这种非商业出版的观点对之后灰色文献的定义产生了很大的影响。

---

① Grey Literature. Online Dictionary of Library and Information Science[EB/OL]. (2021-01-13)[2022-04-17]. https://products. abc-clio. com/ODLIS/odlis_g. aspx.

② GreyNet. Grey Literature Network Service 2021[EB/OL]. (2021-01-05)[2022-04-19]. http://www.greynet.org/.

　　在互联网出现之前，与被组织、索引和定位的期刊文章相比，灰色文献的定义特征之一是难以识别和检索。但是，互联网改变了文件生产、传播和检索的方式，网络灰色文献相较此前纸质版更易于访问，因此，1997 年灰色文献的新定义得以被创建，更加专注于其形式、流通渠道和生产组织（Lawrence，2012）。在1997 年举办的第三届灰色文献国际会议（GL3）中作出了灰色文献的"卢森堡定义"，该定义突出了灰色文献的供应端，例如印刷和电子格式的生产和出版。2004 年第六届灰色文献国际会议（GL6）在"卢森堡定义"的基础上增加了一条后记，将"卢森堡定义"修改成为"纽约-卢森堡定义"，也有直接称"纽约定义"①的。此后，其又再次经修订成为"纽约-卢森堡定义 α"或称"纽约-鲁肯堡定义"。该定义的特点是，随着互联网的普及和电子化的加速，定义中使用的表达式从"资料"变为"信息"，"电子格式"的措辞优先于纸张，表示关注的重点从资料的形态转移到信息的观点。

　　Schöpfel（2011）认为在新环境下，灰色文献的概念应考虑以下几个因素：其一，灰色文献虽然非商业化，但具有知识产权归属，承担一定的智力成本。其二，灰色文献类型难以确定。在新技术环境下，灰色文献的类型逐步增多，尤其是网络灰色文献，而且其类型在文献生命周期中也是可变的。其三，从图书情报学的角度，强调灰色文献的保存和服务价值。并且，建议为"纽约定义"添加四个属性：灰色文献的文档特征；精神作品的法律性质，例如知识产权保护；最低质量级别（同行评议、标签、有效性）；信息服务机构的功能。这份文件最终形成了灰色文献的新定义，即"布拉格定义"。

　　其他学者给出的有关灰色文献的定义，也多是基于这些国际性定义，具有这些定义中的相关要素。Savić（2018）的定义考虑了灰色文献概念的所有主要元素，即长期保存、可持续性、可用性和价值，同时也认识到灰色文献通常缺少传统的同行评审过程。

　　表 2-3 列出了国内学者关于灰色文献的定义，从中可看出国内学者对于灰色文献同国外学者的认识相同，即都认为灰色文献不属于正式出版物，但通常并不

---

　　① National Grey Literature Collection. New York Definition 2004［EB/OL］.（2004-10-28）［2021-01-03］. http：//allcatsrgrey. org. uk/wp/knowledgebase/new-york-definition-2004/.

会明确由谁产生，这说明了包括个人和各级各类机构组织都能够产出灰色文献。此外，不会特别强调灰色文献的知识产权和质量问题，但是提出"使用价值""情报"等术语，突出了灰色文献对于用户的信息作用，但因为"质量"问题是客观的，而"使用价值"是主观的，因此，文献价值较为难以鉴别。另外，国内学者提出"不公开发行"的文献特征，这与国外学者的界定存在较大差别。因为就国外学者对其的定义来看，国外学者并未限制灰色文献的发布范围，而且，在当前开放获取的背景下，反而在推动通常以往只在内部传播的如会议论文、海报、讲座视频等资源开放使用。

表 2-3　　　　　　　　　　　国内有关灰色文献的代表性定义

时间	作者/专著	定义名称	灰色文献定义
1994	张锦	\	为已经形成的文献，但又不属于正式出版物，或虽属正式出版物，但不公开发行的那一部分非秘密情报源。
2013	赵志刚	\	难以通过常规购书渠道或一般检索方式获得的、有使用价值的各种信息载体，判定方式是指那些不具有 CN 或 ISSN 标志的连续出版物和不具有 ISBN 标志的印本资料，诸如学位论文、会议文集、研究报告、社会调查报告、地方文史资料、民间诗文集、内部刊物和内部交流资料等。
2014	林泽明等	\	是没有出版号的半公开文献。
2019	《图书馆·情报与文献学名词》	\	不经过公开出版物流通渠道、发行量小、为一部分特定用户使用的内部情报资料，如科技报告、学位论文、未出版的会议论文等。

资料来源：作者整理。

从 1978 年约克会议到"布拉格定义"，灰色文献概念的衍变过程大致为：白色文献和黑色文献的二分法——非商业出版渠道——包含印刷与电子形式等多种类型——强调知识产权——文献质量——使用范围限制等。

在纸质时代，灰色文献很容易与正式文献区分开，但随着转向非纸质文献的数字时代和网络时代，出版物的边界（灰色或正式）开始变得模糊，术语"文献

(document)"的特征和含义已经变得不固定(Doorn 和 Mulder，2016)。各种网页和多媒体等文献形式不断出现，而且传统信息传播方式发生改变，数字出版和融合出版的大力发展，使得出版业态也在进行重构，此外，开放获取运动也在推动以往在有限范围内传播的灰色文献开放使用(Gelfand 和 Lin，2020；Giannini 和 Molino，2020)。在这种情况下，便需要对灰色文献的概念进行辨析。

首先，"文献不受商业出版的控制，即出版不是生产主体的主要活动"这一标准在广泛范围内仍然是有用的，它强调灰色文献供应端的变化，即传统科技信息价值链中商业出版者的缺失，由此引发出文献质量、文献识别和文献获取等方面的问题。在数字出版大趋势下，文献内容形式表现复杂。传统纸质文献可经过数字化处理，依附于网络化存在，以多种可视化的方式进行呈现。桌面出版(用微型电脑和打印机从事出版业务)联合互联网也产生了各种新型文献类型，包括在线出版物、在线资源、数字文档等。虽然相较正式出版物而言，这些文献的传播效率更高并且传播范围更为广泛，但这些文献仍然存在着诸如文献质量、知识产权、获取范围等问题，正如 Smith(2009)所认为的灰色文献组织、发行和推广等问题一直存在，只是从原先的纸质环境转移到了网络环境。例如，会议演讲的录像通常在商业平台上发布或者根本不发布，而且也尚未建立处理这些文件的可持续标准(Drees 和 Plank，2018)。从这些数字化文献当前存在的问题来看，它们也符合有关灰色文献的特征，因此，将这些数字化文献也纳入灰色文献概念体系中。

其次，还需强调在灰色文献生产、分布、采集、传播、获取这一价值链中，图书馆、情报所和机构知识库等信息服务机构所承担的角色，以及这些机构在该价值链中的再定位。图书馆和信息专业人员需要调整以往在作者、出版机构和最终用户之间所承担的中介作用，适应从文献产出者和最终用户之间所需要发挥的新的功能，突出除文献保存功能之外的其他业务工作的变化。例如，在灰色文献馆藏建设方面，"采集"并不直接意味着"存储"，而更强调选择和获取政策是动态的、以使用为导向并与文化目标或社区需求相关联的。在正式出版物入藏时，图书馆倾向于考虑读者和用户的需求，然而在面对灰色文献时，还需要考虑文献本身的收藏价值(如科学价值、独特性或传承特性)以及文献质量情况。数字化和网络化为作者和最终用户提供了一种在不需要信息链中的专业机构的情况下发布和获取信息的机制，在这种情况下，Mackenzie Owen(1998)认为中介机构如图书馆需要承担新的角色，这些角色不能再根据传统功能(例如文献包装和发布、存储或检索)来定义，而是要在为新信息世界中固有问题提出解决方案的这一进程中来确定。

最后，还需考虑灰色文献的知识产权、文献质量等特征。一方面，由于灰色文献并未拥有如正式出版所建立起来的系统性评价监督机制，因此以往灰色文献会与低质量联系在一起，或者缺少对于灰色文献的信任感。2014年"比萨宣言"(Pisa Declaration)①中提到鼓励政府、大学和其他机构对高质量灰色文献资料的认可和奖励。新增属性中强调灰色文献的质量问题，这意味着既要改善灰色文献质量，也要建立多种质量评估和认证方式。池田貴儀(2015)也认同有必要讨论灰色文献质量的衡定标准，即使某一类型文献是灰色文献，也需要达到一定的质量要求，而且是值得图书情报机构进行收集和保存的。另一方面，灰色文献作为人类产出的信息产品，本身具有知识产权的属性，但是灰色文献未经商业出版渠道的处理，著作权人或与著作权有关的权利人相关的知识产权标识在灰色文献方面是缺失的，因此，也需要关注灰色文献的知识产权问题。

基于以上分析，确定将包含纸质和数字形式的各种文字资料和多媒体资料等形式纳入灰色文献概念中；强调文献产出者的非商业出版特性；强调文献信息机构的作用；强调灰色文献的知识产权和质量问题。此外，还需考虑两个方面。其一，关于这些多类型文献的统称，《国际标准书目著录》(2012：232，235)已确定"资料"一词是包含知识内容和(或者)艺术内容的有形的或无形的实体，除文字资料外，还涵盖各种多媒体资源等，因此，可使用"资料"作为当前纸质环境下和网络环境下产生的文献类型的统称。其二，具有非商业出版为主要活动的责任主体不仅只有组织机构，还包括社会公民，尤其是在当前网络环境下，个人产出和发布文献的成本降低，导致个人产出的文献数量和文献类型日益增多。

---

① GreyNet. Pisa Declaration on Policy Development for Grey Literature Resources[EB/OL]. (2014-05-11)[2020-12-14]. http：//greyguiderep. isti. cnr. it/Pisadeclapdf/Pisa-Declaration-May-2014. pdf.

因此，本书以"布拉格定义"为基础，结合数字化环境下文献所体现出的特征，提出灰色文献定义，即：

由社会公民、各级政府、学术单位、工商业界所生产的多种类型的印刷与电子形式的资料，不受商业出版社的控制，即出版不是生产主体的主要活动，这些资料受知识产权的保护，并具有被图书馆或机构知识库收藏并保存的质量。

该定义强调灰色文献所具有的六个属性：

其一，它来源于社会公民和机构组织，但不受商业出版者的控制。

其二，它类属于"文献"概念，具有一般文献特征。

其三，它包含文字资料(如手稿、博客)和多媒体资料(如图像、音频)等多种类型。

其四，它具有人们思维作品的法定特征，例如，受到知识产权保护。

其五，它符合最低质量要求。

其六，它通常受到中介机构及其行为的影响，即机构将它作为馆藏对象进行采集或选择。

二、书目控制概念

(一)控制

"书目控制"中的"控制"一词源于控制论，但是在将该词引入文献信息领域后，"控制"一词依据文献特性发展出了不同于控制论的含义。

在 1948 年维纳所著的《控制论》(2018:42-44)中，控制的核心问题是信息、信息传输和信息处理，尤其是存在一个开放式的系统能够用于调节和反馈信息。因此，关于"控制"的一个基本观念是，存在一个系统，系统由各要素组成，这个系统能够接收信息并输出信息，它不仅能够根据人们的需要传输各种不同的思想内容的信息，而且还要能根据周围环境的变化调整自己的运动。书目控制提出的背景是技术设施的发展应用使得文献相比起以往大量增加，正如 Egan 和 Shera (1952)所说"人们常常发现自己实际上是通信迷宫中的囚徒，并没有阿里阿德涅线团"。在面对数量众多且快速增长的文献体系时，就需要采取一些方式能够帮助人们应对这种情况，使人们能够在广阔的文献领域中快速便捷地找到所需的文献。因此，Egan 和 Shera(1949)将"控制论"引入了文献领域，他们认为"控制"是一种装置，而且是现代书面交流系统中的一种器械。

在早期，"控制"被误认为是要对文献进行限制，但实际上并非是要对文献施加某种制约，而更近似于"管理"一词，它既是依循现有情况进行因势利导，同时，又能够通过创造新条件和改变旧条件对现状进行操作，促进某种现状呈现出良好的态势。

但是，"控制"又并不完全等同于"管理"的概念。"控制"相较"管理"一词，突出了一个系统的存在，它对信息进行接收处理并输出信息，而且这种系统是自适应的，它可以根据环境变化进行适当调节。系统由各要素组成，因此也体现出了群体性、关联性、结构性、层次性、个体性等特征。因此，"书目控制"比"文献管理"更突出了一个"系统性"管理的概念，它追求将一个体系有序化，并且，"控制"的对象是文献本身，其他文献产生、传播、组织和使用的外部支持条件诸如人员安排、团队建设、经费保障、保存环境、硬件设施、网络基础设施、用户信息素养和教育等则并非属于书目控制的内容。

基于此分析，可认为文献领域中的"控制"为：

其一，依据现有文献体系实施的操作。

其二，通过创造条件和改变条件促进文献体系的改善。

其三，是一种围绕文献本身的系统性管理。

(二)书目控制

"书目控制"作为"书目"和"控制"的组合词，有必要明确这个词语之间的关系。"书目控制"作为舶来词，原文为"Bibliographic Control"，但也有一说为"Bibliographical Control"。从语词结构和词义基础进行分析，首先，"书目控制"应该是一个由两个实词组成的偏正结构词组，按照正语素的意义范畴，偏正结构可以表示性质、状态，也可表示动作、行为，具体可进一步分为表动作的对象；表动作的状态；表动作的方式手段。表2-4列出了国内外学者有关"书目控制"的认识，所列观点依据时间进行排序，以便明确这一概念在不同阶段被赋予的含义以及发展变化。通过对各学者有关"书目控制"的分歧和共识进行探讨之后，将其归纳为三类观点。

表2-4   国内外有关书目控制的代表性定义

作者及提出年代	观点/定义	观点类别
Egan 和 Shera (1949)	在力学中，控制是一种装置，通过它以最为经济的方式对机器的能量加以引导以达到既定目标。类似地，书目控制亦指这样一些装置，它被用来引导人的智能，使之能以最高的速度和经济效益从所有的记录信息中提取与某一特定任务相关的部分信息……书目控制可看作我们现代书面交流系统中的一种器械。	=观点1+部分观点2
Downs (1954)	完美的书目控制要能够对每本书以及图书馆关心的所有其他材料的存在和位置进行完整记录。	观点2-1
Wellisch (1980)	根据控制论原理设计的开环系统中包括两种控制，即描述控制和探索控制。描述控制是对文献的外部特征进行控制；探索控制是对文献的内部特征进行控制。	观点2-2
Hickey (1980)	"书目"与"控制"的结合被认为是包含旨在识别各类材料的一些程式（procedures），使之能够重新获取。书目控制成为整个信息存储和检索过程的一部分，但尤为侧重有关资料自身信息的存储和检索。信息存储和检索的思想比书目控制的思想更广泛，书目信息只是信息整体中的一个子集。	观点2-2
Chan(1981:3)	一种用于组织或排列记录信息的操作，使其易于检索。	观点2
高家望 (1988)	通过书目系统对文献流的信息作用，以达到完善文献流分布状态的行为。	观点1+观点2
黄俊贵 (1989)	通过书目掌握各类型文献的所在及其被记录的特征，并有效地进行检索，贯穿于书目工作的全过程，包括文献编目源控制、书目技术方法控制、书目系统控制、书目信息传播控制。	>观点2
Scoper (1990:43)①	在书目世界中存在各种项目列表，这些项目列表即为"书目"，各个列表在范围、物理形态、排列、款目和用于编排的书目标准方面差别很大。识别和定位这些项目以形成记录信息（recorded information），然后以某种次序来列举和排列各个描述项，这些是书目控制的要素。	观点2

---

① Scoper M E. The Librarian's Thesaurus: A Concise Guide to Library and Information Terms [M]. Chicago: American Library Association, 1990.

续表

作者及提出年代	观点/定义	观点类别
来新夏 (1991:408-409)①	全面掌握由书目所提供的有关各种形式的出版物、非出版物、印刷品和视听资料的记录，并对其记录体系进行控制，以达到书目的目的，即通过书目有效地检索。	观点2
王岩(1992)	以文献为控制对象，以书目作为控制手段，以存贮和检出所需的特定文献为目的的一种控制行为，包括文献源控制，完善书目检索系统、完善书目存储系统、畅通书目反馈渠道等内容。	>观点2
秦宜敏 (1998)	文献情报的书目控制，就是书目系统按一定的预期目标，对输入信息进行处理、约束和调节的方式与方法，其特点是确认每一书目活动机构均为同外界具有广泛联系的动态系统，而不是孤立静止的工作单元。	>观点2
彭斐章 (2004:114)	最佳的书目控制是指每一种图书、每一种文献、每一篇论文甚至每一个书目思想的存在状态与位置的完整记录。	观点1
彭斐章和 付先华 (2004)	对网络资源进行书目控制，就是以网络资源作为控制对象，以书目系统作为控制手段，以存储和检出所需的特定信息资源为目的的一种控制行为，包括选择控制、描述控制、检索控制和规范控制四个方面。	观点2+部分观点3
Reitz (2004:69-70)②	广义术语，涵盖图书馆或档案馆馆藏、索引或数据库资源的书目记录的包括创建、组织、管理和维护在内的所有活动，以便利于访问这些信息。书目控制包括通过统一的目录代码、分类系统、名称规范和首选标题来实现书目著录和主题检索的标准化；创建和维护目录、联合清单和查找辅助工具，以及提供对馆藏项目的物理访问。	观点2
刘炜等 (2018)	网络时代的书目控制是在充分占有某一领域的事实、数据和文献的基础上，按需求进行描述和组织，并监控其发展变化。	观点2+部分观点3
《图书馆·情报 与文献学名词》 (2019:221)	建立、组织、管理和维护特定书目记录文档的所有控制。	观点2

资料来源：作者整理。

---

① 来新夏. 图书馆学 情报学 档案学 简明词典［M］. 天津：南开大学出版社，1991.

② Reitz J M. Dictionary for Library and Information Science［M］. Westport：Libraries Unlimited，2004.

从表2-4可知，书目控制有多种不同的论述视角，可用下列陈述方式简要概括：

观点1：书目控制＝书目功能和作用。

观点2：书目控制＝书目工作方式。

观点2-1：书目控制＝文献登记。

观点2-2：书目控制＝文献著录和检索。

观点3：书目控制＝书目工作对象。

综合表中各家观点，国内外学者对书目控制的看法在第二种观点方面具有共识，即基本将书目控制看作文献收录、查考、稽核、著录、检索等技术问题以及规则标准等完善，涵盖文献特征、文献著录、文献编目、检索需求等各项工作。由于该观点重点涉及几项具体工作，且体现了不同的观念，因此将几项工作单独列出。观点2-1体现力图掌握全部文献的世界书目的思想，但这一观点在之后已逐渐被淡化。观点2-2体现书目控制的重点是围绕文献揭示、组织和检索来进行，这一观点逐渐成为观点2中的主流。观点3明确了书目控制的对象为文献，包括各种形式的出版物和非出版物；印刷版本和电子版本等各种物质载体的文献；文字资料和多媒体资料等各种内容形式的文献。观点4是关于书目控制的目标和效果，可看出书目控制是存在文献和用户两种视角的，其中用户视角是考量书目控制的效果，要求易于用户理解和使用。

在上述有关书目控制观点的总结中，可看出一些观点中存在分歧，包括关于书目控制的对象是具体文献还是文献整体；书目控制的目的是促进文献检索还是完善文献流分布。这些分歧的存在可能是由于阐述视角不同所导致的。

1. 物质性的书目控制

书目控制物质性视角强调的是书目控制的产出成果，即物质性的目录或者知识库等，强调的是如何对文献进行揭示以形成目录，图书情报领域将其称为文献著录和文献编目。

当前学者在讨论书目控制时通常是从编目工作、分类标引、规范控制等具体工作进行论述，强调对文献的特征信息的提取和描述工作，包括文献编目、编排、著录、标引等工作，最后形成目录或者数据库、知识库等形态。因此，重视的是关于文献统计、揭示和描述等工作的开展和不断改进，尤其是书目著录标准、书目著录格式、编目标准、元数据的制定，以及当前各种新型技术的应用以促进编目工作从文献层面、文献信息层面更加深入文献知识层面和知识单元，以此不断改善文献编目成果的呈现，例如基于关联数据的应用最终能使书目数据以可视化的方式表达。此外，编目等工作必须要在掌握一定数量文献的基础上才能开展，说明了文献本身对于编目等工作的影响。

2. 功能性的书目控制

从 Egan 和 Shera（1949）的"现代书面交流系统中的一种器械"到高家望（1988）的"完善文献流分布状态的行为"，在这些观点中，强调的是书目控制的功能。也就是说，书目控制的功能视角将书目的物质性上升到书目的功能性，书目控制便促成了文献体系的有序化。

依据控制论中的系统概念，可认为在书目交流中存在一种"装置"或"系统"，使之能够接收文献，并对文献进行相应处理，然后再进行输出，输出的结果要能够促进人们以书面为内容的交流。这种结果最直观的反映便是各种书目形式，包括纸质时代的目录和网络时代的知识库等。

书目的本意是"著录一批相关文献，按照一定次序编排组织而成的一种揭示和报导文献信息的工具"（彭斐章，2004:1）。因此，书目的功能有统计、登记和定位文献物理形态；描述、揭示、呈现和可视化文献信息；消除歧义；替代原始文件；创建关系等。不论是纸质书目，还是网络时代的知识库，从文献揭示到用户使用的大致流程为：通过对一定量文献的描述揭示得到书目数据，对书目数据进行处理并对文献进行标引，使得人们能够通过书目数据找到相应的文献。就最后人们查找获取的结果来看，通过关键词能够检出具体文献；通过如主题、分类号、文献类型、学科领域能够将相关文献进行排序、分类和聚类。而且，不论是列举式目录还是其他目录的编制，都需要建立在一定数量的文献基础上。拥有一定量文献，单个文献在文献体系占据相应位置，并且文献之间以某种标准存在联系，这实际上是构成了一个体系结构。

文献体系是客观存在的，且体系大小和体系结构始终是在不断变化中的。首先，文献是客观存在的，因此由文献构成的文献体系也是客观存在的。其次，关于文献体系的大小。从文献产生至今，文献已经有了相当数量的积累，因此文献体系已经有了一定大小，而且新文献一旦产生便被纳入文献体系中来，因此客观上，文献体系是在不断发展壮大的。最后，关于文献体系的构成。文献体系是由文献构成的，文献是该体系中的节点。每个节点都在文献体系中占据相应的位置，但文献传递或排序会改变相应位置，影响着文献布局。而且，在文献实体层面或者文献内容信息层面彼此之间存在某种联系，但有些联系是显性的，有些联系是隐性的，因此需要通过一定方式将这种联系明确出来。

因此，从书目的物质性上升到书目的功能性，可发现书目控制的结果产出虽然是各种实体形式的目录或数据库、知识库，但实际上它反映出的是文献体系的大小和结构。通过将文献进行定位、揭示文献特征、明确文献之间联系，将文献体系中的部分文献及其位置和联系突显出来，以使人们能够了解到文献情况并获取使用。这一过程可以总结为"文献体系的有序化"。据此，可推断出，书目控制的内容应是关于文献体系和结构的明晰和调整。其他相关理念也佐证了这一观点，例如，彭斐章（2004:101，114）认为列举目录学是将文献信息汇集成一个有用的逻辑系列，其功用在于将大量的繁杂的文献有序化。或者，正如陈光祚（1990）所言，"文献流是一定范围内的各种出版物的总汇……研究文献流的整序、测度和导向，是目录学独特的对象领域"。以文献流为对象开展的书目工作，意在通过为具体文献的操作行为如登记注册，实现对整个文献体系的数量、结构（如文献类型、文献分布）等状态的把控。

因此，功能性的书目控制便是要通过一些控制手段将文献按照一定秩序和内部联系进行组合，使文献体系有序化。将"有序化"这个目标分解，那么书目控制具体的目标就是：

第一，揭示文献体系的构成和大小，包括文献类型、文献数量、文献质量等。"全面登记和掌握文献"的思想主要体现"世界书目控制"和"国家书目"的创建中，但这种想法往往因为文献基数过于庞大而难以实现。出版领域是由商业出版社和版权局对文献类型数量等进行控制，正式出版物在出版领域的国际标准书号等标识系统的分配便实现了对正式出版物的类型、数量、地区来源和出版社来源的统计。

第二，揭示文献体系的结构，即文献实体的分布状态，并通过一些涉入措施对社会上的文献进行调配和布局，以实现文献资源的合理配置。文献初始状态是在各个产生者手中，经过传播到达图书馆等机构或者其他个人手中，反映了文献布局的变动。由于文献描述工作通常是由具体利益者负责，而且文献描述必须基于一定文献量，因此，文献布局状况实际上影响到的是目录所覆盖的文献量。例如，图书馆等机构组织的编目通常仅限于本馆内藏的文献，所建立的目录也仅覆盖到本馆馆藏，但通过出版物呈缴制度保证了文献量。

第三，是要对文献本身进行明晰，使人们能够快速地了解文献。常见的方式便是对文献进行描述、揭示、评论、撰写提要等。

第四，是明确文献之间的关系。就目前实践情况而言，通常会在整个文献体系中区分文献类型和文献个体。例如，通过分类号、关键词、名称规范控制等资源组织手段或者依据学科来源、机构来源等标准把具有相同特征的文献进行关联、聚集、排列和组合。也就是说，那些揭示文献属性和特征的标识既体现该文献的唯一性，同时又能体现文献之间的区别和联系。

第五，是确定相关文献的质量。关于文献特征及文献关系的明晰，由于文献基数过于庞大，因此，往往是具有选择性的操作，这就涉及文献质量或文献价值的判断，仅将符合条件的文献进行呈现。

3. 数字环境下的书目控制

在数字化背景下，书目控制的领域包括文献生产模式、文献传播方式、用户获取行为等都发生了变化，因此，书目控制也展现出不同的发展态势。首先，书目控制的对象多元化。数字出版的融合发展产生了各种不同的文献类型，使得书目控制的对象从印刷资源发展到数字资源和网络资源，而且数字资源也具有不同的表现形式，包括图像、音频、视频等多媒体形式。其次，书目控制的方式复杂化。不同内容形式和媒介类型的资源，以及特殊信息需求用户的日益多样化，要求书目控制能对不同资源开展更为专指性的控制形式。再次，书目控制的手段多样化。一方面，对传统的控制手段进行反思，对不适应现代环境中的控制手段进行改进和升级；另一方面，采用大数据等技术作为与文献相匹配的技术基础，利用数字手法对文献内容和知识深入挖掘，将文献及其信息、知识之间的联系重新确定，以促进文献体系结构以多元化、可视化等方式呈现。

从通过书目来查找文献到 RDF 和关联数据的发展，再到当前对知识元的探索，可以看出功能性角度的书面控制对于文献体系的揭示和调整，实际上存在着三个发展阶段，即文献体系、信息体系和知识体系。

4. 本书的书目控制概念界定

综合国内外学者对书目控制认识的趋同化意见，以及结合数字化背景下文献和书目工作体现出的新特征，本书认为书目控制具有六个主要特征，涉及书目控制的背景、对象、领域、内容、层次、目标，即：

其一，书目控制是在数字化背景下开展的社会活动。

其二，书目控制是以文献为对象开展的社会活动。

其三，书目控制发生于文献整个生命周期中。

其四，书目控制通过创造和变更条件，揭示和调整文献体系的结构和状态（宏观）；通过书目情报系统，揭示文献个体的内容表达、载体表现等属性（微观）。

其五，书目控制存在文献体系、信息体系和知识体系揭示和调整共三个阶段。

其六，书目控制以推动文献体系有序化和人们有效获取为目标。其中，有序化文献体系涉及文献体系的构成和大小，具体包括：节点数量、节点质量、相关节点的呈现；相关节点之间的关系；相关节点在文献体系中的相对位置等。其中，节点为文献类型或具体文献。

三、灰色文献书目控制概念

基于以上关于灰色文献概念和书目控制概念的分析和重新界定，本书认为若是将此前灰色文献的诸多特征看作"无序"状态，那么对灰色文献进行书目控制就是要推动灰色文献体系的有序化。同时，书目控制始终要依附于文献本身，开展灰色文献书目控制的难点主要是源于灰色文献非正式出版的特性，因此，需要将书目控制的研究提前至灰色文献的产生领域。

因此，本书是从书目控制的功能性视角开展的灰色文献研究，将有关书目控制的讨论覆盖到灰色文献源和灰色文献流，即灰色文献的产生领域和流通领域。并且，将灰色文献特征（如多文献类型、文献质量问题、知识产权问题等）和书目控制中关于文献体系结构的讨论相结合，来进一步明确主要内容。

基于此，界定出本书的灰色文献书目控制概念，即：

以灰色文献为控制对象，覆盖灰色文献产生领域和流通领域，通过创造和变更条件，推动有用但无序的灰色文献体系成为有序的灰色文献交流系统。

其中，灰色文献体系是指由各类型灰色文献及文献个体组合而成的整体，涉及灰色文献数量、灰色文献质量、灰色文献分布、灰色文献(文献类型或具体文献)之间的关系等。有序化灰色文献交流系统是指实现文献和人们的有序交流。

四、其他相关概念

(一)文献编目及其与书目控制之间的关系

文献编目是指依据特定的规则与方法，对文献信息的形式与内容特征进行描述、标引并使其有序化的方法，其主要作用是记录某一时间、空间、学科或主题范围的文献并使其有序化，从而达到宣传报道和检索利用文献的目的。

本书认为文献编目仅是书目控制中的内容之一。在书目控制的概念辨析中，基于对国内外学者关于书目控制定义的理解，认为书目控制存在物质性视角和功能性视角两种情况，其中物质性视角为包括文献编目在内的围绕书目著录的具体工作。但是，以功能性视角来看，将书目从物质性上升至功能性，书目控制促成文献体系的有序化，涉及文献数量、文献质量、文献分布、文献呈现、文献关系等方面，文献编目仅是对一定数量的文献描述以及文献之间关系确立的操作方式之一，不能对等于书目控制。

(二)地方文献及其与灰色文献之间的关系

地方文献是指有关本地方的一切资料，综合反映当地政治、文化、经济和风土人情，其具有地方性和资料性的本质特征(乔好勤，2007)，即地方文献首先遵循区域性原则，基于此原则地方文献存在多种划分方式，通常是内容涉及和反映本地区一切自然现象和社会现象的具有历史价值的文献，但同时也有以人物籍贯、出版所在地等标准来评判的。地方文献具有独特的地域特征和历史价值，由于公共图书馆具有一定地域服务范围，因而我国历来十分重视公共图书馆关于地方文献的资源建设和书目工作。

就图书馆等文献机构的书目工作而言，地方文献和灰色文献具有密切关系，一方面，地方文献的范围中包含有灰色文献，但同时又不仅限于灰色文献，还包括各种白色文献。图书馆收藏的灰色文献主要包括地区谱录(家谱、族谱、宗谱等)；当地人士个人文集、传记；地方综合性年鉴与专类年鉴；地方志(地名录、区县(市)志、乡镇(街道)志、村(社区)志等)；当地各单位、企业、团体等编印的各类纪念册、宣传册、年报、简报、通讯、统计资料、资料汇编等(王自洋等，2019)。此外，若以地方文献的地方性为划分标准，那么灰色文献中符合这一标准的便也可被称为地方文献。

(三)书目数据和书目记录

书目数据是有关文献内容特征和外在特征的信息，包括来源于文献生产领域的信息提供，但还未经文献著录和文献编目工作。

书目记录特定信息资源的元数据的集合。传统上，它存储在书目数据库中，并显示在图书馆目录中，是在编目系统中描述、分析和控制一个书目实体的记录。① 书目记录既是文献著录的结果，也是编制出目录的组成单元(孙更新，2006:5)。

第二节　书目控制研究综述

书目控制是 20 世纪 40 年代末，美国科学家维纳的控制论产生后出现的一个术语，是把控制论的思想引入文献工作而提出的概念。1949 年，美国芝加哥大学图书馆学研究院的伊根和谢拉正式提出了"书目控制"概念。我国于 20 世纪 70 年代末 80 年代初引入了"书目控制"一词，据秦宜敏(1992)统计，1981—1985 年为我国介绍引入国外书目控制的阶段，1986 年以后，为我国书目控制的研究发展阶段。程焕文(1990)认为我国国家书目控制可划分为两个阶段，即自为阶段(20 世纪 50 年代至 60 年代初)和自觉阶段(20 世纪 70 年代至今)。

---

① 全国信息与文献标准化技术委员会. 信息与文献 书目数据元目录 第 5 部分：编目和元数据交换用数据源：GB/T 19688. 5-2009/ISO 8459-5：2002[S]. 北京：中国标准出版社，2009：1.

一、书目控制思想

类似于"书目控制"的思想和实践一直伴随着人们生产创造知识的历史。在纸张未被发明之前，信息和知识只保存在少数人手中，这些人通常在集体中占有重要地位。随着技术和纸张的发展(如高速印刷机和木浆纸)，知识被分解为越来越多的细小部分，存储全部人类知识的重担从早年人脑存储转移到大型图书馆中的数百万本书，即记录科学和学习的信息从人本身转变为文献形态。在这种情况下，除了人与人之间以"个人载体"的形式交流沟通以便共享知识外，还可以以书面交流来传达内容，这种模式是通过阅读或个人报告的多种来源综合而成的，而无须个人以接触式的交互。但是，整个社会中充满着知识和信息流，而且这种以文字记录为媒介的书面间接交流是整个社会交流系统的主体(罗志勇，1994)。为从社会知识的无序状态中找寻秩序，需要处理这种间接交流或者说文献的产生和流动。文献能够帮助人们了解超出其直接感知经验的情况，人们希望通过书目工具(如目录、索引、图书馆和信息检索系统之类的服务)记录文献等资料的存在和位置等情况，最终将其作为一种媒介来协调和整合个人知识，使整个社会可以以超然的方式"了解"(Furner，2004)。书目工作正是为了解决不断增长着的巨大的文献量(包括文献数量、文献载体形式、文献内容、出版印刷语种等)与人们对其特定需要之间的矛盾而产生和发展起来的(黄俊贵，1995；彭斐章，2004:4)。

在 Downs(1954)的描述中，书目控制问题和写作之初一样古老，从楔形文字目录、纸莎草纸清单到亚里士多德"第一个批判性参考书目"都是类似书目汇编的早期存在或者说雏形。《隋书·经籍志》"古者史官既司典籍，盖有目录以为纲纪"以及郑樵在《通志·校雠略》中提出的"总古今有无之书"为一书、"纪百代之有无"的主张，都被认为是书目控制思想的早期萌芽(单波，1985；乔好勤，1982)。从15世纪到20世纪，众多学者和组织进行了世界书目的尝试，包括"西方近代书目的创始人之一"的 C. Gesner 于 1545 年编写的《世界书目》(Bibliotheca Universalis)。1890 年在苏黎世成立的"书目会议"(Concilium Bibliographicum)，涵盖了所有国家的生物科学以及与其直接关联学科的文献；1922 年开始的《国际科学文献目录》，其目标是涵盖所有科学领域。这些工作力图记录所有文献的存在。正如 Downs(1954)所说，"在几乎每个时代，人们都梦想着能出现记录有所有书籍存在的世界目录(Universal Bibliographies)。"

1948年，维纳发表《控制论》，控制理论为书目工作提供了另一个可行的切入角度。Egan 和 Shera 将控制论的一些定律和公式引入文献领域，并于第二年发表文章"书目控制绪论"(Egan 和 Shera，1949)，明确提出了"书目控制"(Bibliographic Control)的概念，这一概念一时成为目录学者和图书馆学者讨论的热点。

由于书目控制与实践工作的紧密结合，因此围绕书目控制的讨论始终是深植于书目实践经验，随着实践不断深化和扩展，书目控制的讨论也有所变动。在20世纪中期，当时书目实践工作的重点之一仍是在力图记录所有资料存在的世界目录(Universal Bibliographies)方面。广义的"书目控制"概念被认为是为世界目录提供了可行的支撑，或者说，通过"完美的书目控制"或许能够实现世界目录。20世纪70年代，国际上对国家书目的需求和价值的认识变得更加明显，一项名为"世界书目控制"(Universal Bibliographic Control，UBC)的运动兴起，F. G. Kaltwasser 在1971年提出该术语并被国际图书馆协会联合会(International Federation of Library Associations and Institutions，IFLA)采用作为行动策略。世界书目控制(UBC)立足于通过鼓励共享和重用书目数据来促进资源描述的共享和消除冗余①，同时，为促进世界信息和知识的获取做了大量工作，通过国际交流和协议促进文献描述和交换的统一性，包括制定国际书目标准和标准规范；推动在全球范围内为专著和连续出版物使用独特的编号系统；书目描述款目标准；不同类型的出版物以及所用缩写的国际标准；机器可读记录的结构以及国际交换格式等。

但是，世界目录的理想在实践中遇到诸多问题。从15世纪到20世纪有关世界书目的尝试，这些事业在实现其目标方面都没有取得太大的成功。其部分原因在于，在进行普遍书目控制，世界图书生产的统计数据不完整且不充分，以及有

---

① IFLA. Best Practice for National Bibliographic Agencies in a Digital Age：Bibliographic Control[EB/OL]. (2006-08-19)[2021-01-07]. https：//www.ifla.org/best-practice-for-national-bibliographic-agencies-in-a-digital-age/node/8911.

效的国家书目组织必须先于国际或全球报道，如果要实现世界书目，则必须以各国的工作为基础（Downs，1954）。"世界书目控制（UBC）项目也由于美国的政府结构和政治制度不利于任何强制性的书目生产等原因，缺少将它们合作融入国家体系所需的绝对精力"（Hickey，1977）。

正如 Hoesen 等人（1937:241）在评说 Gesner 的《世界书目》时所说，"……如果在当时印刷图书可能不超过 40000 或 50000 的情况下，Gesner 的书目是'片面的'且不完整的，那我们此时可能就会对世界型感到绝望"。Downs（1954）认为"完美的书目控制要能够对每本书以及图书馆关心的所有其他材料的存在和位置进行完整记录"。但他本人也对"完美的书目控制"这样广泛的说法提出质疑，"我们是否会达到这样的乌托邦，值得怀疑"。Hickey（1977）也认同这种努力是徒劳的，他在谈论美国书目的历史惯例和图书馆目录的发展时说道"机器可读目录格式（Machine Readable Cataloging，MARC）……可能比其他任何表现形式都更充分地体现了图书馆目录和书目的功能。然而，有点讽刺的是，美国仍然没有适当的国家书目"。

书目控制提出的背景是书目实践和思想交替的时代。20 世纪之后，分析目录学或校雠目录学（Analytical or Critical Bibliography）日益兴盛，描述目录学（Descriptive Bibliography）是其中一个分支，而列举目录学（Enumerative or Systematic Bibliography）则相对式微（彭斐章，2004:107），世界书目（Universal Bibliography）是其中一个分支。一方面，多数学者反思是否还要延续此前世界书目的努力；另一方面，计算机技术对手工著录工作产生冲击，卡片目录和书目系统及其机读目录并存。书目工作逐渐从追求书目"大而全"转向"细而精"。"在 20 世纪 60 年代和 70 年代 MARC 编目出现的背景下，当形容词'书目的'（bibliographic）被引入编目和分类文本时，其带有'书目文件'和'书目记录'，但却与'书目'无关。"书目控制概念也具有这样的时代印记，从"努力将图书馆关于某个主题的所有信息的参考资料（references）并列"的涵盖所有资料的努力，转向侧重实用和提高书目工作有效性的内容。Hickey（1977）从列表无限积累、书目结构不统一、书目分裂等情况出发，认为"世界书目控制是一个崇高的目标"，应当将对世界书目的关注转向微观层面如书目系统、标目设置等问题，他说道"尽管书目控制理论在美国盛行，但这些理论有时反映了过时的传统，对用户需求的了解不足，以及对经济限制的狭隘看法。然而，与其以这种负面印象来结束这种分析，强调一些正在突显出来的书目控制理论的片段可能是有用的"。并且期待"理想的书目控制理论应该可以消除这些困难"，例如，在将作者款目应用到除图书外的多种格式且被当作唯一合理的主要款目造成的问题等方面。

因此，彼时，有关书目控制的讨论除了试图在世界书目方面有所发展外，还更为关注具体书目工作的发展以及终端用户在其中的重要性，如书目结构（如资料排列、款目数量和类型、检索点类型、分析深度）、编目（如描述和主题细节）、检索系统、情报系统等。强调书目控制系统面向用户的有效性和便利性（Hickey，1977；1980）。完整、准确和及时的书目记录标准为书目控制其中一项质量问题，但更需要建立与良好服务相称的质量水平，即以低成本提供及时有效的访问（Thomas，1996）。

此后，随着实践和认知的不断深化，在当前关于书目控制的讨论中，相比试图记录所有材料的观念而言，更为主要的是从效果角度来发展书目工作的实用观点。

二、书目控制内容

Martínez-Ávila 和 Zandonade（2020）认为在 Shera 的理论中，书目控制的研究可以采取两种方式，一方面，从设计和使用它的图书馆员和学者的角度来审视，即内部观点，但是这可能会导致一系列关于细节的不连贯的观察；另一种方法，是将书目控制置身于"一般智力活动的背景"，即外部观点，社会学家可能将其视为更广泛交流问题的一部分，因为书目控制整体涉及一组专家内部的交流、各个专家组之间的交流以及专家之间和公众之间的交流。这表明，书目控制既可以被看作涉及书目各项工作，也可以从文献及信息交流的角度，将书目控制看作通过创造和改变条件，推动交流系统稳定和有序的发展。因此，从某一特定文献和文献整体两方面，书目控制具有微观和宏观两种层次。微观视角下的书目控制是对具体文献的控制，Wilson（1968）和 Wellisch（1980）的描述控制和检索控制即归为此类。书目控制从微观上通过著录、标引、规范控制等手段达到对具体文献的定位、控制。宏观视角下的书目控制即是对整个文献流的控制（石曼，1987），在宏观层面则是通过选择控制（入口）和传播控制（出口）而实现对信息流的协调和控制。同时从这两个角度出发，书目控制体系被认为应当由微观控制和宏观控制组成（柯平，2001:283-290）。

（一）微观控制

在黄俊贵（1995）看来，书目控制围绕文献存在及其特征、用户检索需求、书目编制方法及其形成的系统三者之间进行。也就是，厘清文献状况以及通过书目工作有效揭示是书目控制的主要内容。从具体的文献出发，通过编目系统或检索系统对每一篇文献进行控制，即对文献的外形特征和文献知识内容进行记录、识别、揭示、呈现等处理，涉及著录、编目、标引、分类、主题、索引等多项工作以及书目检索系统建设。Wilson（1968）和 Wellisch（1980）两种控制类型的基础上，微观控制又被具体划分为不同类型。例如，著录控制、描述控制、规范控制和标引控制（柯平，2001:283-290）。编目和标引等书目技术方法控制；依据用户检索习惯来协调完善书目检索系统的书目系统控制（黄俊贵，1989）。另外，同描述和检索相关的还包括规范控制（彭斐章和付先华，2004）。夏翠娟和许磊（2018）认为书目控制手段也主要为编目，但同时应是国际化和世界化的，包括国际化编目条例和多国联合编目。

不论重在统计登记的国家书目和世界书目，还是侧重查找和获取的书目系统和情报系统，统一化和标准化的书目格式及书目著录都是必要的，是推动这些书目工作有效开展的基础性工作。书目工作的自动化和标准化问题被认为是书目控制首先要解决的问题。彭斐章（2004:195-206）围绕书目工作标准列举出六项标准，包括文献著录与编目标准、分类标引标准、文献数据库标准、文献生产与代码标准、信息处理与交换标准、数字化信息组织标准。Kaltwasser（2006）[①]认为如果把书目控制看作对书目数据的系统处理，那么需要搭建的就是要能够支持信息合理、有效和灵活地流动的系统，为了使信息交换可以顺利进行，必须最大限度地对相关数据进行标准化，应该考虑三个标准化级别：其一，技术标准化，它在通过磁带或相关介质进行数据交换中起着重要作用；其二，在数据载体上组织书目数据，即书目数据的标准化结构；其三，目录使用和主题分析的标准化。

---

① Kaltwasser F G. Universal Bibliographical Control（UBC）[EB/OL].（2006-11-14）[2021-01-13]. http://www.ffzg.unizg.hr/infoz/dzs/text/UBC.pdf.

(二)宏观控制

在文献交流学说看来,文献交流的过程是文献在时间和空间上的变化过程,文献分布可能性以及由此引发的空间多维性,使得有必要进行书目控制(高家望,1988)。从文献集合来说,关于要揭示与掌握各时代文献总状况的国家书目和世界书目可被视为有关文献的宏观控制。黄俊贵(1989)认为应当包括从编目文献源的获得到书目传播整个过程,而不应仅局限于书目工作的某一个环节。因此,宏观的书目控制即是对社会文献信息流的操作,以完善文献流或信息流的分布状态。主要分为对文献源或称信息源、情报源的控制,以及整个文献流或称信息流、情报流的控制。有关文献源的观点主要有两种,一种观点是基于图书情报机构的书目工作开展的流程而言,黄俊贵(1989)和谭必勇(2009)将文献源控制以文献获得作为起点,在这一阶段,既要保证文献源的获取,如文献缴送制度,也还包括文献选择控制。选择控制是对冗余文献信息和不稳定信息资源进行筛选(彭斐章和付先华,2004)。另一种观点是从文献整个生命周期的角度而言,柯平(2001)将文献源控制以文献生产作为起点,认为文献源控制包括文献的生产控制(版权控制、出版物登记、在版编目控制、文献评论控制)和传播控制(选择性控制、最新通报、浓缩性传播),也因此,将文献选择控制往后推移同文献整序控制一并归入文献流控制。此外,与传播控制类似的看法为书目信息传播控制,即要设计相应的反馈渠道来了解用户的使用需求和使用效果(黄俊贵,1989)。此外,通过借鉴书目控制概念,在社会控制论的基础上还发展出了"文献控制"概念(蒋永福等,1993;蒋永福和孟越,2016)。

随着数字资源和网络资源的发展,书目控制的研究对象扩展到印刷资源和数字资源并重,并结合数字资源和数字技术、网络技术的新特点,不断发展书目控制。正如国际图联(IFLA)在 2021 年 2 月会议举办前提到的①,书目控制正在发生根本变化,因为书目领域当中的资源、参与者、技术、标准和实践正在发生根本变化。在数字环境中,数字文献能够脱离于载体,而更多表现为交互式的知识

---

① IFLA. Bibliographic Control in the Digital Ecosystem[EB/OL]. (2020-12-19)[2021-01-16]. https://www.ifla.org/node/93562.

单元(陈传夫等，2014)，因此，书目控制的研究得以更加深入，从文献层面深入到知识单元(熊翔宇等，2020)，更注重对知识概念及知识间关系的揭示和描述(张娟和倪晓建，2017；罗昊，2005)。

借助 Web 技术，陈毅晖(2011)认为未来书目控制的含义将会更为广泛，它可能会是一种分布式控制，毕竟书目控制要在动态且开放的网络环境中适应多种类型和形式的信息资源、各种类型用户以及不同场合的信息搜索。网络时代的书目控制还要对知识单元赋予标识，并且采用资源描述框架(Resource Description Framework，RDF)对文献进行揭示，将数字对象代码化以使所有描述能够构成网络化的知识组织系统(刘炜等，2018)。数字书目控制的技术包括自动化文摘控制、网络化分类控制、智能化检索控制(柯平和曾伟忠，2007)。此外，出版行业的变化和新型出版模式如自出版也对传统书目控制造成了冲击(Holley，2014)。

近些年来，有关书目控制的研究对比此前已减少许多，而且多为书目实践类文章，理论探讨相对匮乏。其部分原因可能在于，书目控制是有关书目工作的理论性概念，它是从控制论视角对书目实践及其文献关系的抽象概述，其目的仍是要回归实践并能够指导实践。而且，经过多年的基础设施、标准规范、业界共识的建设发展，例如，国际图联(IFLA)及其世界书目控制(UBC)、美国国会图书馆书目控制未来工作组(Working Group on the Future of Bibliographic Control)有关书目知识描述规则与标准的努力，与 20 世纪 50 年代书目控制提出时相比，书目工作各方面均已有所进展，因此，相关研究会更加偏重和深入某一具体方面如编目、书目系统、规范控制等工作的进一步发展，而非是集多项书目工作的"书目控制"本身，只是这些从"书目控制"的视角看来，是属于其涵盖内容的。

第三节　灰色文献书目控制研究综述

尽管"书目控制"的重点往往是已发布的资源，但该术语有时还涵盖档案材料、灰色文献和其他项目。① 在书目控制提出之际，并未将文献根据是否为正式

---

① International Society for Knowledge Organization. Origins of the Knowledge Organization Field [EB/OL]. (2018-11-10)[2021-02-03]. https：//www.isko.org/cyclo/origins#refG.

出版物或非正式出版物进行区分，即灰色文献是在书目控制范围之内的。在国内学者早期的研究中，灰色文献被认为是难以进行书目控制的，这一观点可能是由于忽略人为因素和制约于外部环境因素而出现的。随着技术、组织的发展（如图书馆组织能力），有更多的方法能够对灰色文献进行书目控制，围绕如何对灰色文献进行书目控制的研究和实践也逐渐增加。

一、灰色文献特征和"书目失控"

灰色文献在文献产出、发行、结构、内容等方面具有不同于正式出版物的诸多特征，这些特征导致文献及信息识别、获取、存储、可用性、读取、复制等特定问题（Vickers 和 Wood，1982），也正是因为这些问题致使早期的部分研究认为灰色文献是"书目失控"的（如郑满庄，1998）。1995 年美国政府机构灰色文献工作小组（The U. S. Interagency Gray Literature Working Group，IGLWG）[①]认为灰色文献既可能无法进入出版、发行、被书商或订阅代理商获取的渠道，也无法进入书目控制的渠道或体系。但是，从书目控制的角度而言，灰色文献的自身特征只是可能需要采取不同于常规文献的实践做法。

（一）灰色文献特征

灰色文献具有和一般正式出版文献不同的特点，因此图书情报界也将灰色文献称为非常规文献（non-convention literature）、非正式出版文献（nonpublication literature）、转瞬即逝的资料（ephemeral resource）、暗处资料（underground resource）（Schöpfel，2011）。对灰色文献开展书目控制的确存在很多困难，依据科研人员（Jackson，1950；Wood，1984；Vickers 和 Wood，1982；王英，2010；郑满庄，1998；王淑群，2000；Schöpfel 和 Rasuli，2018；Gul 等，2020）的叙述，影响书目控制的灰色文献特征主要包括：

其一，文献产出方面。纸质印刷量较少；只备有很少的副本，且副本的发行受到赞助机构（sponsoring agence）的严格控制；数字文献数量庞大。

---

① Infogalactic：The Planetary Knowledge Core. Grey Literature［EB/OL］.（1995-04-03）［2021-01-03］. https：//infogalactic. com/info/Grey_literature#cite_note-Augered-2.

其二，文献发行方面。偶然或专门发行；发行来源多样；发行受到严格控制；不以牟利为目的而发行；无组织性发行；涉及或此前涉及安全问题，这可能会导致文献出于贸易、专利或军事等安全原因被限制传播。

其三，文献格式方面。编排、印刷和制作的标准和格式无统一规格；内容结构无序，缺少部分结构成分。

其四，文献内容方面。无论在内容方面还是在生产阶段都不受严格的质量控制；缺少作为学术文献标签的同行评审和编辑过程；具有最新的信息，但内容未经出版单位或权威机构界定，缺乏成熟性；出于自政治、商业或行政性质，一些研究成果缺乏科学完整性和科学抱负。

其五，文献访问方面。通常不会出现在商业文献或书目工具中，这使得文献是否存在不容易确定；通常无法通过正常售书渠道获得，因此可能会产生跟踪和获取此类文献的人力成本。

其他方面。灰色文献会迅速转换为另一种更常规的形式，如期刊文章、论文；宣传性差；网络灰色文献的易逝性。

在只印刷出版物、印刷量很小且传播手段单一的时代，灰色文献常常以其难以捉摸和短暂易逝的特性来定义。但在互联网时代下，灰色文献的用户需求和供应路线都发生了重大变化，带来了新的挑战（Tillet 和 Newbold，2006）。传统文献和非传统文献的重要差异主要表现在灰色文献的传播渠道，检索困难曾经是灰色文献的一个显著特征，但目前关于查找问题已被最大限度地减轻了（Luzi，2000），搜索引擎已经成为用户获取灰色文献的主要途径。互联网的出现解决了一些问题，使许多灰色文献的获取变得更加容易，但这并没有改变这类文献的"灰色"特征，反而是在网络环境下被更为强化（Alberani 和 Castro，2001）。而且也产生了新的问题，例如，需要及时跟踪不断增长的文献；许多灰色文献仅在有限的时间内在线提供；网络环境下内容保存问题。互联网的应用并未解决灰色文献原本存在的问题。正如 Smith（2009:31）所解释的那样："尽管灰色文献是有用信息的来源，但灰色文献的组织、发行和推广都不够合理，当时它是纸质的，现在则（将这些问题）一直延续到了线上。"

（二）灰色文献"书目失控"

虽然从科研人员对书目控制的提法和认识中不难发现，当时书目控制的主要对象仍是出版社出版的资料，即正式出版物。但是，在书目控制提出之际，非正式出版物也是在其范围之内的，只是"从书目控制的角度而言，手稿、地图……要比图书和期刊更为复杂"（Downs，1954），由于非正式出版物来源和保管地等情况相比正式出版物更为烦琐，所以早年间在学者讨论书目控制实践和做法更多集中在正式出版物，非正式出版物经常被忽略。但是，他认为"为了完善对书目控制的讨论，应参考大量的未出版或非书本材料。这已经成为研究图书馆非常重要且值得关注的领域……这两个领域（手稿和地图）是仅有的非图书类别，需要注意这两个类别中任何有关于书目控制的事情"。

但是，在早期的研究中，有一些观点认为灰色文献是难以进行书目控制的，灰色文献游离于书目控制之外，书目失控更被认为是灰色文献本身的特征之一。这可能是由于将灰色文献不同于正式出版物的特征天然地直接与是否能够开展书目控制挂钩，即虽然坚持灰色文献这一文献群体内部因素但却忽略了人为因素在其中的干预和努力，另外，这一说法也可能是由于受限于当时的技术、组织、制度等外部环境因素。

灰色文献的这些特征并非是指非出版物难以开展书目控制。早在 20 世纪，国内外已有一些机构在对研究报告的编目、获取、处理和分发工作中开展实践并取得成效，例如 Jackson（1950）在论述 20 世纪 50 年代美国科学研究和发展办公室（OSRD）、美国国家航空咨询委员会（NACA）等机构在应对非出版研究报告所采用的措施时，认为这些程序和经验表明了控制研究报告的现代趋势。

灰色文献自身的特性为开展书目控制增添了难度，但并非说非正式出版物是无法进行书目控制的。进一步地，是由于书目标准和控制的缺乏，导致灰色文献一直是动态和不确定的（Tillett 和 Newbold，2006）。因此，才需要采取书目控制应对灰色文献表现出的相互间缺乏规范性和标准化的特性。

二、灰色文献书目控制

正因灰色文献的自身特性导致难以定位等问题，鉴于灰色文献本身杂乱无序的现状，就是要采取手段将其从无序的状态整理成为有序的交流系统，这与书目控制的目标是一致的。虽然被归到灰色文献范围内的文献类型有数百种之多，但实际上，并非所有类型的文献都被给予了等同的关注和研究。相比起其他灰色文献类型，学位论文、科技报告、政府报告、会议论文等类型的书目工作讨论更为广泛。

（一）书目控制系统

灰色文献不会（或通常）不受法定缴存约束，而且诸如书商之类的代理人的作用很小或者是不存在的。因此，灰色文献书目控制的重要实现是开发一些系统用于集中用于收集和发行灰色文献，"说服生产者将材料存放在适当的机构，则更容易实现书目控制"（Vickers 和 Wood，1982）。依据王英（2010）、张锦（1999）、张正勤和肖仙桃（2001）、姜华珍（2001）等人的说法，这样的书目系统可以是涵盖不同层面、级别、载体类型，覆盖不同地域范围、机构行业、学科领域或文献类型的，以及涉及线下印刷型书目工具和线上网络化书目系统，包括以单位、行业为单元编制灰色文献目录；内部资料目录等；图书馆、情报部门、档案部门联合编制灰色文献联合目录；跨地区的书目信息网；机构目录；全国性灰色资源共建共享系统。

依据一定区域内知识服务机构（如图书馆和机构知识库等）于灰色文献资源开发工作中的相互关系，当前存在总分馆模式、单馆集中模式、分散模式（林泽明等，2014:37-41）。构建灰色文献书目系统可被看作构建有序化的灰色文献交流系统，其中涉及灰色文献收集、编目、元数据等诸多实践。如果要建立灰色文献"可持续的生态系统"，就需要识别相关文件、提取元数据、永久授权、数字保存和认证评估（Cancedda 和 De Biagi，2016）。此外，开放科学运动为灰色文献提供了更新的信息技术和支持，Vicary 和 Pettman（2020）提到在建设数据库过程中，可以在虚拟研究环境中加强与开放科学社区的合作，以确保开放科学运动与未来灰色文献的推广之间存在双向互动。

（二）灰色文献规范格式

据 Vickers 和 Wood（1982）所说，很多灰色文献没有受到书目控制，一个主要问题是许多这样的文件缺乏完整的书目细节。其中部分原因可能与灰色文献格式不规范有关。灰色文献缺乏编辑控制可能会引起有关文件的真实性和可靠性的问题，造成灰色文献质量有很大差异（Mathews，2004）。早在1978年约克会议时，与会人员就要求委员会进行或下令进行一项研究，以核实现有做法、标准和准则，目的是制定和发布有关这些文件的良好表示、易读性和再现性以及正确的书目详细信息（作者、标题、生产者/出版者和日期）的最低要求，尽管他们认为难以对文本实行严格的规定（Alberani 和 Castro，2001）。此后，在第七届灰色文献国际会议（GL7）上，意大利国家卫生研究院（Istituto Superiore di Sanità）提出一项提议，建议采取统一样式来编制灰色文献，即"南锡样式：科技报告准则"（Nancy-Style：Guidelines for S&T Reports）。统一要求被认为是所有机构和作者生产灰色文献的有用工具，能够为其文献提供附加价值，当出版发行机构（issuing organizations）使用格式要求以正确呈现灰色文献时，会有助于提高文件质量和书目数据库检索效果（De Castro 和 Salinetti，2006）。此外，在灰色文献产生过程当中，Haynes（2021）认为通过培训、指导、编辑和资源支持可以提高灰色文献的质量。

（三）灰色文献元数据

在 2013 年的一项调查中，灰色文献关键利益相关者认为标准书目信息（85%）和一致的元数据标准（82%）最能改善灰色文献的收集和获取（Lawrence 等，2015）。但是，考虑到灰色文献的多样性和独有的结构成分，在定义其组织框架时面临着一个问题，即由于商业出版社无法控制它，因此，在定义与灰色文献相关的元数据元素时找不到任何一致性的标准（Gul 等，2020）。Childress 和 Jul（2003）以更技术性的方式讨论了灰色文献的元数据成分，认为它经常可能出现的问题包括：很少或没有嵌入元数据；缺少正式呈现的元数据（例如标题页）；冲突或存疑的元数据（例如，多个和存疑的日期）；不熟悉或模糊的责任方（例如，只有作者的姓名缩写）；内容可能是跨学科的、高度专业的或主题太过新颖，以至于无法轻松提供主题访问。不过，诸如学位论文的互操作性元数据标准（ETD-MS）在描述学位论文方面已取得了成效，鉴于此，Marsolek 等人（2018）建议针对灰色文献开发一致性的元数据标准，以增强资源搜索并支持未来的互操作性，而且要加强描述以识别和定位灰色文献。虽然对文献进行分类或者将元数据嵌入都柏林核心元素并非是所有人都能胜任的工作，但是，填写基本的都柏林核心元数据集被认为是最低目标（Cuvillier，2006）。Lambert 等人（2006）认为，在作者通过自存储向机构知识库提供元数据后，图书馆员应该编辑这些元数据以使其更加完整和更容易找到。进一步地，通过将灰色文献的描述性信息与其全文索引连接起来，还可以提高灰色文献的可见性和可访问性（Goggi 等，2015）。Hagemann 等人（2020）认为灰色文献服务平台要能支持数据交换，并且达到元数据的长期可发现、开放、可引用和可重用的要求。

（四）灰色文献分类标引

由于灰色文献通常具有专指性，因此 Baxter 和 Hilbrecht（2020）将其命名为"专业资源"，并在此概念下划分出白皮书、报告、可视化工具和教学资源等类别，目的是为引导用户找到最合适的资源格式。Tillett 和 Newbold（2006）认为当通过分类和索引访问以使材料可见时，请求提供灰色文献的满意率会提高。对不同学科的灰色文献可采用针对性的分类标准，例如，Jamoulle 等人（2018）提出使用"全科医学的核心内容分类"来对那些容易消失或难以定位的全科医学或家庭医学知识进行索引和检索，其中包括用于语境概念的 Q-Codes 分类法。Q-Codes 是一个多粒度分类法，每个最高类别最多包含三个级别。Resnick 等人（2019）认为多级粒度使 Q-Codes 分类法可用于多种目的，包括为灰色文献编制索引。

探讨互联网作为传统和非传统文献的传播渠道，也为许多研究带来了新的视角上，这些关于发展和问题的探讨不再独属于灰色文献，而是适用于更加范围广泛的网络信息。因此，在更广泛的知识管理和传播框架内，诸如信息或版权的更新和验证之类的问题已成为讨论的主题。如果将推特和博客作为"灰色数据"，那么灰色文学社区的保存要求就会变得更加清晰，而且会引发一些问题，例如，在制定博客和推文的保存标准时，有必要采用一般的数字保存原则，并结合对推特用途的不断理解（Banks，2010）。Luzi（2000）认为灰色文献之所以适合这种情况，是因为它在不受严格的生产和传播规则约束的情况下，越来越多地将自己描述为一种非正式的交流模型，其形式、内容和传播方法适应不同的情况。

数字革命为信息科学带来了根本性的转变，一方面，在当前开放科学环境下，不仅强调对已发表研究结果的访问，而且还要增强对包括预印本、基础研究数据、研究方案和研究过程中产生的其他类型灰色文献的访问（Sheehan，2021）。另一方面，图书情报机构要朝着科学专业化方向发展，因为在这一背景下，产生了更多专业类型的灰色文献,如开放式教育资源(Puccinelli 等,2020)。这进一步说明了在当前背景下,对灰色文献实施书目控制的重要性。

第四节　理论视角

立足于包括复杂系统理论、书目控制理论、文献传播理论、资源组织理论等多个理论视角,以便从宏观层面对灰色文献书目控制的研究进行整体性把握,指导研究的顺利开展。具体而言,复杂系统理论为理解灰色文献这一文献类型体系提供了方向。书目控制理论为本书提供了一个框架,以往的书目控制多关注于文献揭示工作,但是,外部输入的不确定性会对文献揭示造成影响,这便为开展在文献揭示之前的灰色文献研究提供了依据。以出版与否来区分文献,周文骏(1986:10)认为这种划分标准带有文献交流(文献传播)的色彩,因此,采用文献传播理论来明确灰色文献的研究阶段,将灰色文献从产生到被获取使用大致划分为两个主要阶段,即灰色文献源(产生领域)和灰色文献流(流通领域)。资源组织理论为灰色文献组织方式的讨论提供了参考。

一、复杂系统理论

系统是指处在一定相互联系中与环境发生关系的各个组成部分的整体。根据 Siegenfeld 和 Bar-Yam(2020)关于复杂度的解释,系统中的复杂度可用来描述系统可能状态的数量。复杂度可以采用描述这个行为的信息长度来进行表示,信息长度取决于系统可能的状态数量,可能的系统行为数量越多,那么系统的复杂度就越大。通常来说,对于同一个系统,当层次越低尺度越小时,系统的复杂度就会增加,因为更详细地研究系统会趋向于产生更多的信息。

系统中的构成可被称为部件,部件之间既可能存在着某种联系,但也可能相互间是彼此独立的,即它们相互之间作用较小,但即使是这种情况,它们也会形成"系统",但这种所谓的"系统"仅仅是一个名义,因为它是完全可约的,这是因为部件之间可能只在一定条件下有影响,即存在临界点。超过临界点,变量之间就会发生影响,而且临界点会暂时将整个系统划分为多个孤立的子系统(艾什比,1965:66-67)。

复杂性和规模之间权衡的结果是适应性还是效率之间的抉择。当有许多并行的个体且这些个体行为相互独立时，即系统高度复杂时，整个系统就会出现更大的适应性。但另一方面，当系统的很多个体都协同工作时，效率便会提高，从而使系统可以最大限度地执行为其设计的任务。但一个非常高效的系统，由于其必然较低的复杂性，将无法适应其自身或对环境未来不确定性变化的适应能力会降低，而一个可以应对所有可能冲击的高适应性系统，则必然是以牺牲一些较大规模行为为代价的(Siegenfeld 和 Bar-Yam，2020)。

由于系统是不稳定的，更有可能会变得越来越复杂，这时就表明有更多的功能需要调节。因此，为了保证有效性，系统必须变得和环境同样复杂，才能在与环境交互中做出合适应答，这便是艾什比提出的必要变异度原则(Law of Requisite Variety)。艾什比(1965:211)认为成功进行调节的必要条件是调节系统的变化必须至少与被调节系统的变化一样大。必要变异度原则通常解释为，"只有多样性才能摧毁多样性"。

根据必要变异度原则，可以通过选择一个调节变量来有效地抵抗干扰的变化。调节器的目标通常是使系统的输出变量保持恒定，而不受干扰的影响，并且，通过将调节器分层为多级的结构系统，可以在某种程度上弥补简单调节器缺乏调节能力的不足(Klir，1991:156;183)。将这一观点应用到诸如社会实践领域中，就可表现为，要实现相同的监管绩效就需要更多的层次结构。张旺君(2021)也认为由于外部环境的复杂性，系统可以通过增加控制的层次来实现对外部环境的控制，以使该系统能够在环境中维持生存。

二、书目控制理论

Egan 和 Shera(1949)认为"在力学中，控制是一种装置，通过它以最为经济的方式对机器的能量加以引导以达到既定目标。类似地，书目控制是这样一些装置"。这里的"机器"具有更为广泛的意义，它表示任何表现出某种可观察到的行为的动力系统，无论是钟摆、生物、社会还是精神构造，即"机器"是一个概念系统。虽然并未正式界定此概念，但描述了其操作目标，即提供内容可访问性和物理可获取性。

如果将知识看作为力量，那么拥有书目控制权就被认为是掌握知识的力量。

Wilson(1968:2)基于权力隐喻阐述书目控制问题，其目的是"明确我们可能对书目控制的了解，并说该知识如何与我们的其余知识联系起来……有两个概念需要特别讨论，这在很大程度上是至关重要的：相关性概念，这是信息检索研究的中心；以及作品主题的概念，这是图书馆实践的中心"。他提出区分描述性(descriptive)和检索性(exploitive)两种能力，其中，描述性传统上是通过编目、分类、分配主题标题和索引的方式进行的；检索性具有规范性，学者利用已记录知识的能力，为后代研究人员提供了一种衡量知识组织系统效力的方法。Wilson(1968)在将实证(empirical)和规范(normative)的区分从价值论本质应用到书目问题分析时提供了一个新的视角，即主体价值需接受实证分析。在当研究人员和编目人员陷入索引、摘要和分类过程时，可以停下来思考这些书目工作的实际效用，如按主题分类是否可行、是否可被机械替代完善、词汇表中真正有用的概念等。不仅仅只当书目工作是基于材料本身物质性的操作，而更强调书目工作的功能性。

Wellisch(1980)在Wilson(1968)的基础上进一步将这两种能力进行阐述，将就文献的形式特点与物理特点的控制和传递称为描述控制(descriptive control)，将就文献内容的揭示、标引、检索等称为检索控制(exploitative control)，并采用控制论原理设计了书目控制系统，如图2-1所示。在Wellisch(1980)的观点中，长期以来，图书馆和其他用于信息检索的机构和工具被认为是一个复杂的系统而非是整体中的各个单元，更为强调整体而非个体，因此控制论和一般系统理论所提供的知识和观点可以应用到这个系统中。在一个"稳定的外部世界"的环境中，存在一个开放的动态系统 E，系统 E 拥有一个输出目标 O，为了使系统保持在一个稳定状态或要使其成功实现其目标，必须将其保持在特定限制(阈值)之内。但是，外部环境总是在不断变化中的，系统从外部接收输入，每次新的输入都会构成干扰 D，这种干扰 D 可能会以一些新的和意外的事件或变化威胁到目标 O 的状态。因此，为了使输出目标 O 维持在一个有效状态中，系统需要具有一个控制装置 C 和一个调节器 R，可以将这种干扰 D 匹配到 E 中以形成一个子系统 S，子系统 S 的目的是控制和促进干扰 D 能够顺利输出成为目标 O 的一部分。调节器 R 的作用在于尽量减轻该系统的变化程度，从传播理论的视角而言，作用在于减小信息传播过程中的噪声干扰，以防止信息失真。

书目控制系统的目标是允许用户通过某些特定特征来检索文献，如果该系统是要进行描述性控制，那么使输出处于可行状态的条件是要有满足要求的有序文献，即文献标识代码具有唯一性、可知性、有序性。但是，如果是检索性控制，由于输入的复杂性，如语言表达多样性和创作者、标引者和最终用户的不断变动等，系统中的调节器很可能就会失效。因为形式有相对稳定性，而内容则是多变的，所以他认为在文献内容方面只能被部分控制。

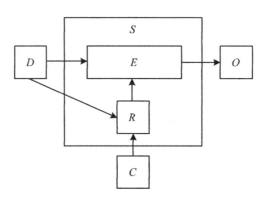

图 2-1 开放动态系统的调节和控制效应

资料来源：Wellisch(1980)。

虽然依 Wellisch(1980)的看法，能够对文献进行完整的描述性书目控制，但是检索控制总是不完善的，"理想而完全有效的主题检索系统本质上是无法实现的"的看法可能是受限于当时的书目工作实践进展和技术发展的，但 Wilson(1968)和 Wellisch(1980)所提出的这两种控制类型此后被众多讨论书目控制的研究所认可借鉴，有关文献形式和内容的控制逐渐发展成为书目控制的重要内容。

这种将控制论运用于书目工作被认为是书目控制论而非书目控制本身(柯平，1991)，是解释书目工作现象并探讨书目工作规律(柯平，1984)。国内学者对书目控制论的发展，一类是继承和补充 Wellisch(1980)的看法，在该系统上另外设计一个反馈通道，使之能将输出结果反馈给用户和书目结构以此来完善系统(刘雪峰，1988)。因此，当将其视为一个复杂文献信息系统时，由于人们通常对文献信息有特定需求，因此就会同文献信息交流的复杂性和可能变异性之间发生矛盾(程国洪，1993)。另一类是基于控制论中的共轭控制原理，从书目与文献的对应关系角度，认为书目具有面向文献转换和替换文献的中介作用（程三国，1986；秦宜敏，1990）。书目控制作为一种控制行为，被认为是要根据给定条件和预定目标来改变或创造相关条件，以使文献集合能够在一定空间内沿着所确定的方向不断发展，具体到书目检索系统方面，就是体现出文献查全率和查准率之间的辩证关系（王岩，1992）。另外，基于上述开环系统、反馈原理、交换原理、共轭控制等原理模式，结合空间控制和类型控制（包括文献类型、书目文献类型），柯平（1991）构建了三级书目控制模式。在结合共轭原理和开环系统等控制论角度的书目控制中，可发现前者重点是在表述书目控制的方式、手段和过程，而后者重在表现书目控制的目标和结果。

三、文献传播理论

传播一词主要指的是人类传递或交流信息、情感、观点或与此有关的交往活动。所谓传播，实质上是一种社会互动行为，人们通过传播保持着相互作用、相互影响的关系（郭庆光，2011:3）。信息科学将信息概念引入了传播学，使传播一词发展成为信息的传递和信息系统的运行，区别于自然现象中的一切反映事物之间相互关系的信息，而仅专注于人类社会以各种媒介进行的信息交换。结合社会学和信息科学的观点，传播被认为是社会信息的传递或社会信息系统的运行，并且具有一些特征，例如，社会传播是一种信息共享活动，表明社会信息传播具有交流和扩散的性质；它产生于一定的社会关系，并在社会关系中进行，同时又体现了一定的社会关系；它是传播者和传播对象之间的双向社会互动行为（郭庆光，2011:4-5）。

人类社会的传播经过了多个发展阶段，从口语传播发展到文字传播、数字传播。人们的传播活动由早期以人自身作为传播媒介，逐步发展到借助于物作为媒介。文字的出现使得人类得以拥有资料和文献依据，能够将人类脑海中的想法和知识加以符号化并移植于文献，因此文献中存贮着各种信息和知识。将文献置于人类知识环境中，文献就被赋予了将个人的知识信息与他人联系起来的功能，即作为媒介促进人与人之间的以观念、知识、信息为内容的分享、传递和交换。

当只着重于以文献作为载体的这一社会传播形式时，便出现了所谓的"文献传播"或称"文献交流"。Shera（1951）将这种以书面形式或文字形式在人们之间进行传递信息、知识、观念的方式称为书面交流模式(graphic communication)。李进香(1994)认为文献传播是指在一定社会背景下，发生在人与人之间的一种文献互动过程，在这个过程中，能够促进文献信息活化，并且有助于文献资源效能的实现。

　　一个基本的传播过程其构成要素主要包括传播者、受传者、讯息、媒介和反馈。在文献的交流过程中，文献本身是交流的对象(即交流物)，同时也是交流工具(周文骏，1986:23-24)。周庆山(1997:3)认为，文献虽然有各种不同的载体形态，但本质上是一种传播媒介，"文献实质上是人类文化的、精神的符号交流系统，是人类凭借组织编码的有序语义信息的文本传播人类信息的重要传播媒介"。文献交流的直接目的是通过交流工作(包括出版发行和图书馆工作等)和交流手段，依靠交流技术和交流工具，将生产者手中的文献传递到用户终端(周文骏，1986:28)。

　　从出版学的角度而言，制作媒介的作者被认为是传播者，而发行和销售渠道则是文化传播的"信道"(彭建炎，1992:64)。在文献交流的过程中，将文献生产作为交流过程的开端，正式出版印刷这一系列工作被看作文献交流渠道与文献生产领域的接触点(周文骏，1986:29)。周文骏(1986:29-30)将文献的出版编辑过程纳入文献生产领域，认为严格意义下，文献交流系统并不能完全包括生产领域。也就是说，传统情况下，只有在经历出版社和印刷厂的一系列业务工作之后，文献才脱离产生领域正式进入交流系统。文献生产领域向后衔接到的是文献交流系统的交流渠道，而且文献从其生产者产生之后有不同的传播渠道，既作为商品进入市场销售环节，也能够供给图书情报机构进入服务渠道向社会大众提供免费的服务供给，或是供给学校进入培训渠道等。

　　媒介(media)是传播学中的重要概念，其中，出版社和报社等提供内容的社会组织被称为大众传播媒介。传播者位于传播过程的首端，是传播行为的发起人，能够控制所传播信息的内容、流向和流量，而出版社、报社等媒介机构则主要对是信息进行采集、选择、加工和传播。作为社会组织的这些大众传播媒介同时拥有经济收益目标和非经济收益目标(郭庆光，2011:126-128)。一方面，它们承受市场压力，要将受众需求、发行量、同业竞争等因素考虑在内，传播内容和传播方式的选择和采用要以多种因素为衡量标准。另一方面，它们产生于一定的政治、经济和意识形态背景，需要为特定的阶级和利益集团服务。由于出版物等社会信息产品不可避免会携带或体现出特定的价值、观念和意识形态，因此，诸如出版社等组织就具有了通过对出版物的控制来引导社会意识和社会行为趋向的功能。

正式出版物同灰色文献的交流过程最为主要的区别，即灰色文献在其文献产生领域缺少商业出版社的控制。在正式出版这一环节中，传播学中一个重要概念是"守门人"或"把关人"（gatekeeper）概念。"把关人"指的是为信息在传送过程中发放通行证许可的组织或个人，这一概念通常被用以描述新闻传播者对信息的过滤、筛选与控制的过程，它提供了一个框架，用来明确信息选择是如何发生的以及择取与剔除信息的原因（李黎明，2011：99-100）。在文献传播中，从作者产出的文献并非全部都能够在社会大众间传播，在产生者发出和用户接收这一过程中，出版社等组织形成了"关口"，这意味着对文献的取舍选择行为，同时，既然有选择行为必然会存在"把关"的标准，出版社等媒介组织便依据这些标准对文献进行择取，经过筛选后才能够形成正式出版物进入社会交流领域。而当前，缺少出版社这一环节的灰色文献则存在着这一疑问，从文献产生到传播交流是否也存在着类似"把关"的控制，还是能够略过筛选这一环节，使出现的灰色文献都能够进入交流系统。

基于文献传播的理论，首先，将灰色文献划分为灰色文献源和灰色文献流两个阶段，以灰色文献是否进入能够具有"中转"作用的机构如图书馆作为阶段节点。其次，借鉴"把关人"概念，探讨在缺少商业出版社控制的背景下，灰色文献的传播模式和特点。

四、资源组织理论

序是事物的结构形式，具体是指构成该事物或系统的各个要素之间的相互联系和相互作用。任何事物和系统都存在其一定的结构形式，这种系统结构既可能是涵盖在另一个范围较大的系统中，为该系统的特定层次，同时又有其本身的结构和层次。当事物的构成要素具有某种约束性并且呈现出某种规律性变化时，便可称该事物或系统是有序的。但是，事物或系统的构成要素不可能一成不变，始终处于运动变化之中，系统结构也只是处于相对稳定而非绝对稳定的状态，因此，有序是动态的、变化的、相对的。随着研究和实践的不断深入，在信息世界中的组织对象从文献、资源扩展到信息、情报、知识。

文献也是具有其结构形式的，通过文献的有序化，能够最大限度地发挥文献的整体效用和社会功能。书目工作便是寻求文献情报的组成要素之间的相互联系，以及各种文献在整个文献情报系统中相互之间的联系（严怡民，2000：159）。"有序"可以有多种表达形式，即存在针对文献机构的某种约束性，如文献以一定规则进行整理、以一定顺序进行排列。

通过传统分类、编目、标引等方法，可将大量无序且分散的情报资源进行整序和优化，使其形成一个便于有效利用的系统。在信息组织时，主要遵循两个原则，即规范原则和有序原则。情报组织被认为是操作性的基础工作，没有规范就没有意义。同时，情报组织的目标之一便是要让情报资源变得有序且适宜使用，一方面，对于那些自成体系的情报资源不应破坏其有序结构；另一方面，对于无序的情报资源应采取人为整序的方式，通过人为干预使其成为有序的系统(叶鹰，2018：36-37)。

对于正式出版物的信息组织实践情况而言，信息组织存在于文献的生产环节和交流环节。其中文献的后端组织为文献编目，而图书在版编目则被看作文献的前端组织。图书在版编目的目的是在有关图书出版前，向出版商提供编目数据，以便使这些编目数据能被印刷在该出版物中，通过这种方法，出版物的编目数据可同时被图书馆、书商和其他需要这一编目数据的人所利用。图书在版编目的结果是产生图书在版编目数据。在版编目中的 CIP 数据核字和 ISBN 等不仅是文献的登记和注册，而且是出版领域的文献揭示工作，并且能够作为后续图书馆等文献机构开展文献揭示工作的基础。

在将资源延伸到知识层面，即从资源组织到知识组织，这是对事物的本质及事物间的关系进行揭示的有序结构，即知识的有序化，包括对知识客体所进行的诸如整理、加工、揭示、控制等一系列组织化过程及方法。对知识进行组织有若干方法，包括知识表示、知识聚类、知识重组、知识存检、知识布局、知识监控等。其中，知识布局是一种宏观的知识组织方式，它是指对社会上的知识资源进行调配和布局。所谓文献资源布局，就是基于宏观规划来协调和指导文献情报机构的文献收集工作使之形成一定文献储备量，并将其作为社会的知识资源进行共享。知识监控主要是指政策性监控，它是指政策主体出于一定利益和考虑来制定相关政策法规，限定和监督包括生产主体、管理主体和利用主体在内的各类知识主体的行为活动，知识监控作为社会外部环境对知识的介入和组织方法，其目的是调整和完善知识系统的内在秩序。

第三章　灰色文献书目控制的概念框架构建

从文献综述得知，能够对灰色文献采取一些书目控制手段，但关于灰色文献及其书目控制的内在联系尚不明确。根据本书设定，本章的研究目的在于辨析灰色文献及其书目控制的逻辑联系，以促进面向灰色文献实施书目控制的理解。进一步地，专家访谈的目的包括：识别灰色文献在书目控制环境下的主要特征；识别其他影响灰色文献资源组织和书目控制工作的因素；探究灰色文献特征与开展资源组织和书目控制工作之间的关系；识别利益主体相互间的关系以及其在灰色文献书目控制的作用和定位；识别所出现的控制形式以及影响其效果的因素和条件。然后，通过对专家访谈获得的资料进行编码分析，构建灰色文献书目控制的概念框架。

第一节　研究设计

一、研究方法概述

访谈法是研究者与被访者之间围绕研究目的而开展的谈话，主要聚焦于被访者个人的感受、生活与经历等方面，研究者凭借彼此之间的对话可以获得、了解并解释被访者个人对社会事实的认知（Minichiello 等，1995）。由于依靠研究者个体无法观察到一切，因此，访谈的目的是为让研究者进入他人的视野。定性访谈始于这样一个假设，即他人的观点是有意义的、可知的并且能够被表达出来（Patton，2002:341）。访谈可以探索广泛的文化共识以及被访者个人的独特理解、思想和感觉，并且可以探索一种情形中不同方面之间关系，这使得访谈能够帮助研究者明确那些迄今为止尚处于隐晦状态的事情（Arksey 和 Knight，1999：4，32）。深度访谈是基本的具有指向性的谈话，而且它是灵活性和内在控制性之间的有机结合，通过对话题范围进行限定，使访谈可以集中在为了发展理论框架而进行的特定数据的收集方面，这使得研究者在同那些有相关经验的人进行深度访谈时会对一个具体问题产生深入的探究。

在访谈过程中，一份设计精良且问题开放的访谈提纲和有准备的探索，能更为集中于被访者所说的话（Charmaz，2006：30）。标准化的开放式访谈由一系列精心措辞和组织的问题组成，并以基本相同的词语向每个受访者提出相同的问题，因此，可以最大限度地减少对受访者提出问题的差异，并且，由于预先界定了需要探讨的问题，有助于使面向不同被访者的访谈更加系统和全面。不过，由于受访者在回答问题时会提供自己的话语、思想和见解，因此，从某种意义上说，所收集的数据仍然是开放式的（Patton，2002：342-346）。半结构化访谈中包含关键问题，其松散结构使得在面对不同被访者能有更大的兼容性，访谈者可以自由跟进想法、探究回应并要求被访者澄清或进一步阐述。对于被访者而言，他们能够根据自身情况选择对某个特定话题要说些什么以及要说多少（Arkse 和 Knight，1999：7）。也就是，半结构化问题既有助于聚焦与研究目标契合的数据收集，同时，也能够发现那些未被访谈问题涉及的情况。因此，本书采用半结构化访谈法，基于专家过往的实践经验，以及在经验积累之上形成的对灰色文献总体的观点和看法，关注被访者有关灰色文献书目控制的所经历的实践、行动以及观点，目的在于探究个人经验和观念。

二、访谈对象选取

本书中的访谈工作重点是通过了解访谈对象有关灰色文献书目控制的看法和观念，来发展关于灰色文献书目控制的理论。因此，本书采用非概率抽样方法中的立意抽样（purposive sampling）来确定样本。依据该抽样方法所选样本的具体类型和数量取决于研究目的和资源（Patton，2002：243），具体而言，是指研究者根据研究目的，通过考虑哪些研究对象最能够提供完整且足够的研究资料，来寻找具备某种特质的个体组成研究样本。本书把灰色文献书目控制看作一种社会现象，研究的是灰色文献书目控制现象，而非是对环境的描述，也就是，研究在环境中发生了什么，并对这些行动进行概念化呈现。因此，要求访谈对象能够为灰色文献书目控制这一问题提供最大涵盖度，而不仅仅局限于灰色文献书目控制的某一方面的具体实践，并且能够对灰色文献书目控制的理论建构提供深入且广泛的帮助。因此，本书选择高等院校图书情报档案领域的专家和学者而非直接从事实践工作的研究人员作为访谈对象。在每一次访谈后，对访谈资料进行整理和分析，直到发现从访谈中获得的信息开始重复，并且收集更多的证据已无法产生新的属性时停止访谈。最终当访谈达到理论饱和时，共有 11 位专家参与访谈，为保护受访者的机密性，所有受访者均被匿名化采用代码表示，如表 3-1 所示。

表 3-1 　　　　　　　　　　　　访谈对象信息简况

序号	代码	工作单位	职称	访谈日期	访谈方式
1	A	辽宁大学	讲师	12 月 12 日	电话访谈
2	B	天津工业大学	副研究员	12 月 13 日	电话访谈
3	C	上海大学	讲师	12 月 14 日	电话访谈
4	D	云南师范大学	研究馆员	12 月 15 日	电话访谈
5	E	西北大学	副教授	12 月 17 日	电话访谈
6	F	黑龙江大学	教授	12 月 22 日	邮件访谈
7	G	郑州大学	教授	12 月 24 日	电话访谈
8	H	南开大学	副教授	12 月 29 日	面对面访谈
9	I	武汉大学	教授	12 月 30 日	微信访谈
10	J	上海大学	教授	1 月 10 日	电话访谈
11	K	长春师范大学	教授	1 月 13 日	微信访谈

资料来源：作者整理。

三、访谈资料收集

本书设计的访谈提纲主要涉及对灰色文献书目控制的认识、影响因素以及如何推进对灰色文献的控制等方面。于 2020 年 12 月至 2 月通过采取电话访谈、面对面访谈、邮件访谈、微信访谈等形式，对图书情报领域 11 位从事理论研究的专家学者开展专家访谈。以访谈提纲所示问题为线索，结合每次访谈的具体情况适当展开追问，使访谈结果更加丰富。经被访者同意，对访谈内容进行了录音，访谈时间根据各专家访谈情况而有所区别，其中最短时间为半小时，最长为 2 小时。访谈结束后建立了访谈的书面记录，完整的访谈资料不仅能使质性资料的分析更接近原貌，而且也能有助于了解受访者想法的来龙去脉。为获得完整准确的访谈信息，坚持忠于被访者原话的原则，在每次访谈结束后，及时将访谈录音如实转录并整理成为访谈文字。在本次访谈中，转录字数共 10.4 万余字，总时长为 9 小时。

四、访谈资料分析

Miles 和 Huberman(1994:10-11)提出了定性数据分析的三个主要任务，即数据缩减、数据显示以及结论图示或验证。对转录后的访谈资料，通过对其进行编码来识别主题模式。编码是收集数据与形成新理论来对数据进行解释的纽带，通过编码研究者可以明确数据中发生了什么，并开始解读其意义(Charmaz, 2006：44)。编码是标记和组织定性数据以识别不同主题及其之间关系的过程。

主题编码主要有两种方式，即归纳分析(Inductive Analysis)和推论分析(Deductive Analysis)。归纳分析是指研究人员阅读和解释原始文本数据，通过基于数据的解释来开发概念、主题或过程模型的数据分析过程(Thomas, 2006)。主题是直接从采访数据中得出的，通过识别文本中重复出现的主题来界定出恰当的符码，再将文本段与它们联系起来。推论分析，是根据现有研究话题相关的理论和现有假设去建构类目，即利用先验(a-priori)类目分析文本，对出现某主题的文本段进行编码(Kuckartz, 2014:44；55)。使用归纳分析的主要目的是将原始文本数据压缩为简短的摘要格式；将评估或研究目标与从原始数据得出的摘要之间建立明确的联系；为原始数据中显现出来的经验或过程的基础结构来构建框架(Thomas, 2006)。因此，归纳分析尤其适用于形成新的概念和类目(Kuckartz, 2014:44)。定性分析通常在早期采取归纳分析，特别是在弄清可能的类目、模式和主题时，这通常被称为"开放编码"(Strauss 和 Corbin, 1998:223)，以强调对数据开放的重要性(Patton, 2002:453-454)。

因此，为发现新的概念和类目，本书采用归纳分析中的开放编码(Open Coding)来发现和界定原始文本资料中所发现的概念、属性和类别。开放编码通常是定性数据分析的初始阶段，是对原始数据进行研究、比较、概念化到编类目的过程(Kuckartz, 2014:23)。开放编码的目的在于明确现象、界定概念、发现范畴，核心在于识别和命名概念。在对访谈资料进行开放编码时采用逐行编码，对段落、章节、句子等进行分析，为相应内容所包含的思想贴上概念性的标签。逐行编码迫使研究人员验证类别并使其饱和，最大限度地减少重要类别的丢失，并通过生成与正在研究的具体领域相适应的代码来确保相关性，这也同样确保了所产生理论的相关性，使研究者在过度挑选并专注于特定问题之前，能够先明确在进行理论采样时应采取的方向（Holton，2010）。分析产生一系列的概念之后，通过对概念进行比较，将指涉相似现象的概念进一步归纳到类目（类属或主题）之中，形成描述性概念。在此情况下，类目是概念组合的高一级概念即抽象概念。

第二节　研究目的与问题提出

一、研究目的

灰色文献自身有众多不同于正式出版物的特征，而且不同类型灰色文献之间特征也有所差异。当前有关灰色文献自身和书目工作的研究多为分开独立探讨，关于灰色文献属性特征同书目工作之间是如何发生关系的、以何种方式和结构联系起来的却鲜有探究。然而，灰色文献书目控制这一问题最重要的立意便在于，灰色文献不同于正式出版物的自身特性影响了书目工作的开展，使之产生不同于正式出版物书目控制的方式和手段，呈现不同的样貌。

因此，通过专家访谈的探索性研究，首先是发现和了解哪些特征和因素在开展资源组织和书目工作中被更为关注，同时，这些特征和因素影响哪些实践工作，又是如何影响的。其次，在此基础上，探究灰色文献从无序到有序状态这一过程中涉及大概哪些环节；涉及哪些影响因素，以及主要利益相关者在该环境下的作用。

立足于灰色文献及其自身特征，专家访谈主要目的在于：

（1）在资源组织和书目控制环境下，识别灰色文献的主要特征。

（2）识别其他影响灰色文献资源组织和书目控制工作的因素。

（3）探究灰色文献特征与开展资源组织和书目控制工作之间的关系。

（4）识别灰色文献书目控制的利益主体，这些利益主体相互间的关系以及其在灰色文献书目控制的作用和定位。

（5）在灰色文献产生和传播过程中，识别所出现的控制形式以及影响其效果的因素和条件。

专家访谈的预期结果是，由于灰色文献书目控制依附于灰色文献产生、传播和交流过程，因此，在对专家访谈结果分析的基础上，识别出主要的书目控制概念和维度，构建灰色文献书目控制的概念框架。

二、问题来源

敏感性概念和学科视角提供了一个开始，使研究人员能够深入地看待经验世界的某些方面，以便从这些方面开始研究（Charmaz，2006:17）。而且，还要考虑最初的研究兴趣、总体研究目标和所搜集、记录的数据之间的契合度（Charmaz，2006:22）。也就是说，研究兴趣和基础积累为研究者开始研究提供了视角和切入点。

本书中访谈问题设计的事前基础主要来源于三个方面，即现有文献回顾、国外灰色文献实践情况的网络调查、国内公共图书馆灰色文献的实地调研。

首先，依据现有有关灰色文献书目控制的研究文献的梳理总结，主要涉及书目控制系统、灰色文献规范格式、著录和编目工作、元数据等方面。

其次，参考国外部分灰色文献类型制定和采取的书目控制方式。例如，在文献生产端规范文献格式，澳大利亚政府部门对其产出的政府文件格式采取统一的要求，用来指导和规范政府内容的创建、结构和治理。① 澳大利亚"灰色文献策略"的《数字文献发布："踢踏舞"指南》（*Publishing Digital Documents：The Tap Dance Guide*）②认为数字文献应包含简单的书目信息。

最后，在书目工作中，图书馆等文献机构通常被认为是重要的利益主体，因此，在 2019 年 11 月，对浙江图书馆、上海图书馆、南京图书馆三所公共图书馆进行关于灰色文献书目控制的实地调研，重点了解我国公共图书馆对灰色文献的

---

① Australian Government. Content Strategy Guide［EB/OL］.（2004-11-28）［2021-01-29］. https：//guides. service. gov. au/content-strategy/.

② Grey Literature Strategies. Publishing Digital Documents：The Tap Dance Guide［EB/OL］.（2010-10-23）［2021-01-29］. https：//www. greylitstrategies. info/project-publications/publishing-digital-documents-tap-dance-guide.

采集标准、采集类型、采集方式、入藏组织著录、元数据规范、开放关联数据、分类排架、纸质目录、知识产权等情况，以及了解图书馆在进行灰色文献书目控制过程中遇到的困难及经验。

以上三种来源共同作为事前基础来构建本书中的专家访谈问题，通过不同来源资源的结合，以此发现灰色文献组织和控制的问题：

其一，对比灰色文献和正式出版物，正式出版物的书目控制除图书馆等文献机构的文献著录和编目工作外，还前移到正式出版物生产领域的在版编目。文献在生产环节会涉及内容方面(如内容质量、科学价值、意识形态)、形式方面(如书写格式、编排格式)，但是从书目控制的角度而言，更为针对会影响后续书目工作的原始书目信息，这些书目信息在正式出版物中通常以版权页、题名页等形式存在，并将其称为著录信息源，即这些信息作为文献描述和揭示的信息来源。但是，根据文献综述，非正式出版会对灰色文献书目数据的获取、完整性、准确性、规范性产生影响。因此，要识别灰色文献是否存在前端即生产领域也存在文献组织，即在文献生产环节主要关注文献书目信息的存在与否、规范性、完整性等。

其二，部分灰色文献类型已拥有文献规范化和标准化的规范标准，但是否其他文献类型也能适用尚存在疑问。

其三，有关利益相关者，图书馆是文献交流中的重要机构，但并不是唯一的机构，国内外文献也表明，灰色文献书目控制中或许能有文献产生者、其他文献机构或者其他利益相关者参与到书目工作中。

其四，以往有关灰色文献的控制方式，主要是采取集中统一管理方式，将文献统一到一处再进行集中的组织控制，如将文献集中于图书馆、建立文献数据库等，但这种方式是否普遍适用尤其是对于网络化的数字文献而言，尚有待探讨。

三、问题设计

本书根据有关灰色文献产生和描述的分析来设计专家访谈问题。各项主要关注的提出，是为避免在访谈中遗漏信息，用作明确提问的方向，以便于获得更多符合研究主题的访谈数据。

依据前文对于灰色文献书目控制概念的梳理和界定，本书中的灰色文献书目控制的访谈重点落足于灰色文献及其自身特征对开展书目控制工作的影响和举措。依据第三章基本理论问题的探讨，将灰色文献书目控制追溯至灰色文献产生领域，是在灰色文献产生及至之后的传播过程中发生的资源组织现象。在已有文献评述中，书目控制宏观视角的讨论涉及文献源和文献流，这两种说法的提出是基于文献传播和交流的线性横向过程的。因此，本书围绕灰色文献书目控制的维度模型这一核心问题，问题设计的框架遵从灰色文献产生和传播这一横向过程，按照这一基本顺序来组织灰色文献书目控制的问题。问题主要涉及关于生产和传播环节的资源组织、管理和控制，包括文献的标准化、规范化、集中化等情况。同时，由于本书是基于布拉格定义开展的灰色文献分析，因此，还需考虑布拉格定义中关于被认定为灰色文献的属性特征，例如灰色文献质量标准等问题。

虽然事前基础会有助于对一些方面的理解，但可能也会忽略其他方面，因此还要对研究早期所感知到的尽可能保持一种开放的态度。也就是，以当时的研究兴趣以及自我概念开始，同时也追求研究对象所提到的关键问题（Charmaz，2006:17）。这也就是说，问题要足够开放，这样才能在访谈中允许意外资料的出现。而且，虽然是以研究人员自我视角出发的研究，但在具体询问过程中需要保持开放的态度，对一些明显的可探究的要点进行进一步追问。

由于灰色文献概念所涉文献类型过于宽泛，且不同文献类型在文献来源、文献内容、文献质量等各方面都具有不同特征。因此，为便于专家聚焦以使问题易于回答，本书考虑聚焦关键命题与访谈开放之间的平衡，首先，以具体文献类型进行问题切入，为一些常见的文献类型如会议资料、会议录、内部刊物、学位论文、手稿、博客等设计了具体问题，用以聚焦数据搜集。其次，设计开放的综合性问题，以支持其他或可值得探究的资料的搜集。因此，该访谈提纲主要分为两类：第一类：具体灰色文献的组织、记录、质量、获取、描述的表现形式；第二类：以具体灰色文献引入灰色文献整体的组织、记录、描述的综合讨论。专家访谈的完整提纲见附录一。

第三节 资 料 分 析

一、编码单元确定

在传统内容分析中，使用内容单位来确定词语或概念如何编码即如何归属于某类目的一个属性，但在质性文本分析中，通常运用文本段(text segment)来取代内容单位(content units)(Kuckartz, 2014:45)。根据研究目的和研究问题，本书将访谈资料中相对独立、信息完整的语句设定为分析单元，分析单元是专门用于单独地描述或编码的单元。初步确定了与灰色文献书目控制密切相关的共195个分析单元。如下便是节选自一份访谈材料中的段落，画线部分为本书中所确立的分析单元。

(62)学位论文，包括其他的一些类似的文本，它是相对比较规范的，它有相对固定的格式，必须要有的章节，参考文献前面的作者声明承诺，版权的授予让渡等等，这些都是一个相对严谨的规范。在生产之前就已经制定好了，因为它是一个高水平的学术研究成果，所以它能够做到规范。

(63)而其他的大多数灰色文献是没有那么严谨的，没有人去规范它，没有人对它提出那么高的要求，所以它怎么做都行，不影响它的生产，不影响它的传播。

没有谁说家谱，拿过来一看说你做的不规范，缺了哪一项，它只要能够在上面有一些必要的基本信息，那就可以被认定是(家谱)。或者，会议纪要中时间地点有了，内容有了，那就可以了，即使详略一点都不影响。所以很多灰色文献其实很难去给它一个规范。

(64)之所以学位论文能够做到这个，是因为它有通过机制，它必须要这样规范，它才能够通过答辩。所以说怎么来复制这种成功，这是做不到的，因为其他大多数的灰色文献的生产机制没办法，它也没必要有这样的审核机制，入门的门槛，或者通过的标准。

(65)所以这个还是要视情况而定，不是所有的灰色文献都必须朝着规范化、可控制这个方向这个维度去发展。

(66)好多其实它还是一种很自由的很灵活的形式或者多变的形式，随着时间、随着空间它都在变化，但是它都可以成为一种灰色文献，它都有存在的价值，都有受众，这不影响它的价值。

(67)正如正式出版物也好，或者学位论文也好，它肯定有它的一套生存的原理原则，它要生存它就必须要遵循这些规范。

二、开放编码

确定访谈资料的编码单元后便开始对其进行开放编码。首先,对原始资料进行分解,在进行逐行编码过程中,一方面,对内容尽可能保持开放态度,以便不会排除或预先确定最终可能与新兴理论相关的内容,而且不会使研究人员淹没在描述性的细节方面(Holton, 2010)。另一方面,所贴出的内容尽可能围绕本书研究主题,并对研究问题有所帮助。经过分析,最终共贴出 165 个编码,并使用"a+序号"的形式进行表示。这一层级的概念名称主要采用受访者的描述性术语、受访者语言的凝练、接近受访者语言的表达方式以便形成所谓的鲜活编码(in-vivo code)。但其中一些标签具有高度描述性,且在某些情况下所包含的意义接近或重复,因此还需进一步提炼概括。

其次,将各标签中所含的思想观念进行分析和提取,并且从各个"描述性"主题中寻求联系,然后将在概念意义上具有联系的标签予以归纳和组织,以产生新的概念、理解或假设,促进更多抽象或分析性主题的产生,即实现从描述层面到推论层面的编码。概念化编码采取"aa+序号"的形式进行编号,并选取从概念上能够描述资料所指词语对其进行命名,最终生成了 104 个概念化标签。

最后,对 104 个概念化标签进一步归纳为更抽象的范畴。将低层次的概念根据共同的属性组织在一起,容纳进一个更加宽泛、更具包容性的概念,即进行范畴化,共提炼出了 34 个范畴,使用"A+序号"进行表示。范畴的命名采用多种来源,包括专业术语、访谈专家表达和经过对资料所表达本质的理解所采取的自定义概念。范畴主要包括灰色文献属性、灰色文献的非确定性、灰色文献的相异性、灰色文献的功能性、灰色文献产生的内在惯例、灰色文献产生的组织化、行政监管、灰色文献规范的局域化等,涉及灰色文献自身情况包括属性、特征、功能发挥等;灰色文献产生阶段的结构化、组织化、标准化等;灰色文献及其书目数据的传递;灰色文献描述揭示工作;灰色文献利益相关者的识别、功能、结构等。具体开放编码的过程和代码清单如表 3-2 所示。

表3-2 专家访谈资料的概念化和范畴化过程

贴标签	概念化	范畴化
a1 内部文献相当于档案记录; a2 保留文献的原始记录性; a3 类似档案存档的处理方式	aa1 档案属性	A1 灰色文献属性
a4 征求专家共享意见即要授权; a5 专家知识产权	aa2 知识产权	
a6 企业文献涉及企业竞争情报; a7 担忧泄露本企业情报	aa3 竞争情报	
a8 微博涉及个人隐私	aa4 隐私问题	
a9 行政考量下的内部使用; a10 机构内部文献信息安全涉密	aa5 涉密问题	
a11 文献价值因人而异, 因时而异, 因地而异, 因事而异	aa6 文献价值难界定	A2 灰色文献的非确定性
a12 文献形式随时间空间而灵活变化, 但无损其存在价值	aa7 文献形式变动性	
a13 文献公开状态受到多因素限制	aa8 公开状态非固定性	
a14 文献功能效用发挥复杂	aa9 文献功能效用发挥复杂	
a15 灰色文献各有不同的属性; a16 不同类型文献质量不一; a17 不同类型文献质量把握的阶段不同; a18 不同文献类型功能作用不同; a19 不同类型文献编制程序和标准不同; a20 不同类型文献标准不同	aa10 不同类型的文献有所区别	A3 灰色文献的相异性
a21 同一文献类型不同领域组织情况不同	aa11 不同领域行业的文献有所区别	
a22 同一文献类型的各产生单位的要求不统一	aa12 不同产生机构的文献有所区别	
a23 会议层级和名度影响文献的保存状况	aa13 不同产生事件的文献有所区别	
a24 专家报告, 会议论文可以吸引人员参会; a25 对于高水平学术研究内容的外部期待, 产生规范审核机制	aa14 对其他人员有价值和吸引力	A4 灰色文献的功能性
a26 企业内部资料面向需求明确仅局部内定向投放	aa15 指向性明确的需求	
a27 内资定向的文献	aa16 功能生效时间	
a28 纲领性文献和仅短期生效的文献	aa17 文献有用对控制程度的影响	
a29 以有用性和需求来决定文献未来发展程度		

续表

贴标签	概念化	范畴化
a30 产生单位按照自身习惯产生文献	aa18 机构组织自身具有惯习	
a31 村志编制的延续性和传承	aa19 同一文献的内在延续	
a32 文献标准的口耳相传和非书面化	aa20 非规定式的传承	A5 灰色文献产生的内在惯例
a33 首次制作参考已有文献模板	aa21 新加入者采用相似样式	
a34 虽产生机构要求不同，但同一类型文献会出现一些该有的要素	aa22 同一类型文献具有一些相同要素	
a35 文献内容有相应的文献形式作为支撑	aa23 形式对内容的支撑	
a36 学位论文的生产通过机制和标准；a37 学位论文的生产体系严密	aa24 社会化的生产组织，生产体系严密	A6 灰色文献产生的组织化
a38 无文献规范形式的监督；a39 内部行为，非高度组织化	aa25 内部生产行为，生产体系松散	
a40 官方强制备案	aa26 强制备案	
a41 并非所有会议信息都会在一个平台报备	aa27 备案分散	A7 行政监管
a42 只报备符合一定条件的会议	aa28 部分备案	
a43 会议相关信息进行备案和报备	aa29 备案信息	
a44 外部投稿要按照编辑部的格式要求；a45 机构内部有规范	aa30（内外关系）产出机构的文献格式要求	A8 灰色文献产生的局域化
a46 科技部立项科技报告文本标准化	aa31（归属关系）主管单位的文本标准化	
a47 文献结构化程度越高越可以对应固定的描述框架	aa32 后端组织对前端的反馈	
a48 文献规范化是没有必要的	aa33 前端的意义有无	A9 灰色文献规范化的价值
a49 文献的特色之一在于非中规中矩和个性化	aa34 文献个性化的特色体现	A10 灰色文献的产生个性化
a50 规范模板会丧失特色和活力；a51 无法预测和掌握一类文献影响因素；a52 无法掌握各类文献的流程及影响因素；a53 无法提供每类文献的模板	aa35 文献规范化模板的弊端	

续表

贴标签	概念化	范畴化
a54 规范标准化要考虑现有流程再造成本	aa36 流程再造成本	A11 灰色文献标准化的推广可行性
a55 标准制定管理方式是文献的生产者或权利的拥有者	aa37 标准对产生者的约束力程度	
a56 带有灵活性的控制能够改变不确定因素；a57 系统内部全部有序化就没有生机；a58 允许存在一定无序状态	aa38 灵活性控制的作用	
a59 并非所有灰色文献都要规范化和可控制	aa39 适应不同类型文献	A12 开放式产生机制
a60 机构层面而非全国层面的一类文献标准	aa40 逐步扩大的标准化范围	
a61 多物种的良好生态系统	aa41 灰色文献生态系统	
a62 会议级别反映文献质量的高低	aa42 产生者状况反映文献质量	A13 产生者来源原则
a63 生产者专业、学术程度反映文献正规程度	aa43 产出者状况反映文献正规化	
a64 网络文献发布前的网络后台审核；a65 文献在产生时的质量控制	aa44 产生机构的文献质量把关	
a66 根据产生机构地位等自身情况设立文献收录范围	aa45 以产出者身份设立文献收录范围	
a67 书目控制移到前端，是整个社会而非仅图书馆的职责	aa46 前端书目控制	
a68 产生个人向产生机构内部文献提交书目数据；a69 部委直属项目产生的科技报告按照报告类型统一规则填报书目数据	aa47 书目数据填报的内部化	A14 灰色文献书目数据的获取和填报
a70 中信所平台向会议主办方索要会议信息	aa48 关注领域的书目数据收集	
a71 报告生产者填写辅以后台复核调整；a72 书目数据的准确度受上传者专业性的影响	aa49 填报者功能有限性	
a73 参会人员内部共享	aa50 事件内部共享	A15 灰色文献传播范围
a74 机构内部浏览下载	aa51 机构内部共享	
a75 行业内部数据库	aa52 行业内部共享	
a76 会议前期资料公开	aa53 公开发布	

续表

贴　标　签	概　念　化	范　畴　化
a77 政府信息公开促进政府会议资料组织	aa54 官方威权的推动力	A16 灰色文献组织规范化的动力
a78 通过编目挖掘到的文献价值的凸显和推广促进合作关系；a79 文献价值的凸显和推广促进的图书馆收藏缺少产生单位的供给动力；a80 以特色馆藏为目的的图书馆收藏缺少产生单位的供给动力	aa55 以文献价值为中心联系各端主体	
a81 对公众推荐采取价值判断；a82 文献流通时采取价值判断；a83 将有价值的文献进行组织，价值是最先考虑的，然后才是类型等	aa56 采取文献价值判断和标准	A17 灰色文献价值取向之于书目控制
a84 有价值的文献会有商业利益或社会利益	aa57 文献价值具有经济性	
a85 目标在于凸显文献价值	aa58 以挖掘价值为控制目标	
a86 无价值的信息没有收集组织的意义；a87 重要会议（价值高的文献有需求）已有相关数据库	aa59 文献价值对于文献组织的导向	
a88 可以直接在网上获取的会议信息，再建平台的意义又不大	aa60 网络搜索环境下集中平台的非必要性	A18 传播媒道和用户获取行为之于灰色文献收集
a89 重复工作或价值凸显，现有可查询会议平台和查询图书馆目录的价值对比	aa61 公开发布环境中集中资源的非必要性	
a90 图书馆考虑获取文献密级和传播范围	aa62 考虑文献密级和传播范围限制	A19 灰色文献功能指向性之于文献收集
a91 对该文献感兴趣的仅是同行还是公众	aa63 考虑文献的用户群体	
a92 公共领域的文献类型交由公共图书馆，面向特定行业的文献类型由行业机构；a93 面向特定行业的文献图书馆，但对于图书馆用户是否有用；a94 企业对企业有用，企业对该领域用户机构	aa64 文献的面向领域（公众、特定领域）对应相应文献机构	

续表

贴标签	概念化	范畴化
a95 全国性智库关注和搜集行业发展情况；a96 作为以公共文化为主要职能的公共图书馆，缺乏动力；a97 企业定制化服务并非公共图书馆本职工作	aa65 面向整体而非个体层面把控的机构	A20 文献组织者的功能定位
a98 行业图书馆相比公共图书馆更关注行业内部文献；a99 专业图书馆相比公共图书馆的服务更易限于该行业；a100 行业协会服务于该行业	aa66 具有行业或专业性质的机构	
a101 高校图书馆取决于所在高校的性质和定位	aa67 内部文献依附机构定位	
a102 国家文化传承	aa68 以传承为目的	A21 灰色文献组织的目的性
a103 企业为使用而只保存有用处的文献	aa69 以使用为目的	
a104 网络化组织促进更多人了解	aa70 以宣传为目的	
a105 文献组织要考虑成本和潜在收益	aa71 文献组织的理性经纪人假设	A22 灰色文献组织的经济性
a106 普通图书馆的信息安全风险	aa72 文献收集单位的信息安全问题	A23 信息安全之于灰色文献组织
a107 涉及竞争情报的企业文献由国家图书馆负责；a108 涉及国家安全的文献由官方机构而非商业机构来收集组织	aa73 具有保密性质的收集单位	
a109 图书馆员并非有每个领域的专业知识判断文献内容	aa74 综合性单位难以采取专业把关	A24 灰色文献收集单位的专业把关
a110 行业协会可以有链条式的把关	aa75 行业对口单位的专业把关	
a111 生产传播单向链条的利益者；a112 多利益类型者	aa76 覆盖多类型利益主体	A25 利益相关者网络
a113 学术共同体；a114 代表行政权力的主体	aa77 来自不同群体的利益主体	
a115 在网络中明确各利益者的角色、责任和义务	aa78 明确利益者的角色	
a116 学术共同体和行政主体之间的沟通问题	aa79 不同领域主体之间主体的沟通	

续表

贴　标　签	概　念　化	范　畴　化
a117 由于成果创新性不想公开；a118 会议主办方为吸引参会不愿意公开；a119 产生单位的自由意愿	aa80 责任者有关文献公开的考量	A26 灰色文献传递的自由性和威权性
a120 地区主管单位协助地区图书馆征集；a121 呈缴和征缴制度	aa81 政府部门关文献提交的权威作用	
a122 公共图书馆已承担多项职能；a123 作为以公共文化为主要职能的公共图书馆缺乏动力；a124 文献有序化目标靠图书馆没法实现	aa82 图书馆的"参与者"角色	
a125 制定框架，给予指导；a126 图书馆面对多个领域只是旁观者，无法"长臂管辖"；a127 图书馆所起穿针引线的作用	aa83 图书馆的"旁观者"角色	A27 文献机构的职责角色
a128 在文献搜索方面存在关于图书馆的刻板印象	aa84 外界对于图书馆的刻板印象	
a129 图书馆责无旁贷的组织工作	aa85 图书馆的责任	
a130 图书馆和档案组织工作对象的交叉和重合；a131 图书馆和档案组织工作的区别	aa86 图档的交叉和区别	
a132 为产生者带来利润和好处，服务于文献来源者的利益；a133 面向产生单位的激励呈缴	aa87 面向生产前端的激励和推动力	A28 多端主体的动力激发
a134 激发行业组织收集的积极性；a135 激励图书馆收集	aa88 面向收集单位的激励和推动力	
a136 个人组织管理，文件夹按时间、进度、主题等分类	aa89 以个人为单位的组织管理	
a137 机构内部归档和内部知识管理；a138 产生机构的机构知识库和虚拟图书馆	aa90 以机构为单位的归档组织	
a139 专业领域呈缴；a140 地理地区征集；a141 行业领域呈缴；a142 行业加地域	aa91 区域性的文献聚合（收集呈缴）	A29 灰色文献聚集的范围界限
a143 重点领域的文献收集	aa92 重点领域的文献聚合	
a144 大范围（城市范围，所有学科，所有文献）收集组织不现实；a145 统一平台的效能和专业问题	aa93 综合性平台的不可行性	

续表

贴标签	概念化	范畴化
a146 以单个机构为基础，自下而上将文献整合；a147 全国性机构的收集和指导	aa94 纵向层级的文献组织结构	
a148 建立数字文献的长久保存平台；a149 建立用于会议文献产生、组织、分类、存储的系统	aa95 专门功能的文献组织系统	A30 灰色文献组织形式措施
a150 通用型的会议文献组织框架；a151 某一类型文献的专门网站	aa96 特定类型文献组织	
a152 数字文献各版本的归档，版本更新和差异	aa97 各版本的信息更新和对比差异	A31 版本更替下的书目信息
a153 提取各版本中核心内容，避免各版本重复；a154 只关注最终版本	aa98 各版本的共同信息	
a155 深入到内容又细颗粒度；a156 深层次意义揭示和语义检索	aa99 揭示精准度	A32 揭示深度和检索精确
a157 以文献用途、使用群体等情况明确定揭示程度	aa100 揭示深度的判断标准	
a158 体现共有的基本数据属性的元数据元素；a159 为一类文献编制专门规则	aa101 体现共同特征的描述框架	A33 编目通用性和个性化
a160 体现特定文献特征的字段；a161 同一类型文献不同领域的术语差异；a162 编目标准化框架开放部分字段以适应文献现状	aa102 体现个性特征的描述框架	
a163 以会议事件产生的各类文献具有强关联关系；a164 以项目事件关联的各类文献	aa103 文献之间的关联	A34 文献关联与书目数据关联
a165 书目数据开放，社会力量参与编目	aa104 书目数据发布	

资料来源：作者整理。

第四节　访谈结果呈现和分析

编码创建之后便是展示、分析与结果呈现，其分析重点是主类目和次类目。研究者对资料所做的描述与解释方式之一是"词类取向"（paradigmatic approach），词类取向也就是变量取向（variable-oriented approach），主要是用于处理已被界定好的概念之间的关系（Miles 和 Huberman，1994：91）。通过诸如网状图和矩阵表等形式来压缩和排列资料，以便引出具有统整性的结论。

本书中的专家访谈结果采用认知图的方式将类目联系起来并进行呈现。认知图（cognitive map）是将某一特定领域的概念呈现出来，并显示出概念间的关系，属于以概念为核心来排列资料的概念排序图，强调的是已界定好的变量及变量之间的相互关系（Miles 和 Huberman，1994：134-141）。通过对类目之间的关联性进行描述和分析，用来帮助理解各成分之间就条件和情境、回应问题所采取的应变、实现目标所采取措施等情况之间的关系，主要包括两种形式：其一是主类目之间的关联性；其二是主类目与次类目之间的关联性，涉及类目内部和主类目之间，其中在主类目内部的分析能够获悉子类目之间的关联性（Kuckartz，2014：84-85）。

通过对访谈资料进行编码，从而聚焦了一些主要问题，即有关灰色文献及其书目控制中的不同层面的研究问题，包括：

（1）灰色文献规范化和个性化问题。

（2）灰色文献分散性和集中性问题。

（3）灰色文献传递和选择问题。

（4）灰色文献编目描述问题。

依据不同研究问题设计图示，将所有涉及该问题的相应概念汇集起来，用来探究和处理该问题。

一、灰色文献的规范化和个性化

在研究设计中，提出关于灰色文献文本格式规范化的问题，这主要是源于目前已有的学位论文格式规范，以及国内外对于部分科技报告、政府公告等灰色文献类型的格式要求。但文献规范化和标准化这一情况是否能对其他类型文献进行推广和适用，或是哪些影响因素和条件会对这一情况产生影响和作用还尚不明确，因此，该部分主要是围绕灰色文献规范化、结构化和个性化、自由化展开的探讨。

经过编码，发现访谈资料中围绕这一问题的概念主要涉及灰色文献的非确定性（A2）、灰色文献的相异性（A3）、灰色文献的功能性（A4）、灰色文献产生的内在惯例（A5）、灰色文献产生的组织化（A6）、灰色文献规范的局域化（A8）、灰色文献规范化的价值（A9）、灰色文献产生的个性化（A10）、灰色文献标准化的推广可行性（A11）、开放式生产机制（A12）等。将属于各主类目范围下的子类目圈起来，以主类目为这个概念群命名，再描绘出主类目之间的关系，如图3-1所示。图中使用虚线的线条表示这一关系是具有负面影响的，同时，采用同一粗细的线条表明两段关系是存在某种逻辑联系的。

图中主要存在三条线索：

第一条线索，影响形成文献规范化和标准化的条件：灰色文献产生的组织化（A6）——文献标准化；灰色文献的功能性（A4）——文献标准化；灰色文献规范化的价值（A9）——文献标准化；灰色文献产生的内在惯例（A5）——文献标准化——灰色文献规范的局域化（A8）。

第二条线索，影响文献规范化和标准化的推广可行性：灰色文献产生的内在惯例（A5）——灰色文献标准化的推广可行性（A11）；灰色文献的非确定性（A2）——灰色文献标准化的推广可行性（A11）；灰色文献的相异性（A3）——灰色文献标准化的推广可行性（A11）。

第三条线索，文献产生的应对措施：文献标准化——灰色文献产生的个性化（A10）——开放式生产机制（A12）。

（一）第一条线索：影响形成文献规范化和标准化的条件

在图3-1左方标识出了"灰色文献的功能性（A4）"和"灰色文献产生的组织化（A6）"，这两方面会有助于形成文献的规范化和标准化，或者效果正相反。当某一类灰色文献的功能性较强，并且具有严密的组织化时，这类灰色文献便会有规范化的可能性；反之，当某一类灰色文献的功能性较弱，或者文献生产结构较为松散时，可能便会不需要或不便于形成规范化的文献体系。

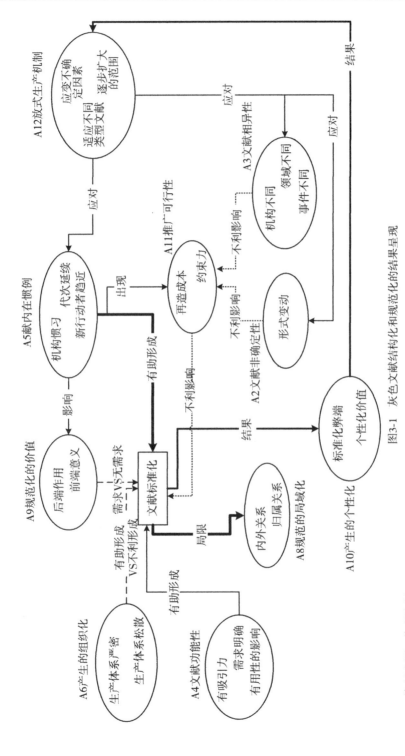

图3-1　灰色文献结构化利规范化的结果呈现

资料来源：作者绘制。

就功能性(A4)而言，灰色文献的功能性所指的是灰色文献对文献产生者和其他人员是有需求的，也就是灰色文献具有内部和外部的价值。正如访谈专家所说，各类灰色文献的功能生效时间、功能指向性、面向群体等都是不同的。一些类型如具有时间记录的文献着重被使用和需求的时间是有限的，或是一些文献类型是有固定用户群体的，即功能指向性是明确的。因为灰色文献的产生并不需要考虑市场利润，更多的只是出于产生者个人目的和需要，因此才着重提出了灰色文献的适用范围，可能只有产生机构或者本行业、本领域内的人员对该类文献有所需求，但社会大众的需求量却是较低的。以学位论文来论，学位论文被认为是具有高质量的研究型论文，具备科研水平，因此对于学术界其他人员而言，学位论文的高质量代表具有外部需求，而且，这种需求并非是短期的，也就是学位论文的功能性的生效时间是具有长期性的。

就产生组织化(A6)而言，灰色文献产生的组织化是指某一类文献的产生机构所组成的体系的状态，涉及该体系的结构化、稳定性、边界性等情况的衡量。学位论文产生机构的体系主要包括高校和科研单位，由于这些产生机构都位于科研学术领域，相互间存在业务、学术等方面的交流和沟通的情况，而且统一隶属于教育部管理，彼此具有一致的主管单位。并且，产生机构的数量也是有所控制的，在短时间内数量难以有较大幅度的增加或减少。因此，可看作这样的产生机构的结构是具有边界性的，整体结构具有一定的封闭性。广泛交流的存在也易使这一结构内部的各机构达成相互理解，进一步促进共识的形成。

但相较而言，其他类型文献诸如内部刊物的产生机构的情况却更为复杂。不仅产生机构的性质不同，例如，广东省版权局政务公开的"非宗教内容的连续性内部资料性出版物准印证核发"就显示，内部刊物的产生覆盖事业单位、国有企业、私营企业、社会团体、政府部门等各类不同性质的机构和单位。同时，产生机构来源于各行各业。虽然当前各行业的机构可能会因业务交叉而具有交流和渗透的现象，但不同领域和行业仍是有不同的运行目标和用户群体，并未在一个话语体系内，这为产生机构之间进行交流和合作形成了天然的隔阂。这表明，内部刊物产生机构的结构内部是相对松散的。并且，关于内部刊物的产生也并未像学位论文产生那样受到严格控制。只有符合学位论文授予的单位才能够产出，但内部刊物更多为机构单位的内部行为，产生自该机构单位的自由意愿。即使有国家新闻出版广电总局下发的《内部资料性出版物管理办法》，规定机构需要符合一定条件才可申请内部刊物的准印证，但除此以外，市面上依然不乏没有准印证的内部刊物。也就是，在实践层面上，机构单位进入内部刊物这个领域中成为其产生机构的门槛相对较低，因此，内部刊物的产生机构的数量是在不断变动的。这表明，内部刊物的产生机构的结构具有易变动性，而且，结构边界不明显，具有易渗透的特征。

在图 3-1 上方标识了"灰色文献规范化的价值(A9)"中的"后端作用"，这可被认为是实施灰色文献规范化和标准化的好处。文献本身的形态影响后续的描述和揭示工作的开展，尤其是有关编目标准、编目字段、著录项、著录单元的制定和确定，当一类文献自身的结构化程度越高，后续对这类文献的描述标准就越稳定和固定；反之，当一类文献结构化程度越低，例如，即使是同一类型文献，但产自不同主体的文献形态之间差异较大，则需要根据每份文献自身的形态因时制宜地采用合适的著录项和著录单元，而无法简单套用其他该类文献的著录标准。"结构化对应描述框架"虽然是对"文献规范化和标准化"有需求，但这并非是能够导致文献规范化和标准化的原因。在访谈资料中，专家提及"不能由后端倒逼前端"，也就是那些在后端开展描述揭示工作中遇到的问题诸如文献格式规范化期望在文献产生阶段得到解决，这一观念被认为是不现实的。原因之一在于后端利益主体诸如图书馆，无法对前端文献产生者产生"长臂管辖"。从专家访谈结果来看，对于文献产生者而言，是否要采用一套要求或标准来对文献进行规范化可能是缺乏必要性的，部分原因在于文献产生者内部自有一套文献产生的惯习，即"灰色文献产生的内在惯例(A5)"。

关于"灰色文献产生的内在惯例(A5)"，涵盖了专家提到的"组织存在惯习""文献内在的生存原理"等概念。以文献类型作区分，对于一类文献，人员在特定情境下重复相似的行动，这些已在这个情境中的行动者(文献生产者)及其类似的行为形成了一定的秩序。专家 D 提道"内容会有相应的形式作为支撑，有什么内容的文献就会有什么样的形式显示出来，格式是根据文献内容需要而随之改变的"。新进入这个情境的行动者(文献生产者)也会逐渐采取相似的方式，生产出相似形式的文献，也就是，新行动者在进入这个情境中也会逐渐依循这样的秩序。例如，产生者在撰写某一类文献时，会事先搜索相关文献以便在文献形式或文献格式等方面进行参考。这一类文献在外形上具有相似性，同时具有基本的一些属性，传达一些相似的基本信息，例如内资都会有出品单位。这就形成了该类文献的结构。这类结构可能并非是强制性的，也并未有成文的规定，而是非规定式的，正如访谈专家提到的"口耳相传"的形式，因此是一种"默认""潜在"的规则，这也被认为是"无序"状态中存在着"有序"行为。进一步地，由于这种结构是由行动者自发形成的，因此并非是秩序井然且结构严谨的，在这个相对宽松的结构内，行动者能开展自己的创造性行动，也就是形成该类型文献系统中不同文献独具特色的部分，即文献的个性化。因此，灰色文献的标准化和个性化就类似于结构和能动的关系，标准化和个性化并非是二元对立的简单划分，而是具有一定互相包含的关系。

另外，一类文献系统中的结构和规则的形成和作用发挥具有一定的范围，这种范围内的利益主体之间存在某种联系，正是这些关系的存在使得利益相关者得以采取不断趋近的行动。这便是"灰色文献规范的局域化（A8）"。一种范围是内外关系，例如外部投稿需要遵循内资编辑部或会议主办方的文献格式规范和相关书目信息的提供要求，也就是外部个人要想进入这个机构，或者也可称之为这个特定社会群体或者系统中，就要遵守这个群体或系统的倾向。另一种范围是隶属关系，例如学位论文要遵守所在学校的格式要求；科技部的立项项目要遵守科技部统一的科技报告的要求，即已在这个领域内的行动者要遵守这个领域的规则。

(二)第二条线索：影响文献规范化和标准化的推广可行性

在确定是否要进行文献的规范化和标准化时还需考虑流程改造和标准应用的成本，以及是否能够将这些规范和标准进行广泛推广，并使之被文献产生机构所采用。

内在惯例（A5）的存在，一方面，在某一类文献内部自发形成了默认的秩序，已在这个领域内和新进入这个领域的行动者在潜移默化地采取相似的行动，并且产生类似的结果，即"文献形式对应相应的文献内容"。另一方面，正是由于这种已经形成的秩序的存在，使得改变这一秩序或者文献产生流程就意味着需要付出成本和代价，并且由于是针对文献产生的流程和模式进行的变动，因此改变的代价是发生在文献产生者和产生机构方面，但产生者是否能够接受这样的变动负担，从当前访谈资料中认为文献产生者并没有足够的动力会去承担。对于标准规则，如果没有一定执行力度（例如版权局等部门的权威性）或者对于产生单位来说是有利的，执行起来就比较困难。而且，最为重要的是，从第一条线索的分析得出，在一定情况下，或许并无形成文献的规范化和标准化的必要性。

此外，"灰色文献的非确定性（A2）"和"灰色文献的相异性（A3）"这两种灰色文献当前的状态也会对文献规范化的采纳产生不利影响，主要是对于文献规范性应用效果和改造成本的影响。一方面，在"灰色文献的非确定性（A2）"中主要体现的是灰色文献形式的变动。在不同环境下如纸质环境、网络环境下，一些灰色文献的形式会随环境、应用需求的变化而变化，正如专家 D 所言，"它是一种很自由、很灵活的形式或者多变的形式，随着时间、随着空间它都在变化……但这不影响它的价值"。然而，规范化的文献形式是将该文献统一固定在某一种标准形式和格式框架内，例如会议论文和学位论文，无论是在线上线下都保持一致的文献形式。另一方面，就"灰色文献的相异性（A3）"而言。不同产生者或不同事件产出的文献形式不同，这便是内在惯例（A5）中提到的，一类文献内部虽然存在一定的秩序，但也同时允许出现能动的行为，表现在文献形式上，就是产生具有个性化和特色化的文献，即使是同一类文献，但文献之间也存在差异。然而，文献规范化就意味着要将当前这些不统一进行统一化。即使是会议论文和学位论文，虽然整体框架全国范围内是一致的，但对于格式上的具体要求，各责任者仍然采取适用于自身的不同的规范。

因此，非确定性（A2）和相异性（A3）主要体现的是灰色文献本身的易变性和个性化。是否有必要规定某一类灰色文献都限定在一个规范的格式框架内，消除其易变和可变的特征，不允许其发生形式上的变动，以及是否有必要将这类灰色文献体系内，不同产生主体产出的文献都应用统一的形式规范，将这类文献的形式进行统一，消除其形式而非内容的个性化。这在当前的专家访谈的结果中，被基本认为是不需要的。其原因可能在于，首先，跟该类文献本身的功能性（A4）和价值有关，该类文献是否有足够的价值和功能让人觉得有必要进行规范化。其次，如专家提到的，文献内部自有一套生存的原理（A5），一方面，这样的秩序已经能够维持文献的产生和存在；另一方面，太过规范化的体系反而会使之缺乏足够的生机和活力。最后，是从责任者的运行管理成本和效能的角度出发，运行方式的改变需要责任者付出一定的成本，但这种改变后的运行方式所取得的效果以及其他补偿益处是否足以支持责任者作出改变。

(三)第三条线索：文献产生的应对措施

面对灰色文献的非确定性(A2)和相异性(A3)等灰色文献的存在特征，可满足在一定的条件下，对某类灰色文献的产生施加以不同程度和范围的控制和管理手段。不过这种人为施加的手段有其前提条件，需要考虑灰色文献自身特征、灰色文献同正式出版物之间区别等，包括灰色文献的功能性和价值的发挥、正规化的要求、维持市场秩序等，诸如该类文献可能需要有一定的规范化产生框架才能使其价值更好地得到发挥，或者需要规范该类文献体系使其变得更加正规化，或者需要对该类文献体系进行规范以避免扰乱正式出版物的市场交易和流通。由于不同类型的灰色文献具有的前提条件都有所差异，因此对待不同类型的文献，所采取的生产控制的程度和范围都不尽相同。既有可能存在严格且深入的文献规范化要求，例如政府公文，然而更有可能是采取灵活且开放的生产控制(A12)，例如内部刊物，根据《内部资料性出版物管理办法》，形式的规范主要限定在内部刊物的封面、封底等外观方面，要求哪些信息必须标识和不允许标出，但少有提及格式方面的具体要求。另外，由于现有灰色文献复杂的产生情况，要改变现有流程还需考虑成本，因此，具有一定可行性的控制方式，便是在顺应现有文献产生情况的条件下进行适当的调整。开放式生产机制(A12)是指控制的规范性和开放性兼顾，在给予该类文献以规范性框架的同时，为该类文献的发展留有余地和空间，避免遏制个性化发展，同时也便于应对其他一些无法预测的因素。此外，考虑开放式生产机制应用的范围，专家提及可以采取由小到大的方式，以机构为单位，逐渐扩大至专业、行业、地区等较大领域。

总体而言，在图3-1中，围绕是否需要进行灰色文献标准化这一问题，对其造成影响的因素主要为灰色文献本身的情况，包括同一类型文献系统中，文献形式变动的非确定性(A2)；不同机构、事件、领域产生的文献之间有所差异(A3)，文献所具有的功能性(A4)。灰色文献产生主体的情况，包括文献产生的内在惯例(A5)、组织化程度(A6)、产生主体流程再造成本和对产生主体的约束力(A11)。这两类共同组成当前灰色文献的产生的情况和状态，表明是否要实施控制手段以及何种类型、何种程度、何种范围的控制手段都要以灰色文献本身及其责任主体为主要依据。

二、灰色文献的分散性和集中性

当前关于灰色文献所采取的控制措施多为将文献统一集中到相关文献机构，例如学位论文不仅需要提交到各高校或研究单位的内部图书馆，还需向国家图书馆进行呈缴备份。或是，建立文献数据库，如学位论文数据库、会议论文数据库，以及其他专门收集某一文献类型或多个文献类型的网站、平台、公众号等。这些控制手段其实都涉及将文献集中到一处进行统一的组织管理，但是否有必要将灰色文献进行集中化的组织管理，以及组织管理的边界性为何，是单个主体如个人、机构内部，还是涵盖多个主体的范围如行业、地域等不同范围的边界。从专家访谈资料中发现，灰色文献的聚散状态主要是受人为因素影响，即使是灰色文献本身特征也需经由利益相关者考量再予以决议。因此，此处对于灰色文献集中性和分散性的讨论主要是从利益相关者的视角进行的。

关于灰色文献利益相关者的探究，主要是源于利益相关者对灰色文献的能动作用。灰色文献作为人们书目交流的工具，其状态和变化受到相关利益责任者的很大影响。在关于灰色文献规范化和个性化的讨论中，灰色文献产生的组织化（A6）和灰色文献产生的内在惯例（A5）便是在灰色文献产生领域中，发生于灰色文献产生者之间，基于责任者自身和责任者之间的状态和行为，例如灰色文献产生者的资质规范、交流共识、相似行为的重复出现等，所引发的有关灰色文献产生和形成的现象及特征。以上两点探讨了灰色文献产生者关于文献产生的行为，此处对灰色文献利益相关者的探究，主要是关于利益相关者对灰色文献的收集和组织的作用，最终影响到灰色文献整体的聚集和离散的状态。主要涉及利益相关者的不同认知、目的、态度等意识形态，以及职责、义务、立场，例如，当利益相关者持有不同的目的和不同的职责，其对灰色文献的操作便会有所不同。

在进行关于灰色文献利益相关者的讨论前，首先需要明确的是灰色文献收集单位（灰色文献组织者）的界定。由于灰色文献非正式出版的特殊性，它的产生和管理控制可以由同一责任者来实施完成，也就是说，灰色文献产生者当实施文献组织管理行为时，其身份就可以由文献产生者转变为文献组织者，尤其是当某一灰色文献产生机构内部具有如图书馆、档案室、资料室、情报部门等专门从事文献收集组织部门时。因此，文献收集单位（灰色文献组织者）既包括以文献产生者为单位的灰色文献收集和组织，即产生者个人、产生部门、产生机构，也包括专门从事灰色文献广泛性收集和组织的机构，如行业组织、公共图书馆等。另外，即使是诸如公共图书馆等专门从事文献采集组织的机构，也可能会是灰色文献的产生者之一。这也就是说，灰色文献产生者和灰色文献组织者的身份并非是由机构性质决定的，而是由文献责任者所采取的行为，诸如是文献编制产出还是文献收集组织决定的。

编码后的专家访谈内容中涉及灰色文献利益相关者和文献聚散状态的概念主要为：灰色文献属性（A1）、灰色文献的功能性（A4）、行政监管（书目信息）（A7）、灰色文献书目数据的获取和填报（A14）、灰色文献传播范围（A15）、传播渠道和用户获取行为之于灰色文献收集（A18）、灰色文献功能指向性之于文献收集（A19）、灰色文献收集单位（文献组织者）的功能定位（A20）、灰色文献组织的目的性（A21）、灰色文献传递的自由性和威权性（A26）、聚集范围界限（A29）、文献机构的角色和职责（A27）、利益相关者网络（A25）、多端主体的动力激发（A28）、灰色文献组织形式措施（A30）等。如图3-2所示，图中采用同一粗细的线条表明两段关系是存在逻辑联系的。

根据图3-2的线索，基于事件发生因果的逻辑判断，图中的主类目可大致区分为四类：第一类，灰色文献的利益主体；第二类；灰色文献的特征；第三类，影响灰色文献组织范围的因素，诸如自由意愿和官方威权；第四类，最终形成的灰色文献聚散的情况，包括结果、状态和措施。而且，图中主要显示出四种角色：产生者、组织者、政府官方、用户，由于每种角色所具有的立场、职责、功能、目的、需求各有不同，因此对于灰色文献组织范围的影响也有所区别，例如，传播渠道和用户获取行为（A18）便是用户行为；行政监管（A7）便是政府行为。因此，基于利益相关者角色的划分，归纳出四条线索：

第一条线索，用户对灰色文献组织范围的影响：文献属性（A1）——文献功能性（A4）——文献传播范围（A15）中的公开发布（aa53）——用户——传播渠道和用户行为（A18）。

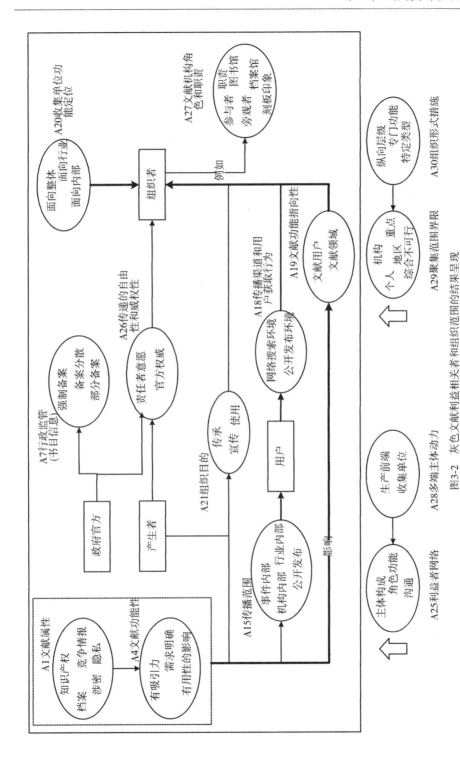

图3-2　灰色文献利益相关者和组织范围的结果呈现

资料来源：作者绘制。

第二条线索，政府官方对灰色文献组织范围的影响：政府官方——行政监管（A7）；政府官方——传递的自由性和威权性（A26）——组织者。

第三条线索，产生者对灰色文献组织范围的影响：产生者——组织目的（A21）——组织者；产生者——传递的自由性和威权性（A26）——组织者。

第四条线索，组织者对灰色文献组织范围的影响：收集单位（组织者）功能定位（A20）——组织者——文献机构角色和职责（A27）；文献属性（A1）——文献功能性（A4）——文献功能指向性（A19）——组织者。

第五条线索，文献聚集的应对措施：利益者网络（A25）——多端主体动力（A28）；聚集范围界限（A29）——组织形式措施（A30）。

在图 3-2 上方标识出了"文献属性（A1）"，有关灰色文献的工作很多都要依据灰色文献本身的属性和特性来开展，因此"文献属性（A1）"是最为基础的概念。基于文献本身具有知识产权、竞争情报等重要的知识资源，因此文献对其他人员会产生吸引力，即形成"文献功能性（A4）"。图中其他一些概念多为灰色文献属性、特性和功能性所引发的，例如，文献传播范围（A15）中的专家报告、会议论文的内部共享，一方面是由于知识产权，另一方面被认为是为了吸引其他更多人员参会，即文献本身对其他人员是有价值和吸引力的。传递的自由性和威权性（A26）主要是基于文献自身的隐私、竞争情报、涉密、创新性等情况以及其他有关自身利益的考量，而不愿将文献或相关信息进行公开或传递到其他利益者。组织目的（A21）基于灰色文献本身的价值和功能，对内具有记录事件和查档需求，引发文献产生者内部以使用和实际需求为目的的文献归档；对外有通过文献进行宣传和吸引人员的作用，引发以扩大自身宣传效应的文献传递。

因此，将文献属性（A1）和文献功能性（A4）列为该图 3-2 中基本的影响因素。

（一）第一条线索：用户对灰色文献组织范围的影响

用户对灰色文献组织范围的影响，这是从用户对文献进行查找和获取等使用角度而言的。灰色文献书目控制的目的之一是便于文献使用，专家认为如果在现有文献未组织的情况下，用户便已经便于获取文献，就会引发关于文献集中化意义的质疑。专家资料中，对于灰色文献传播范围（A15）的讨论，主要是针对网络灰色文献。相较传统的纸质灰色文献，网络灰色文献具有不同的书目控制的特点：网络灰色文献的获取会更为便利，只是同时，网络灰色文献的保存问题可能也会更加突出。

灰色文献传播范围（A15），主要区分为两种情况，一种是内部共享和使用，另一种是公开发布和可公开获取。第一种内部共享情况，主要发生于文献产生者及其相关利益者之间，对文献获取人员的资质和资历有所要求，文献的获取渠道和方式是有一定限制的，例如会议的专家课件在得到专家许可的前提下在与会人员内部共享；机构知识库或者内部数据库的文献使用，以及行业组织所建立的面向该行业从业人员的内部数据库，需要有会员资质的人员才有获取权限。第二种公开发布的情况，即文献产生者直接将文献于网络发布，并且不对用户资质和背景以及用户文献查看和获取行为设置限制。文献传播范围（A15）虽然阐述的是灰色文献本身的传播状态，但内部或公开的状态影响着用户获取行为，即传播渠道和用户行为（A18）。在内部共享的情况下，用户的获取倾向于采取非正式的获取渠道，然而，在公开发布的情况下，因为用户能够直接搜索和获取，因此专家认为这种状况下，再将文献集中组织就没必要了。

因此，对灰色文献是否要进行集中采集组织或是其他控制措施时，可以从灰色文献的传播情况，尤其是网络灰色文献的传播特点，以及用户对灰色文献获取和使用行为特征来考虑。

(二) 第二条线索：政府官方对灰色文献组织范围的影响

官方形式对于灰色文献聚散状态的影响主要是，政府部门出于一定目的要求获取相关文献及其书目信息，或者通过一定措施影响文献及其书目信息的传递和获取，最终形成了灰色文献及相关信息聚集和离散的状况。

一方面，是政府部门对于灰色文献传递的主导作用，出于一定目的，政府部门要求必须进行灰色文献或书目信息的传递。文献作为人们书目形式的信息传递的载体，不论其是否正式出版，都在一定程度上受到相关政府部门的审查和监管，即行政监管（A7）。行政监管主要针对两方面，覆盖灰色文献本身或灰色文献相关信息。灰色文献本身的监管，例如新闻出版行政部门对内部刊物的规范、监督和审查，要求只有符合一定资质的机构才能作为内部刊物的制定机构，而且要求产出机构每制定刊出一期内部刊物都要提交一份样刊至新闻出版行政部门进行意识形态、内容、样式的审核，并且每年对内部刊物及其制定机构进行审查并更新内部刊物的准印证号。灰色文献相关信息的监管，例如会议主办前都要向相关单位进行备案，对意识形态、经费、人员情况进行审查。但由于备案主管部门的不同，例如由高校内部各学院举办的学术会议，最为基本的是要向学校备案，涉及外事人员的还需向外事部门进行备案；协会等社会组织举办的学术会议，最为基本的是要向协会主管部门如社会团体管理局备案，涉及外事人员或会议规格还需另外备案。备案所需信息涉及会议主题、内容、邀请专家等信息，在一定程度上反映了会议灰色文献的基本信息。

由于不同性质的机构拥有不同的主管部门，而且不同机构因所在的行政地域不同所隶属的主管部门也不同，因此各文献产生者以备案审查等为目的所提交的灰色文献或书目信息也是交由不同部门。最终造成，相关信息虽然在一定范围内的信息有所聚集，但形成了多个不同的信息聚集群体。例如，同是会议灰色文献的信息，但一些信息分别聚集在各高校、社会团体管理局、外事部门等机构；目前规定内部刊物则是由当地的新闻出版行政部门管理。总的而言，是一定程度的集中和整体范围的分散。

这种以审查为目的的书目信息是否可以作为灰色文献书目控制的来源之一，目前尚无法确定。理论上，它的确是对灰色文献进行书目控制得到的结果，主管部门收集灰色文献或信息，并对其进行登记和记录，但由于控制目的的特殊性，它是出于行政监管或经费监管而非使用目的，因此，目前这种信息也仅限于内部保存。

另一方面，是政府部门对于灰色文献传递的辅助作用，政府部门建议和支持进行灰色文献或书目信息的传递，即传递的自由性和威权性（A26）中的政府发挥其权威作用（aa81）。主管部门通过制定有关文献呈缴制度、文献征缴或相关文件，鼓励文献产出者将有关文献交由组织者如图书馆进行组织，或者采取其他措施协助当地公共图书馆征集灰色文献。这主要是由于如公共图书馆在内的外部文献者与文献产生者之间多为不同体系，只依靠公共图书馆自身的文献采集能力有限，因此，参照当前正式出版物对国家图书馆和地方省级公共图书馆的呈缴制度，访谈专家提出了这一设想。

(三)第三条线索：产生者对灰色文献组织范围的影响

灰色文献本身具有功能性，即"A4 文献功能性"，主要表现为对外部人员有吸引力，对产生人员有使用意义等。灰色文献本身所具有的内部和外部需求会引起利益主体对灰色文献收集和组织的动机。组织目的(A21)是文献机构收集组织文献这一行为的目的。要将灰色文献进行组织，首先需明确其组织目的，其次才能确定组织的相关事项，包括由谁组织、组织何种灰色文献、组织由谁产生的灰色文献等。一方面，对于文献产生者而言，文献对自己是有用的，因此，如果是以实用为目的，文献产生者可能便会采取易操作性、经济性的高效率的管理方式，以使文献保存组织工作的效益最大化和损失最小化。例如，将文献交由本机构文献部门进行归档保存组织以方便之后调取查档，而非转向外部的文献机构；在灰色文献方面，对文献进行挑选，选择保存对自身有用和具有意义的文献，而非产生的全部文献。另一方面，对外部其他人员而言，文献本身持有吸引力，因此可将文献以宣传为目的来推广产生机构。如果是以保存国家记忆和国家文化传承为目的，那么文献就需选取在科学、艺术、经济、社会、地理、人文等方面具有一定历史文化价值的灰色文献，文献组织者就需要在一定范围内收集多个文献产生者的灰色文献。例如，Monachini 等(2021)就认为档案学对灰色文献很重要，包括技术论文、草图和其他不同类型的文献都能算作灰色文献概念中。在这种情况下，就要考虑文献组织者自身所具有的功能定位(A20)，包括国家图书馆、公共图书馆或档案馆等不同文献机构的功能和职责，以避免对文献的重复工作。

总体而言，基于不同的组织目的，灰色文献聚集范围大小也存在差异。从灰色文献角度而言，是从产生的灰色文献到被组织的灰色文献，这期间存在着某种标准的文献筛选，只有一部分符合条件的灰色文献才会被进行收集组织。在文献组织者角度，既可能是由文献产生者进行文献后续的收集、整理、组织，也可能是由外部的文献机构对灰色文献进行采集后再进行组织。这两种不同行为导致了文献聚散的不同状态，由文献产生者进行的文献组织，是各灰色文献依旧分散在各自的产生者手中；由外部文献机构进行的文献组织，则是将来自不同产生者的灰色文献聚集在一个组织者手中。

(四)第四条线索：组织者对于灰色文献组织范围的影响

从灰色文献的角度而言，灰色文献具有功能性(A4)，但各文献所具有的功能发挥范围、发挥时间、指向对象因其产生领域、内容特征等因素有所区别，因此文献组织还需考虑文献功能指向性(A19)，以文献用途判断聚集责任者和范围。文献功能指向性(A19)主要涉及两方面：其一，是考虑灰色文献产生和面向的领域，该灰色文献发挥作用的领域是仅限于文献产生者内部范围，还是该文献产生者所处的行业、专业、地区，抑或是能在更大范围的社会领域内发挥其作用；其二，是考虑灰色文献的用户群体，对该灰色文献感兴趣的用户仅是文献产生者的同行还是社会公众。

同时，从收集单位(组织者)的角度而言，不同的收集单位(组织者)具有不同的功能定位，收集单位(组织者)所具有的功能定位(A20)被认为会影响灰色文献收集和组织的效果。根据不同层级的功能定位，将文献组织者主要分为三类情况：其一，综合性文献组织者，一些机构专注于综合领域或某些领域的文献整体情况的把控，而并非深入个体层面，例如，全国性智库关注和搜集行业发展情况；其二，专业性文献组织者，另一些机构由于设立目的和服务宗旨会具有行业或专业的性质，这些机构面对本行业或本专业的灰色文献会更易对接；其三，对于文献产生机构内部的文献机构，其功能定位和工作状态则主要取决于所在机构的性质和定位。

从这两方面而言，是文献功能指向性(A19)和收集单位(组织者)功能定位(A20)需有所对应，采取符合双方功能性质的灰色文献和文献组织者来开展文献的收集组织工作，这主要是依据机构定位和资源投入情况而作出的判断。就图书馆而言，公共图书馆的当前定位便是要以公共文化为主要职能，为文献产生者如企业开展针对性管理和服务并非公共图书馆的本职工作。专业图书馆作为致力于某些学科或主题领域专业文献的收集、整理和加工，为相关领域人士提供深度信息服务的图书馆。相比起公共图书馆，专业图书馆更为关注专业领域文献或行业内部文献，在专业文献方面投入的资源和精力就相对较高，也就能更好地开展专业文献的组织。因此，作用发挥和用户群体主要为行业的灰色文献被认为可交由该行业内部的文献机构负责。

关于收集单位(组织者)功能定位(A20)中综合性文献组织者的功能定位(aa65)的讨论，其中涉及一些重要的传统文献机构，便是图书馆和档案馆。这两类文献机构在灰色文献中的功能便是文献机构角色和职责(A27)。一方面，图书馆是灰色文献书目控制的主要承担者。图书馆具有全国范围内文献资源建设的职责，作为文献的一部分，灰色文献也理当被纳入进来。而且，图书馆长期开展的文献管理、分类、著录、编目等组织工作也为灰色文献进行书目控制提供了可参考使用的经验模式。因此，图书馆在灰色文献书目控制方面，被认为是具有"责无旁贷"的职责。但是，另一方面，由于灰色文献非正式出版物的特殊性，图书馆作为灰色文献传播过程中的下游机构，受到上游及外部多个因素的影响，这又决定了图书馆在灰色文献书目控制中能够发挥的作用是有限的。

具体而言，首先，图书馆具有"参与者"的角色，这主要是出于当前图书馆自身的工作情况和特征而言的。图书馆虽然承担了文献书目控制的职责，但除此以外，图书馆还承担了其他多项工作职责，而且，不同性质的图书馆的工作侧重点也有所不同。在此前对浙江图书馆、南京图书馆和上海图书馆三家公共图书馆调研时发现，在有关灰色文献书目控制方面，公共图书馆实际是在地方文献的概念范围内进行的，因为地方文献这一概念更为符合公共图书馆的地方性服务的特征，但地方文献这一概念中除灰色文献外还包含正式出版物，地方文献更为关注的是文献地方性特征而非文献的非正式出版所引发的特征，不同思想指导下开展的具体书目控制工作可能也会有所差异。同时，灰色文献从产生即分散于各文献产生者手中，灰色文献分散性特征无疑也为图书馆采集文献造成了障碍，也对图书馆的资源倾向和投入提出了更高的需求。此外，当前关于图书馆的评估考核相关标准如全国县级以上公共图书馆评估定级标准中，虽有地方文献的指标但并未有灰色文献的指标，因此就以考评工作推动图书馆建设方面而言，图书馆开展灰色文献书目控制缺乏足够的动力。其次，图书馆具有"旁观者"角色，这主要是出于灰色文献自身的状态和特征而言的。除部分文献类型有相关官方文件限定外，灰色文献的分布、传递、组织、使用等情况主要受到文献产生者意愿的影响，然而，图书馆对文献产生者无法"长臂管辖"。而且，受到专业限制，面向其他众多工科、理科等跨专业领域，图书馆更多起到辅助作用。无论是图书馆的"参与者"角色，还是"旁观者"角色，实际上都是表明图书馆在灰色文献书目控制中作为主要承担者的同时，在这个进程中却又无法起到决定作用。

此外，灰色文献利益主体还存在对图书馆的"刻板印象"。专家提及用户日常搜索灰色文献，第一印象并非是图书馆而是网络。此外，文献产生者对图书馆的认知也存在误解和困惑成分，例如，将公共图书馆看作"官方部门"，文献产生者会担忧图书馆在将灰色文献保存组织的同时是否还会对文献进行监督审核，这种观念会阻碍文献传递和获取。另外，图书馆和档案馆就灰色文献书目控制还会存在工作交集，因此，需要在一定环境中将两者进行工作上的区分。当文献产生者于机构内部进行归档时，也就相当于将灰色文献看作机构活动档案的存在将其组织起来，因此，灰色文献的组织工作被认为既可由档案馆负责，亦可由图书馆承担。这其实仍是涉及由于灰色文献组织目的（A21）的不同，所涉及的文献组织者也有所区别。

（五）第五条线索：文献聚集的应对措施

灰色文献的利益相关者来自不同领域、不同行业、不同地域，这其中既包括分别处于灰色文献前端、中端、后端链条中的文献产生者、文献组织者、用户、政府官方在内的主要责任者，在灰色文献体系中，还掺杂着其他类型主体，如志愿者等。因而从单向且一维的灰色文献生命周期的主线条结合其他不同来源的主体，共同扩展成为灰色文献的利益相关者网络（A25）。这些主体由于身处不同的层级或阶层，所代表的立场和所起到的作用也有所不同，如代表官方立场和行政权力的主体，主要起监督和指导作用。而且不同主体间基于存在的某种联系，更易开展相关合作并取得共识，如学术共同体中的灰色文献产生组织化（A6）。因此，在利益相关者网络中，还需明确该网络中的构成主体以及角色功能，在此基础上，依据相关灰色文献工作的联系，确定相关利益主体所发挥的作用来开展对话和沟通。

针对当前存在的结构层次复杂的灰色文献利益相关者网络，可通过采取各种措施激发多端主体动力（A28）。动力来源主要涉及两种方式，一者为激励性质，一者为约束性质。一方面是从利益相关者的意愿角度考虑，凸显和提升文献产生者和组织者从文献工作中得到的利益和好处，形成如荣誉激励、工作激励等各类型的激励机制，或是强调文献组织者有助于将文献价值进行提取、凸显，有利于扩大文献产生者的社会推广力度和影响力，从而调动相关利益者从事的积极性。另一种是用于约束利益相关者行为，例如形成具有官方影响力的制度和政策，规范文献产生、传播和组织等相关工作。

从以上有关文献产生者、文献组织者、用户、政府官方对灰色文献聚集范围影响的分析后发现，目前灰色文献主要是以一种边界性的方式进行集中。一部分灰色文献在相关领域、地域等一定范围内进行聚集，即灰色文献聚集的范围界限（A29），存在由个体性到区域性的不同层次的集中，以及一些重点领域文献的着重组织。其一，以个人为单位的组织管理，包括文献产生者或用户采取类似个人知识管理的方式将文献进行分类、排序和组织。其二，以机构为单位的归档组织，例如文献产生者将灰色文献作为档案在内部资料室等进行归档，抑或由机构知识库或学校图书馆采集和组织。其三，区域性的文献聚合，这是灰色文献从文献产生者交由外部文献组织者进行管理，这种区域性根据范围划分标准不同，呈现出专业领域呈缴、地理地区征集、行业领域呈缴、行业结合地域呈缴等不同表现方式。其四，重点领域的文献聚合。其五，综合性平台的不可行性，一方面，是有限的资源范围内要开展大范围的文献收集组织工作并不现实；另一方面，考虑到统一平台的效能和专业问题。

由于灰色文献的传递和获取进程主要受到组织目的（A21）、文献功能指向性（A19）、收集单位（组织者）功能定位（A20）等因素影响，因此从文献产生者到文献组织者之间的文献传递量是随之减少的，也就是，相比起文献产生者个人手中持有并能够组织管理的原始灰色文献量，实际到达文献组织者手中进行揭示的灰色文献量仅是其中一部分，如图3-3所示。

聚集范围界限（A29）表明灰色文献聚集需有边界，且需有合适的针对文献产生者和文献的划分选取标准。专家建议：其一，建立纵向层级的文献组织结构，根据文献产生者内部归档的特征，以单个机构为基础，自下而上将文献整合，而非自上而下的规定。其二，建立专门功能的文献组织系统。其三，针对特定类型文献进行专门的组织，例如设立通用型的会议文献组织框架用于指导会议主办方关于会议文献。

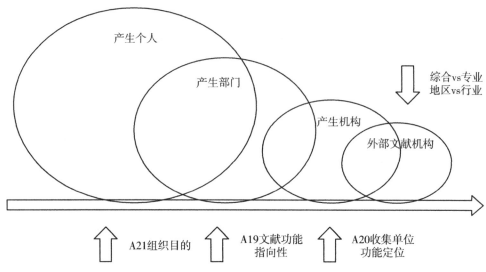

图 3-3 灰色文献聚集和组织范围的结果呈现

资料来源：作者绘制。

三、灰色文献的传递和选择

在上一部分，确定了在灰色文献书目控制中四类主要的利益相关者，即文献产生者、文献组织者、用户和政府官方，其中，文献产生者和文献组织者分别处于灰色文献生命周期的前端和后端。这两者根据对灰色文献操作方式的不同，其角色可以相互转化，然而，此处的文献组织者更加倾向于能够收集一定数量的文献产生者所出的灰色文献，包括公共图书馆、专业图书馆等。灰色文献书目控制通常是由文献组织者实施的，也就是要由文献产生者手中将文献传递至文献组织者手中进而开展文献的组织、描述等工作，但在这一传递进程中，灰色文献受到一些因素影响，使得只有部分灰色文献能够传递至文献组织者。这其中既包括文献产生者的影响，例如对文献组织者的信息安全性的考虑，也有文献组织者的影响，例如采取更为经济性的方法只选取部分有价值的灰色文献。这些因素对到达文献组织者手中的灰色文献主要产生两个方面的影响，一方面是影响灰色文献的文献量，另一方面是影响灰色文献整体的质量。由于组织者对灰色文献的组织和描述等操作以最终达到的文献为工作对象，因此，可以说，文献传递过程中的这些因素最终影响到的是灰色文献的书目控制效果。

编码后的专家访谈内容中涉及灰色文献及其书目数据外部传播和选择的概念主要为：灰色文献属性（A1）、灰色文献的功能性（A4）、灰色文献书目数据的获取和填报（A14）、灰色文献价值取向之于书目控制（A17）、灰色文献组织的经济性（A22）、信息安全之于灰色文献组织（A23）、灰色文献收集单位的专业把关（A24）、产生者来源原则（A13）、灰色文献功能指向性之于文献收集（A19）。如图3-4所示，图中使用采用同一粗细的线条表明两段关系是存在逻辑联系的。

图中主要存在三条线索：

第一条线索，灰色文献的外部传递过程：产生者——组织经济性（A22）——组织者；产生者——专业把关（A24）——组织者；产生者——产生者来源原则（A13）——组织者；产生者——文献功能指向性（A19）——组织者。

第二条线索，灰色文献书目数据的外部传递过程：产生者——书目数据传递获取（A14）。

第三条线索，影响文献传播意愿的因素：产生机构——价值取向（A17）——组织者；文献属性（A1）——信息安全（A23）——组织者。

如同第二部分灰色文献的分散性和集中性所述，灰色文献的文献属性（A1）和文献功能性（A4）为基本的影响因素，基于灰色文献本身所具有的特征影响诸如对灰色文献信息安全（A23）的需求和引发功能指向性（A19）。

（一）第一条线索：灰色文献的外部传递过程

由于理论上任何个人、机构都能产出灰色文献，相较文献产生者，外部文献组织者如图书馆的数量就相对较少，并且组织者的人力资源配置和空间承载能力也相对有限，因此面对数量庞杂的灰色文献，通过设立一些文献标准，择取符合条件而非全部的灰色文献进行采取和组织，这便是符合组织经济性（A22）。有专家提出"理性经纪人"之说，通过借用经济学术语意在说明有关书目控制的决策需充满理性，所追求的书目控制目标应是使相关利益者的利益最大化，强调文献组织要考虑成本和潜在收益。从文献组织者的角度来说，就是要对灰色文献做出筛选，选择能将文献组织效益最大化的文献，而非追求大而全。

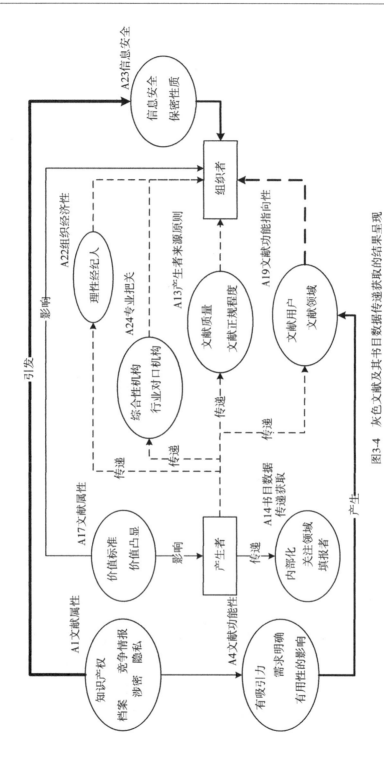

图3-4　灰色文献及其书目数据传递获取的结果呈现

资料来源：作者绘制。

文献选择的标准之一便是产生者来源原则（A13），此概念参考档案学当中的来源原则，来源原则本意指的是档案组织的原则，即按照档案的来源进行整理和分类，要求保持同一来源的档案不可分散、不同来源的档案不得混淆的整理原则，然而，此处是指在灰色文献选择和筛选方面，根据文献产生者的行业地位、社会影响力等状况作为灰色文献是否收录的参考标准，以此来设立灰色文献的收录范围。这是由于，其一，产生者状况反映文献质量，例如，高级别的学术会议相较低级别的会议，通常其会议文献的审稿更为规范和严格，因而，会议级别被认为能够反映会议文献质量的高低；同理，高校的专业和学校排名被认为能够反映学位论文的质量。其二，产出者状况反映文献正规化，文献生产者专业化程度和学术程度越高，灰色文献就越正规化。其三，产生者内部拥有文献质量的把关，也就是灰色文献前端的质量控制，如企业年报、发展报告等文献需经过企业内部的审查和评判才允许其印刷发布，博客等网络文献拥有网络审查制度。考虑到在文献产生时首先需经过产生者自身的质量控制，理论上而言，规模越大、发展越好的机构越有可能对文献提出高质量的要求，因此，这进一步加强以产生者状况来反映文献质量和文献正规化的程度。

虽然文献产生者会初步对灰色文献进行审核，但毕竟出自产生者自身利益，缺乏客观的评判标准，在可行的条件下，仍需其他利益相关者基于中立立场对其再次进行评估，反映在政府部门方面，便是行政监管（A7）；反映在文献组织者方面，便是专业把关（A24）。不过，文献组织者对文献的专业把关，被认为对组织者自身能力有所要求，例如组织者的专业素养，面对专业文献，综合性文献组织者如公共图书馆并非有充足的馆员足以对各领域的文献内容作出专业判断。

（二）第二条线索：灰色文献书目数据的外部传递过程

灰色文献的书目控制被认为不只是图书馆等机构的职责，而是需要整个社会当中的利益相关者共同承担的事务，将书目控制的部分工作由文献组织者单独承担，转向成为同文献产生者相互协作和共同开展的工作。就文献揭示而言，可考虑将文献描述控制前移至文献产生之时，即参考正式出版物的编目前置工作。除文献本身的传递获取外，灰色文献的书目数据也能通过一些方式被采集和获得，不过当前书目数据的获取主要仅限于与文献产生者有关联的内部范围，存在不同的情况，一方面，产生个人向产生机构提交的书目数据，例如会议文献、内部刊物的投稿都需明确作者姓名、单位等相关信息，以及学位论文提交时向机构内部图书馆提交相应的书目信息；另一方面，下级部门向主管单位提交的书目数据，例如部委直属项目产生的科技报告按照统一规则填报书目数据。书目数据填报主要表现为内部形式，其原因可能在于，其一，文献产生者出于管理的需求，对相关信息要进行统计整理；其二，图书馆的"旁观者"角色，图书馆无法按照自身需求对文献产生者提出要求。另外，需注意的是书目数据的准确度受上传者专业性的影响，文献信息的填报者大多并未拥有文献描述等专业化知识，因此在文献产生者填写后仍需辅以后台复核调整。

(三) 第三条线索：影响文献传播意愿的因素

灰色文献产生者拥有文献的知识产权，因此对于文献的收集组织首先要以尊重文献产生者的意愿为前提。文献产生者出于不同情形的考虑所定下的决定会影响灰色文献的传播和聚集范围和程度，例如，会议专家由于成果创新性不想公开，内部刊物产生机构出于内资涉及自身的情报信息等内容不愿意将内资交由图书馆进行保存。在这种情形下，访谈专家提到要根据文献产生者关心的因素重新考虑灰色文献组织和文献组织者。在文献组织者方面，要考虑文献组织者的功能定位(A20)和信息安全(A23)。灰色文献组织便是要以文献价值为控制工作的取向和目标(A17)，以凸显文献价值带动文献产生者利益的提升。因为以灰色文献价值凸显和揭示为目的的组织可能会影响产生者关于文献公开、传递的意愿。

实际上，价值取向(A17)涉及灰色文献书目控制的多个方面，包括灰色文献流通筛选、描述揭示、书目控制整体目标等。其一，采取文献价值作为文献选择的判断标准。在灰色文献传递过程中要对文献采取价值判断，选取有价值的文献进行组织，价值被认为是最优先考虑的因素，其次才是文献类型等其他因素。这是由于只有有价值的文献才会有商业利益或社会利益，无价值的信息没有收集组织的意义，这点从当前一些重要会议已有相关数据库也可以看出，因为按照产生者来源原则(A13)来说，这些重要会议所产出的会议文献是被认为具有高价值和高需求量的，因为具有潜在的经济效益，因此才会将这些会议文献进行系统的收集组织。其二，以文献价值为中心联系各端主体。关于文献产生者和文献组织者，便是要以文献价值为中心将这两者联系起来。具体而言，将灰色文献的价值作为连接前端和后端的中心。文献组织者通过编目将挖掘到的灰色文献价值进行推广，借助已显出灰色文献的价值，促进文献产生者获得某种益处，例如扩大社会影响力，进而来促进文献产生者和组织者之间的合作。重点也就是要站在文献产生者的角度，考虑文献产生者的利益，如果仅站在文献组织者一端，会不利于文献的收集组织，例如专家提及以特色馆藏为目的的图书馆收藏缺少产生单位的供给动力。

那些拥有竞争情报等能成为战略资源和重要信息的灰色文献，与文献产生者自身的利益息息相关。文献本身关系到个人隐私、企业自身生存发展等情况，因此出于信息外泄的担忧，文献产生者对文献组织者提出信息安全问题（A23）。此处主要是关于文献组织者对灰色文献的信息安全保障能力。例如，有专家提出，涉及竞争情报的企业文献可由国家图书馆负责，盖因就图书馆领域内而言，相较公共图书馆等其他类型图书馆，国家图书馆长期以来强调信息安全、网络安全、网络空间安全，定期排查安全隐患，具有安全防范意识和安全保卫措施。并且，收集灰色文献的一般类型图书馆等机构自身也要考虑并采取措施用以规避信息安全风险。此外，涉及国家安全的文献被认为应当由官方机构而非商业机构来收集组织，尤其是重点领域的灰色文献。

四、灰色文献的揭示和编目

在文献组织者对灰色文献开展的控制操作中，最为重要的一项是文献的描述和揭示工作，表现在文献组织者之一的图书馆领域，即为文献著录和编目。在长期讨论和应用过程中，图书馆领域就著录和编目达成基本共识，并且对编目的认识和改良还在不断推进。针对灰色文献的编目工作，专家认为要从灰色文献自身情况出发，要根据灰色文献表现出的特征，如不同类型文献形式不同，同一类型文献形式也可能彼此存在差异等情况，有针对性地制定编目标准或元数据标准。

编码后的专家访谈内容中涉及灰色文献编目的相关概念主要为：灰色文献的非确定性（A2）、灰色文献的相异性（A3）、灰色文献产生的内在惯例（A5）、版本更替下的书目信息（A31）、揭示深度和检索精确（A32）、编目通用性和个性化（A33）、文献关联与书目数据关联（A34），如图3-5所示。

图中主要存在三条线索：

第一条线索，灰色文献编目标准的通用性和个性化：灰色文献——文献内在惯例(A5)、文献相异性(A3)——编目通用性和个性化(A33)。

第二条线索，灰色文献内容揭示的深度和广度：灰色文献——文献关联与书目数据关联(A34)；灰色文献——揭示深度和检索精确(A32)。

第三条线索，版本更替下的书目信息：灰色文献——文献非确定性(A2)——文献版本书目信息(A31)。

由于灰色文献著录编目工作的开展要基于文献本身内容表达和形态变化，尤其是著录项和编目字段的设置受到文献本身结构的影响，因此将反映灰色文献本身特征的概念包括文献非确定性(A2)、文献相异性(A3)、文献内在惯例(A5)列为图3-5中的基本概念，以此表明一些编目工作的变动是基于灰色文献特有状态的。

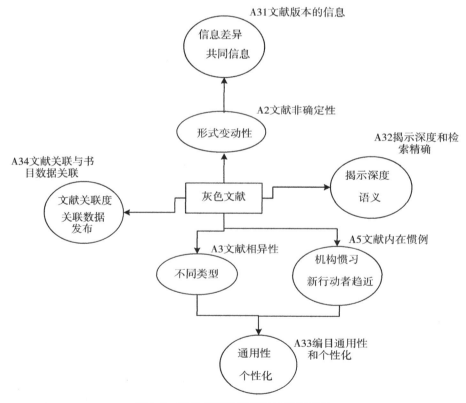

图 3-5 灰色文献描述编目的结果呈现

资料来源：作者绘制。

(一)第一条线索:灰色文献编目标准的通用性和个性化

灰色文献编目标准的制定要兼顾通用性和个性化(A33),即整体性编目标准兼具个性化字段。对于灰色文献的编目,一方面是考虑文献本身的属性和特征,另一方面还需考虑成本和推广的可行性。

整体而言,编目通用性和个性化存在两种不同的情况,第一类,是在一类文献体系中的编目标准。这种编目标准的出现主要是基于两方面,一方面,依据文献内在惯例(A5)的概念,灰色文献自有内在的一套产生秩序,虽然这种秩序并未有明确的规定,但无论是已在从事灰色文献编制制定,还是即将要进入这个领域的文献产生者都在潜移默化地遵守这样的秩序,而且,内容反映形式,这就造成了虽然文献产生者不同,但一类文献的结构和形式彼此间仍会具有一些相似之处。这些在一类文献中基本都会重复出现的信息,就是这类文献共有的属性和特征,因此,编目的通用性是基于这种共有的属性设立的元数据元素或者编目字段。但是,另一方面,同样根据文献内在惯例(A5)的说法,虽然文献产生者默认遵守一些秩序,但这种秩序并非是严格限制的,因此,产生者仍能在其中发挥自己的能动性,反映在文献方面,就是产生具有个性化的文献,导致一类文献体系中各文献之间存在一定程度上的差异,这种差异就说明,即使是针对一类文献的编目规范,其编目标准仍需保持开放性,允许标准字段或元数据元素添加、删除和任选。

第二类,是在整个灰色文献体系中的编目标准。由于不同类型的灰色文献之间在格式、质量、功能效用等方面存在差异,而且考虑到标准化的成本,因此也很难给每类文献制定单独的标准、要求。在这种情况下,具有可操作性的做法或许是,制定一种较大的适应多种文献类型的统一的标准,然后针对不同类型文献,在这个大的框架下给出特定的具体标准。此外,对于一些有特定标准需求的文献类型,例如按照灰色文献的功能性(A4)概念,为那些功能性强并且有较强外部需求的灰色文献,如研究报告、科技报告等制定单独的编目标准。并且,参照有关灰色文献组织均在一定范围内尤其是内部范围的现状和措施,如灰色文献规范的局域化(A8)等概念,编目标准的采用也可具有一定的范围界限。

(二) 第二条线索：灰色文献内容揭示的深度和广度

灰色文献的编目除不断加强文献揭示编目的深度，还需注意文献之间的关联性。一方面，灰色文献具有文献的基本属性。因此，需要适应和满足用户文献和信息检索的需求。甚至在不断完善的检索结果和效果来反向更新和推动用户信息检索观念的进步等方面，灰色文献的编目工作都同正式出版物的编目拥有相似之处，因此，要采用编目最新理论和技术深入灰色文献内容进行揭示和标引。例如，灰色文献作为社会上众多利益相关者都涉足的领域，可以搭建一定渠道促进利益相关者参与资源共建。将灰色文献的书目记录分解为书目数据，将每一个书目数据项赋予唯一的名称标识，建立相关概念间的关联关系，构建灰色文献的关联数据并按照一定方法进行发布，使更多感兴趣的人员和利益相关者不仅可以利用相关资源，也可以参与资源开发。

另一方面，灰色文献本身还具有档案的属性。在档案学中，依据档案之间存在的联系，组织整理档案需要根据一定原则，包括来源原则、事由原则、全宗原则等。对于灰色文献而言，灰色文献也同样有多个方面的有机联系，不仅表现在来源上，而且表现在内容上、时间上、形式上的联系，因此，在灰色文献描述工作时，也可注意揭示这些文献之间的关联关系。对于文献之间的关联，反映到编目方面存在纵向和横向两种形式。纵向揭示与目录的层级结构有关，根据文献之间的联系形成自上而下的目录结构。例如，以该会议主题为一级目录，如果是年会性质的会议，各年年会所产生的文献为下一级目录，如会议集中的文章再为下一级目录。横向的揭示，能够用于表现同一级别的文献在文献主题、作者、作者机构等方面之间的关联，例如，具有相似主题的会议文献是共同产生于同一届会议，还是产生于不同届的会议。

(三) 第三条线索：版本更替下的书目信息

为灰色文献下定义最明显的标准，即非正式出版，按照这种标准，理论上来说，凡是没有经过商业出版的文献都可被归纳为灰色文献，因此，对于一份文献，从其产生至定稿正式发布前历经的各个版本，从理论上讲，也都可能会被称为灰色文献，毕竟按照 Greynet 列出的灰色文献类型，预印本等后期可能需要进行修改校对的文献类型也为灰色文献(Lombardi，2021)。因此，除了要关注不同类型文献之间的相同和不同的特征，还需关注文献从产生之时起产生的各个版本之间的相同与不同之处，即横向的文献类型比较和纵向的文献版本比较。

专家提及灰色文献编目还可注意所记录和揭示的是该文献的哪一阶段版本，也就是注意区分不同版本之间的差异。通常来说，出于管理效率和经济性考虑，对比初稿、校对稿等各种版本，经过多道层次和步骤的修改完善，文献最后一稿即正式成稿的使用价值和需求相对更高，就归档和描述工作来说也更为符合效益最大化，例如学位论文，不论是提交给图书馆归档备份，还是学位论文数据库中揭示和提供的版本也仅最终稿。纸质文献由于有正式印刷的环节，正式文献与此前各版本之间具有明显差异，因此更好鉴别区分。但是，如博客等网络文献因其即使文献发布之后亦可随时更改的情况，其版本之间的区分便不甚明显。会议议程、会议通知等文献，可能面对不同用户群体、会议前期不同时间段存在不同形式的版本。因此，一方面，要注意各版本间所拥有的共同信息，专家认为仅需提取各版本中的核心内容，而非是对各版本均进行保存，以此来避免各版本重复。另一方面，是要注意不同版本的信息更新，例如，标注网络文献的时间等信息以示版本区分。

第五节　灰色文献书目控制的概念框架

一、控制属性

依据专家访谈的研究目的并从访谈资料文本的分析中得出结论，首先，涉及在书目控制环境中的影响因素和识别，以及这些因素是如何影响开展书目控制工作的。其次，灰色文献书目控制的相关内容，包括发生书目控制的阶段、控制内容等方面。

(一)影响因素和条件

根据以上对灰色文献规范化、标准化，灰色文献编目等的分析后发现，影响灰色文献书目控制的因素主要有两个方面，即灰色文献本身和灰色文献利益相关者；并且，信息技术为开展灰色文献书目控制的重要支持条件。

书目控制依附于文献本身，因此，灰色文献属性（A1）、灰色文献的非确定性（A2）、灰色文献的相异性（A3）、灰色文献的功能性（A4）、灰色文献产生的内在惯例（A5）等为最基本的因素，他们影响如何对灰色文献开展控制和管理，包括可以采取措施，需要采取措施；没有采取哪些措施，哪些措施的开展是缺少价值的，哪些措施的开展是难以推行的。如果要对灰色文献施加以书目控制的措施，就必须要先对灰色文献这些属性和特征进行考量和分析。

在灰色文献系统中，除灰色文献自身表现复杂外，灰色文献利益相关者也具有复杂性和多样性的表现形式。在"灰色文献的分散性和集中性"的讨论中，大致区分出四种角色：产生者、组织者、政府官方、用户，此外，根据利益者网络（A25）的概念，在灰色文献生命周期中，还涉及其他类型的角色。首先，这些利益主体不仅来源复杂、数量多变，而且，利益主体之间还能进行转化，每一个利益主体都可能拥有多重角色，例如，依据灰色文献非正式出版物的特性，文献产生者可能会转变为发布者和组织者；文献组织者也可能会成为文献产生者和用户。其次，一些传统认知上的文献组织者如图书馆也可能会在灰色文献组织描述工作中缺位，而这些工作可能在文献产生者手中便已完成。再次，利益主体之间的联系、沟通和合作，例如，灰色文献产生的组织化（A6）对标准化的影响。最后，利益相关者通过灰色文献书目控制所获得的好处和付出的成本，也就是灰色文献书目控制工作带给利益主体的后果，被认为是是否能为利益主体参与书目控制提供动力。利益相关者的存在与否、结构、来源、定位和功能的变化，这些变动都会对灰色文献书目控制产生影响，而成本、收益不仅会影响利益主体参与的积极性，也会影响书目控制的可行性和实施效果。

除灰色文献本身和灰色文献利益相关者为主要的影响因素外，数字化和信息技术为书目控制的开展提供了支持和各种可实现的设想操作。首先，可为灰色文献建立相应的各种数据库或知识库等平台，将有关灰色文献进行采集，并基于数据库系统进行标准化处理后提供获取服务。其次，将互联网技术应用于文献著录和编目领域，足以扩展灰色文献描述和揭示的深度和广度，加强灰色文献之间以及与其他类型文献之间的联系，使灰色文献内含的信息和知识可以以多元化和可视化的方式呈现，并以人们能够理解的方式构建灰色文献的知识世界。最后，信息技术的广泛应用，使得不需要图书情报领域的专业背景也能开展灰色文献的描述和揭示，为文献生产者参与灰色文献描述工作中来提供了重要的技术前提和技术保障。

不论灰色文献身处哪一阶段，也不论是在文献产生领域、文献流通领域，由于灰色文献多年自由的发展，一方面导致看似复杂的情形，另一方面被认为这样无序状态中存在着有序的秩序。总体而言，就是要适应和顺应当前灰色文献发展状态，同时，考虑到增加控制方式或改变以往运行操作方式需要付出成本，因此，关于是否要对灰色文献施加以控制：一方面，要考虑灰色文献本身的情况，如功能性、价值、个性化、变动性，另一方面，要考虑责任者的情况，主要为责任者方面的成本和收益，考虑工作量的增加对责任者造成的经济性、社会性等方面的影响，分析这种影响是能带来益处的还是会给责任者造成损害的，以及这种影响的程度和范围。例如，灰色文献传递和组织通过凸显文献价值能对责任者进行宣传，增强责任者的社会影响力，可基于此点促进文献责任者参与的积极性。

（二）控制构成和要素

根据对专家访谈资料主、次类目之间联系的探讨分析，发现灰色文献书目控制中存在一些重复出现的概念。将"书目控制"这一概念区分层次，再将这些概念按照相应层次进行重新分类和归类，发现在灰色文献书目控制中存在一些主要的类概念，即书目控制形式、书目控制内容、书目控制范围、书目控制阶段、书目控制效果、书目控制意义等，如表3-3所示。此外，相关类概念如控制范围由于涉及具体条件不同，因此又可细分为利益主体范围、文献类型范围、文献专业范围等。

书目控制形式也为书目控制手段和方式，利益主体是该控制形式的主要承担实施的主体，包括文献产生者、文献组织者、用户、政府官方等。这里主体的划分主要是依据对灰色文献采取的行为，例如，虽然政府部门也能产生灰色文献成为文献的产生者，但这里是更为强调政府部门所代表的权力机构对文献的监管等影响。发生阶段是该控制形式发生于灰色文献生命周期的哪一时期。控制范围是表明该控制形式在一定范围内实施或具有实施的效力，因为据专家访谈结果，多数情况下，对灰色文献采取的各类控制并非是适用于全体文献的、各类行业的、各个地域的，因此需要对书目控制形式设定一个实施范围。

　　对于灰色文献书目控制而言，除却本身所能施加的一些控制形式外，最需要考虑的便是书目控制的成本和效益以及书目控制的意义。就文献本身而言，依据以往对正式出版物、部分灰色文献类型如学位论文等的控制经验，理论上，能够对灰色文献施加各种类型的控制形式，如建立统一平台或是集中收集到图书馆进行组织和揭示。但采取这些控制方式必然会产生一些成本，包括时间成本、人力成本、经济成本等，这些成本需要有相关利益主体承担，而且成本的产生势必也会消耗相关利益主体的参与动力，除非有相应的效益进行抵消。就灰色文献整体体系而言，毕竟，控制手段的采取是为了促进文献的有序化，但在多大程度上有这种有序化的需求，而且，相关利益主体能为这种需求付出多大程度的努力，这些都是需要在进行书目控制时需要重点考虑的。

表 3-3　　　　　　　　　　　**访谈编码的概念层次(示例)**

代码	控制形式	利益主体	发生阶段	控制范围	内容/目的/动机	控制效果	意义价值
A7 行政监管	登记和记录	政府	文献正式发布前	区域性	意识审查、经费监管、市场管理		
A8 灰色文献规范的局域化；A12 开放式生产机制	文本规范化	产生者	文献正式发布前	内部性	文本形式		
A9 灰色文献规范化的价值							
A11 灰色文献标准化的推广可行性						成本；约束力	
A13 产生者来源原则	选择和筛选	组织者	文献传递过程中				
A14 灰色文献书目数据的获取和填报		产生者；组织者	文献正式发布后	内部性；区域性	归档保存		
……	……	……	……	……	……		

资料来源：作者整理。

专家访谈的开展以一些相关的具体操作为问题切入，例如灰色文献形式规范、图书馆采集、灰色文献编目标准制定等，涉及文献标准化、规范化、集中化、质量控制、描述揭示等方面。这些对灰色文献所采取的控制手段在此处被称为书目控制形式。虽然是以这些操作进行询问，但在专家访谈资料的分析中发现，一方面，这些操作的确是存在的或者可能发生的，但另一方面，由于灰色文献系统内部具有复杂多变的特点，存在多种文献类型、多种文献产生者、文献组织者，不仅不同文献类型之间在形式、内容、功能、传播等方面存在诸多差别，而且同一类型的文献之间、同一角色的利益主体之间也存在差异。这种复杂性导致即使是同一种书目控制形式，在不同的应用环境和场景下也发生了不同程度的变化，例如，在控制范围、控制程度、控制时间、控制阶段、控制效果等方面。这些方面可看作书目控制形式下的构成属性，表示该控制形式具有不同的维度。

每一种属性下均有特定的属性值，例如，"生命阶段"这一阶段覆盖灰色文献从产生、发布、传播、组织、归档等整个生命周期，不同的阶段即为该属性的属性值。每种属性下具有的多个属性值，这便为书目控制形式提供了多重可能性。以登记记录为例，"登记记录"这一模式下拥有五类概念维度，每种属性下具有多个属性值，这为"登记记录"这一控制形式增添了灵活性；登记记录这种方式可能会发生在灰色文献生命周期的文献正式发布前、文献传递至组织者等各个阶段；进行登记的利益主体范围也并不确定，可能仅局限于文献产生者内部，或是限制于该产生者所属的行业内部等；进行登记的或许仅为某一特定类型的文献，或许为多种类型的文献；进行登记的或许仅为某一特定专业、学科的文献，或许为多个专业、学科的文献。

二、概念框架

从 Wellisch（1980）提出的描述控制和检索控制至今，国内外学者又提出选择控制、传播控制等多种类型的控制，这些以"动作行为"为命名的控制表明控制形式在书目控制这一概念中长期以来处于一种重要的地位，因此，以控制形式为核心来建构面向灰色文献的书目控制概念框架。在该框架下，控制形式包含有多个属性，这些属性共同构成了控制形式这一概念的属性空间。

所谓控制形式的维度，可看作控制形式延伸的方向，不同的维度就是不同的方向。一种控制形式并非是孤立地发生作用，需要考虑到多个方面的影响，当一种控制形式与不同方面联系在一起，就会显示出不同的侧面，即表现出不同的属性。例如，当编目这一控制形式与产生机构或公共图书馆等联系起来，就产生了利益主体范围的属性。因此，在所有属性组成的有关控制形式的空间中，每个属性都是这个空间的一个维度，同时，不同维度上的取值大小影响整个空间的尺度。例如，灰色文献编目这一控制形式是只局限于图书馆领域，还是将文献产生机构也纳入考量范围。可以说，这些属性、维度和取值共同决定了该概念框架的复杂度。

书目控制形式的属性包括利益主体范围、文献类型范围、文献专业范围、生命阶段、成本收益、意义价值等。同时，书目控制形式受到灰色文献本身的特征和灰色文献利益相关者的影响，而这些影响的结果又通常会反映在控制形式的各个属性上，从而使得面向灰色文献的书目控制形式多元化。同书目控制形式同级别的概念包括控制内容和控制效果，分别用于说明某一控制形式针对的是灰色文献的形式、内容、数量等哪种方面，以及该种控制形式是否能够得以顺利实施及有效性。

此外，从灰色文献传播的角度而言，存在灰色文献源即灰色文献产生领域和灰色文献流即灰色文献流通领域的区分，在这两个领域中，都存在着书目控制形式及其属性空间，而且，也都受到灰色文献本身和灰色文献利益相关者的影响，以及信息技术的支持和促进。

将这些因素相结合来共同构建灰色文献书目控制的概念结构，如图 3-6 所示。

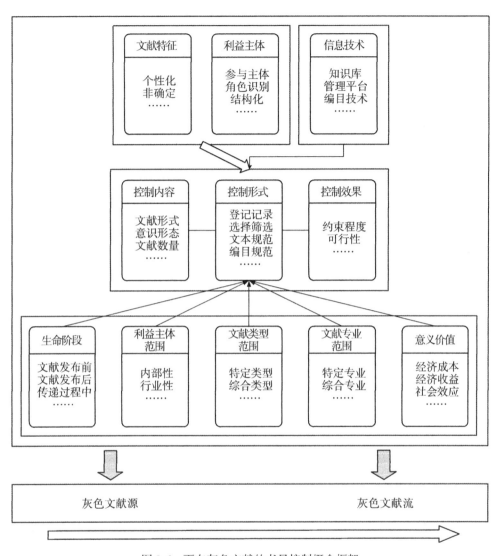

图 3-6　面向灰色文献的书目控制概念框架

资料来源：作者绘制。

第四章　灰色文献源的书目控制

灰色文献源即灰色文献产生的"源头"。同正式出版物相比，灰色文献的特殊性就在于文献产生领域缺少商业出版环节。因此，本章重点关注在当前数字化背景下灰色文献产生状态和书目控制形式。以内部资料性出版物和会议文献为例，通过对五个文献产生者进行实地调研和访谈，明确这两类灰色文献在产生源头的基本情况，包括文献编制、审查、组织、管理、传播等方面，并依据第三章构建的灰色文献书目控制的概念框架，结合实践情况建立灰色文献源的书目控制的实践模型。

第一节　灰色文献的分类与灰色文献源

在开展灰色文献源的研究之前，首先需对灰色文献类型进行分析，进而在灰色文献集合中确定本书的重点研究类型，同时明确本章灰色文献源的界定。

一、灰色文献分类

"灰色文献"作为图书情报领域的术语，表达的是该专业领域知识或活动中存在的普遍概念，同时，它也是该专业领域中稳定重现这一词汇的所有变体之总和，也就是说，它集合了所有符合"灰色文献"界定标准的具体文献类型。虽然灰色文献概念提供关于灰色文献的基本认知，但在这个概念下灰色文献仍然表现出体系的复杂化。不同的灰色文献可能会表现出全部或部分特征，导致其"变化程度的一致性和共识性"（Tillett 和 Newbold，2006）。因此，本书依据不同的标准，将灰色文献体系进行划分，反映出不同情况下的灰色文献聚集和分类情况，包括：

其一，以灰色文献产生学科为划分标准，该文献体系可划分为社会学科（如历史学、社会学、心理学、教育学、政治学、法学、管理学、人类学等）、自然科学（如生物学、物理学、天文学、地理学等）、人文科学（如宗教学、哲学、语言学、历史学、文艺学等）所产出的灰色文献。

其二，灰色文献享有知识产权，符合知识产权相关法律政策的保护范围。参照著作权对文献权力归属的主体判断，依据灰色文献的产出责任者，可划分为由公民、法人或其他组织所产出的灰色文献。

其三，从灰色文献整理和组织的角度，参照档案整理原则中的事由原则和来源原则，灰色文献可划分为主题类型的灰色文献和来源类型的灰色文献。这种划分方式着重强调的是灰色文献之间的关联性。其中，主题类型表明一些灰色文献是共同围绕一个内容主题来产生的，例如在开展项目和课题研究和实践；会议举办；课程研讨过程中产生的灰色文献。来源类型表明相关灰色文献是由同一主体产生的，这些灰色文献以该主体为核心彼此间具有强关联性，例如，表现为时间上的连续性产出。表4-1列举了一些常见的主题类型和来源类型的灰色文献。

表 4-1　　　　　　　　　　**主题类型和来源类型的灰色文献划分**

划分依据	灰色文献类型
主题类型	会议文献（包括征文启事；会议论文；会议海报；会议录；会议记录；演示文稿等）；课程资料；指导手册；讨论文件；讲座课件；时事通讯；新闻稿；进度报告、监管报告；研究备忘录；研究笔记；研究方案；专题资料汇编等
来源类型	内部刊物；学位论文；家谱；博客；学科指南；预印本；专利文本；活动报告；大事年表；产品名录；未正式出版的地方志、年鉴等

资料来源：作者整理。

其四，灰色文献体系内也存在时间纵向上产出连续性和阶段性之分。因此，将灰色文献划分为连续性的灰色文献、半连续性的灰色文献、非连续性的灰色文献。连续性灰色文献具有统一的题名，定期或不定期以连续分册形式产出，且具有卷期或年月标识。非连续性灰色文献没有统一题名，在内容和形式上都没有必然的相关性。半连续性的灰色文献是指相关文献在内容和形式上存在着某种相关性，例如，由一个会议主办方定期举办的学术会议，由于学科未有改变且知识体系具有延续性，因此，这些会议所产出的文献在内容和形式上就存在关联性。如表 4-2 所示。

表 4-2　　　　　　　连续性、半连续性、非连续性的灰色文献划分

划分依据	灰色文献类型
连续性灰色文献	内部期刊；概要期刊等
半连续性灰色文献	定期举办的会议文献（包括征文启事；会议论文；会议海报；会议录；会议记录等）；大事年表；年度报告；未正式出版的年鉴等
非连续性灰色文献	可行性报告；技术指标；统计资料；调查结果；教学大纲；技术文档；技术说明；投标书；学位论文；产品名录等

资料来源：作者整理。

其五，依据文献的内容形式，灰色文献可划分为文字资料、数据、图像、视频等文献形式。如表 4-3 所示。

表 4-3　　　　　　　　灰色文献内容形式的划分

划分依据	灰色文献类型
文字资料	会议论文；会议海报；会议录；学位论文；调查结果；教学大纲；内部刊物；家谱；产品名录；研究报告；进度报告、监管报告；活动报告、年度报告；演示文稿等
数据	数据库、数据集、数据表、数据文件、卫星数据；产品数据等
图像	海报等
视频	会议视频等

资料来源：作者整理。

其六，当前我国灰色文献在实践工作中表现出不同程度的控制情况，包括是否已制定该灰色文献类型产生、采集、描述等工作的相关规范标准；关于该灰色

文献类型的产生、采集、描述等工作是否已在相关利益主体之间达成共识；存在一定质量控制；拥有该灰色文献类型的控制成果如知识库。依据这些参考标准将灰色文献划分为待控制、半控制、基本控制的灰色文献，如表 4-4 所示。这个逐渐递进的控制程度对应着所谓的趋近于白色、浅灰色、深灰色的说法，类似于Kepes 等人（2012）提出的覆盖已发表和未发表等各类文献的"四层分类法"和Adams 等人针对灰色文献（2017）提出的"三阶灰色度"。

这种划分方式描述了从可能难以获知获得到便利于使用的灰色文献，各层次之间虽然具有边界，但这种边界是易渗透性和可跨越性的，通过采取一系列控制措施便可促进灰色文献的层次转变。其中，基本控制以学位论文为例，学位论文拥有文献产生规范，要求经过同行评审，而且已有文献著录和编目的规范，并且有专门的学位论文数据库，可认为学位论文是具有高可信度和高检索性的。半控制以内部期刊为例，内部期刊拥有国家新闻出版广电总局下发的《内部资料性出版物管理办法》予以规范生产，但是仍然存在各种获取限制，因此，内部期刊的可信度和检索性是中等的。待控制以博客为例，由个人出于自身需求产生，虽然博客的发布需要符合网络监管机制和相关法律法规要求，但相对其他受到专家和机构审议的文献形式来说，其可信度和可检索性都较低。

表 4-4　　　　　基本控制、半控制、待控制的灰色文献划分

划分依据	灰色文献类型
待控制	博客；推文；微信文章；产品名录等
半控制	内部期刊；会议文献（包括征文启事；会议海报；会议录；会议记录；演示文稿等）；科技报告；家谱等
基本控制	博士学位论文、硕士学位论文；会议论文等

资料来源：作者整理。

二、灰色文献选择

鉴于不同类型文献之间存在的差异，一种灰色文献类型无法代表灰色文献的整体特征，因此，为尽可能体现灰色文献的基本特征，本书选择若干种灰色文献

类型进行分析。本书案例选择的判断标准主要为：目前已对该文献开展了一些控制和管理措施，但这些措施还仅限于部分范围，在全国范围内还未达成共识，或者还未得到一致且普遍的应用，即尚处于半控制状态的灰色文献类型。

通过前期的网络调研和 2019 年 11 月对浙江图书馆、上海图书馆和南京图书馆的初步调研，了解到目前国内对于灰色文献的组织管理，较为普遍的是学位论文、会议论文、连续性内部资料性出版物、手稿、家谱、发展报告、年度报告等。其中，学位论文已经有国家标准和相关规定用于规范文献的产生格式、质量评审、著录编目工作、收藏管理机构等，可认为学位论文基本在产生、传播、质量和描述等方面在全国范围内得到控制。但其他一些灰色文献类型在其产生、传播、获得等方面在一定程度上存在一些问题，例如连续性内部资料性出版物（以下简称为内资）和会议文献。

内资虽然拥有相关法规规范，但目前在全国范围内还未有明显的控制成果。会议文献中除会议论文外还涉及其他各种类型的灰色文献，但当前只有部分会议论文形成了具有聚集效果的控制成果如会议论文数据库，可以说，在会议文献这个主题类型的灰色文献集合中，各种文献类型的控制程度是不一的。而且，从目前灰色文献研究已有成果而言，这两种文献类型还未在全国范围内进行广泛研讨。

依据以上分析，确定本书主要研究的灰色文献类型为：内资和会议文献，其中，会议文献指包含与会议产生的一系列文本资料和多媒体资料，如征文启事、会议海报、会议论文、演示文稿、会议记录、视频等多种形式。

三、灰色文献源

根据文献传播理论，文献大致可区分为文献产生领域和交流渠道。正式出版物的产生领域包括文献产生者和出版商，然而，灰色文献的产生领域并未涉及出版商，仅包括文献产生者。其次，由于灰色文献产生者可以直接发布文献，因此将这一行为及用户也纳入文献产生领域进行探讨，将灰色文献是否进入具有信息"中转"作用的机构组织如图书馆作为阶段节点。

基于此，本书所谓的"灰色文献源"即为灰色文献的产生领域，涉及不以商业出版为主要工作的利益主体的文献产生和发布行为，文献产生者和用户分别为两端节点，两者间为以文献为内容的直接交流。

第二节　研究方法选取与设计

每一类实证研究都有其隐含的研究设计，研究设计是一项实证研究项目中数据收集的综合计划，它是回答特定研究问题或检验特定假设的实证研究的"蓝图"，体现围绕实证资料将研究问题与最终结论连接起来的逻辑顺序，这种计划能够指导研究者按步骤收集、分析并解释资料。在进行案例研究之前，应明确研究问题、分析单位、资料收集等内容。

一、调研设计

案例是在某一时间点或经过一段时期所观察到的一种有空间界限的现象，它是对一个或少数单位(案例)进行的深入研究，研究的目的是为了理解或解释一类(一组)更大规模的相似单位(案例总体)(Gerring，2007：19-20)。Yin(2003：13)根据研究过程定义了案例研究，"案例研究是一种实证研究，它在现实环境中调查正在发生的现象，尤其是当现象与环境之间的界限不清晰时"。案例研究法能够对这一社会现象作纵深描述。定性案例研究的特点是具有特殊性、描述性和启发性，其中，特殊性表明案例研究关注特定的情况、事件、程序或现象，案例本身对于揭示该现象以及它可能代表的情况很重要，描述性意味着案例研究的最终产出是对所研究现象进行丰富和"稠密"的描述，详尽描述表示要调查的事件或实体的完整的文字描述，启发式意味着案例研究可以启发读者理解研究现象(Merriam，2009：43-44)。案例研究可能会带来以前未知的关系和变量，从而导致对所研究现象的重新思考，案例研究有望对事物的发展方式产生深刻的洞察(Stake，1981：47)。

跨案例研究的研究重点为一系列案例样本，案例研究中包含了多个案例，即多重案例研究。正如Stake(2006：5-6)认为的，在多案例研究中，单个案例是很有趣的，因为它属于特定的案例集合，各个案例具有共同的特征或条件，集合中的各个案例以某种方式绑定在一起。他们可能是一个组织的成员，也可能是一个现象的例子。与单案例设计相比，多案例研究设计可以提供更多的分析优势

（Yin，2003：53-54）。从多个案例中推导出的结论通常被认为更具说服力，因此整个研究被认为是经得起推敲的（Herriott 和 Firestone，1983）。本书采用Bhattacherjee（2012：3，35）所认为的探索性案例研究，它以数据为起点并使用归纳方法进行分析研究，试图从观察到的数据中得出研究人员感兴趣的现象的相关理论，其目标是从观察到的数据中推断出理论概念和模式。

　　案例研究是对有界系统的深入描述和分析，其最明确的特征在于界定案例的研究对象（Merriam，2009：40）。Stake（2005：443）认为案例研究不是方法选择，而是"选择要研究的内容"。一个有界的系统是一个单一的实体；周围有边界的单位（Smith，1978）。

　　本书研究的命题涉及文献层次的书目控制行为和实践，而且是关于灰色文献产生领域的书目控制，它是关于文献及其书目数据是如何产生、规范和管理的。因此，本书中，为试图理解和解释灰色文献源书目控制这种现象，将灰色文献作为一个案例总体（一种现象；一个单位）。案例研究的对象是单类文献，即单类文献是分析的基本单位。通过对多种文献类型进行分析，并收集不同文献类型的相关信息，便构成了关于灰色文献的多案例分析，多案例分析的目标是解释案例总体即灰色文献的书目控制。调查分析具体类型文献的书目控制实践情况，并对多个案例结果进行对比分析，提取多个案例的共同结果，构建灰色文献源的书目控制的实践模型。

二、样本选择

　　内资以连续性出版物为主，调研来源单位包括事业单位和民营企业，内资本身涉及刊型、报刊；具有准印证号、不具有准印证号等区别。会议文献以学术性的研讨会为主，兼以非学术性质的交流会为辅进行分析，调研来源单位包括协会和企业。会议文献本身及来源情况较为复杂，例如会议根据其内容可分为培训、交流、研讨会、展览、发布会、洽谈会等多种类型。为综合了解这两种文献类型的产生、组织、管理、揭示、传播等不同情况，每一个案例选择两至三个样本，并且每个样本之间在某些方面存在差异。

三、调研目的

本书关注在数字化背景和影响下，灰色文献产生领域体现出的状态和特征，以及相关书目控制的具体实践，以识别当前环境下可行的书目控制形式，因此，主要依靠回溯的方式来收集资料。

在第三章中已得出，书目控制受到灰色文献本身及其文献产生者等主要因素的影响，这些因素之间的联系共同决定书目控制的取向。由于案例研究最终目标之一是要总结并提炼出灰色文献源的书目控制形式，因此案例调研的范围扩展到灰色文献产生、组织、发布等各方面，尽可能全面收集相关信息以避免遗漏，为构建灰色文献源的书目控制模型提供支持。在尽可能全面反映内资和会议文献产生者有关书目控制的实践的基础上，以期深入了解和挖掘文献产生者在灰色文献方面所产生的行为；探究文献产生、组织、发布、传播等各种行为的动机；试图发现和归纳这些行为背后存在的潜在规律；当前所面临的问题。为创造或变更条件提供支持，以尽可能避免相关控制形式提出的不合理性。

因此，本书对灰色文献进行的调研，主要围绕灰色文献书目控制工作的开展情况，识别灰色文献产生、发布、描述、传播、组织等情况及存在的问题和解决措施，分析、提炼、归纳出具有可行性的灰色文献书目控制形式。

四、调研过程

本书以内资和会议文献两种文献类型为案例，分别择取两至三个样本进行调研，各样本之间存有差异，以便归纳出同一灰色文献类型不同情况下的书目控制实践。就内资而言，选择《南开文艺》《圆方文化》《豫发号》作为分析单位。这三类内资的情况各不相同，其中，《南开文艺》为事业单位主办的杂志；《圆方文化》为民营企业主办的杂志；《豫发号》为民营企业主办，经由报纸转型为杂志。《南开文艺》和《圆方文化》目前拥有准印证号，但《豫发号》尚不具备准印证号。就会议文献而言，选择中国城市规划年会、SmartShow 国际智慧教育展览会作为分析单位，前者为学术研讨性质的会议，后者主要为商业展览和交流性质，结合部分学术性质。在 2020 年 11 月至 12 月，采取实地调研、面对面访谈、电话访谈等多种方式开展调研工作。同时，与《南开文艺》《圆方文化》《豫发号》编辑部负责人；中国城市规划年会主办方——中国城市规划学会秘书处人员进行半结构化访谈。根据事先拟定好的访谈提纲延续发问线索，访谈问题主要围绕文献如何产生、产生哪些文献类型、文献如何组织、怎样发布传播、是否涉及质量格式要求、是否有书目信息提取和组织等。调研过程如表4-5所示。

表4-5　　　　　　　　　　灰色文献源书目控制的调研过程

	案例	样本	对象性质	调研时间	调研方式
总体	案例A：连续性内部资料性出版物	天津市南开区文化馆：《南开文艺》编辑部	事业单位	11月10日	实地调研；面对面访谈
		郑州圆方集团：《圆方文化》编辑部	民营企业	11月20日	实地调研；面对面访谈
		河南豫发集团有限公司：《豫发号》编辑部	民营企业	11月24日	电话访谈
	案例B：会议文献	中国城市规划学会：中国城市规划年会	学术研讨会	12月4日	电话访谈
		北京雅森国际展览有限公司：SmartShow国际智慧教育展览会	企业展览会	12月18日	实地调研

注：总体=1；案例=2；样本=5

资料来源：作者整理。

五、资料收集

本书将具体文献类型作为一个单位（案例），以一个样本为范围收集、分析并解释资料。

在进行实地研究之前，首先从内资和会议文献的网络文本、官方网站和相关报道中获得了有关这五个案例样本的一些基本信息。依据内资和会议文献产生和组织等各方面的不同特征分别设计了面向内资和会议文献的访谈问题。附录二和附录三分别提供了一个综合性和指导性兼具的采访问题大纲，根据各案例样本的不同情况在实际采访中对问题进行了适当的调整。

本书以单类文献样本为范围来收集数据,一方面,通过对内资编辑部人员和会议文献主办方人员实施的半结构化访谈获得相关资料,在内资方面,对《南开文艺》《圆方文化》《豫发号》编辑部负责人分别进行了为时 1~2 小时的深度访谈;在会议文献方面,对中国城市规划学会秘书处人员进行了为时 20 分钟的访谈。在获得参与者的许可后对所有采访者进行了录音,以备后期录音转录成文本资料。另一方面,通过对包括中国城市规划年会等会议的网络调研了解会议文献的类型、组织、分类和发布情况,同时结合对内资等文献本身的直接观察和二手报道等方式。此外,在《南开文艺》《圆方文化》、SmartShow 第七届国际智慧教育展览会的实地访问期间,对文献组织、陈列、管理和保存等情况进行了直接观察并拍摄照片。使用多种来源的资料有助于全方位地考查行为问题,基于多样化证据来源形成数据的相互补充和交叉验证,能够提高案例的信度和效度(Yin,2003:97-99)。

第三节 机构内资源的书目控制

根据《内部资料性出版物管理办法》,依据连续性出版物刊型的不同,机构单位内部连续产生的资料性出版物被划分为报型和刊型,分别选取《南开文艺》《圆方文化》《豫发号》三种不同情况的内资进行调研分析。

一、基本情况

(一)《南开文艺》

《南开文艺》创刊于 1958 年,季刊,由天津市南开区文化馆(原天津市南开人民文化宫)主办,为南开区综合性文艺期刊,文化馆属于南开区文化和旅游局的事业单位。不同于其他文化馆刊物以本馆群众和活动为主的定位,《南开文艺》目前定位为展示大文化概念的成果,包括群众文化、公共文化、图书馆、老城博物馆、非遗、摄影、美术、旅游等方面,而且覆盖面从天津市南开区扩展至全国范围。

(二)《圆方文化》

《圆方文化》由圆方集团主办,《圆方文化》编辑部共有 4 位编辑,主要负责编辑、校对以及后期杂志的编排版面调整。创刊于 1994 年 5 月,为国内第一本保洁企业文化月刊,现已出版 240 多期。该内资随企业发展历经十多次改版,2002 年刊名变更为《圆方文化》,并一直沿用至今。该刊定位为传播企业文化,并且促进企业内部上下交流。《圆方文化》于 2010 年 9 月申报省直连续性内资号,并获河南省新闻出版局批准内资号准印证。

(三)《豫发号》

《豫发号》由河南豫发集团有限公司主办,创办于 2012 年,创办初期为报纸,并于 2018 年转型为杂志。其转型原因为报纸形态已无法满足企业日益发展需求。《豫发号》现为双月刊,定位于树立企业文化,面向群体主要为公司内部职工。当前公司内部还未设立专门的编辑部,而以品牌部兼职制作《豫发号》。目前虽积极申请内资准印证但尚未获批。

二、稿件来源

主办单位的工作职能影响内资的定位、内容范围和发展方向。稿件来自于内部还是外部主要与内资定位有关。定位于本单位内部交流的内资,稿源都来源于内部;反之,则稿源相对多元化。

(一)内部定位

内资多为服务于本机构内部需求,包括机构内部上下传达、交流沟通、事件报道等。定位于机构内部的刊物形成的是内部交流沟通的平台,目的是为提高团队间的熟悉感和协助能力,以提升组织的凝聚力和融合度。内部定位的刊物主要来源便是机构内部的工作人员,例如,《圆方文化》稿件主要来源于各分公司和子公司的集团内部,包括员工主动投稿和编辑部约稿等形式,也涉及企业外部约稿,但所有稿件均只以企业相关情况为内容,此外,编辑会进行人物专访以及下基层采集一些典型事迹。目前定位于内部交流的《豫发号》,其稿件来源主要为子公司等在内的公司内部普通员工投稿；由品牌部文案专员采访撰写，主要针对有关公司发展和公司整体形象的重要事件；子公司企划部投稿。

内资拥有连续且定期编制的特征，定位于机构内部并且面向内部征稿的刊物，由于其征稿群体范围较为固定，因此，能够在用户群体间形成关于稿件征询的惯例。《圆方文化》长期固定为每月 20 号为各分公司和子公司各部门的稿件集中搜集的时间节点，其编辑认为由于刊物建设已有几十年历史，因此企业内部已形成投稿惯例，不需要在每期编制时都发布征稿通知，只有在组织一期特定主题时，编辑部才会特别开展征稿活动。

(二)外部定位

虽然机构内资多数定位于内部需求，但当前也有内资是面向社会公众服务的。这种外部定位的内资虽然名义上仍为机构的内部出版物，但从面向的用户群体方面而言是趋近于正式刊物的。例如，定位为大文化概念的《南开文艺》，设置有用于非遗；群众文学；天津和南开相关的历史、名人古迹、文艺故事展示的栏目，来源对象即为文化馆外部的社会公众。

三、编辑印刷

所调研的内资都拥有编辑流程和出版流程，即从收稿之后都需要对稿件进行多轮审核和校对工作，择取其中质量相对较高的稿件，之后才能定稿及确定印刷。

(一)编辑流程

内资虽然是由各个机构单独编制的，但这些机构对内资的处理都具有一系列相似的流程，通常都包括收稿、审稿、排版、审核、校对、定稿、印刷等工作。例如，《南开文艺》的基本编辑流程主要为：确定主题、调整大纲、收稿、审稿、排版、校对、领导审核、校对、定稿、印刷。《圆方文化》基本编辑出版步骤为收稿、筛选、分栏、初步校对、排版、出黑稿、黑稿校对、版面调整、出数码样、数码样校对、领导审核、定稿、印刷。《豫发号》具有确定主题、下发征稿函、收稿、审稿、组稿、设计、校对、定稿、印刷等基本流程。

　　而且，存在稿件来源的质量审核和筛选，审稿标准包括篇幅、可读性及意识形态等。例如，《南开文艺》由于稿件量较大因此设置了三轮筛选环节，以逐步缩小稿件量并从中择优。《圆方文化》要求各公司均设有专人即信息员负责其公司内部稿件的初步筛选，主要将摘抄复制、积压时间较久的等有问题的稿件剔除，初筛之后的稿件送至编辑部进行二次筛选。另外，《南开文艺》在对印刷稿小样进行审校工作时，除本刊的编辑外，还另外邀请一位正式期刊的专业编辑进行校对。

　　从稿件以相应标准进行选择，再到具有较为规范的编辑流程，可以说，这些内资的处理工作是比对正式刊物的编辑流程和质量管理来开展的。

(二)内部审核

　　机构内资作为以机构为责任主体的文献形式，虽然具体实施工作人员为编辑，但仍需机构领导进行审核和把控。内部定位的内资主要是确定是否契合机构的发展方向，但是不论是内部还是外部定位的内资，都要求符合社会制度和顺应社会发展趋势。审核既发生于每期刊物编制之前，也发生于每期刊物发布之前。例如，《豫发号》每期选题和征稿函会经领导审核。《圆方文化》编辑对数码样稿进行校对时，同样也要交由领导审核。《南开文艺》在定稿并打印小样会提交给文化馆党委书记进行审核，以规避敏感性问题，其编辑认为因其事业单位性质，该内资在一定程度上代表官方立场，所以单位领导的内资审核相较出版社而言更为严格。

四、组织归档

(一)文献信息收集

　　各内资编辑部均涉及有关稿件基本信息的收集和统计。一方面，是在稿件收集时，例如，《南开文艺》要求稿件各类书目信息齐全，包括标题、作者、正文、注释或参考文件，作者的基本信息包括作者姓名、刊登笔名、工作单位等。另一方面，是在内资印刷发布后会总结稿件来源和录用情况。但是这些书目信息的提供和总结只是出于编辑部及其企事业单位内部管理的需要，例如，《豫发号》每年月底会总结当年六期刊物及稿件情况，统计各个部门和各个项目的投稿情况和录用情况，并进行排序，但稿件统计和展示主要是出于年底企业各部门述职的需要，而且是作为激励部门和职工投稿行为的一种措施。因此，书目信息仅是作简单的总结和统计，在没有强制要求的情况下，便不会开展更为深入的书目信息提取或专门稿件相关信息列表的建立。《圆方文化》编辑认为当前的内资编辑管理工作中没有必要需要进行专门的统计，如果工作中时常需要报备情况，可能就会建立相应的工作流程，当前只有在发放作者稿费时才会对作者相关信息进行统计。

(二)文献管理

据调研，内资编辑部的人员通常较少，在单人主要负责的情况下，文献管理仅以单机操作，但在涉及多位编辑时，由于需要编辑之间进行沟通协作，因此，需要建立一种方式能够支持多机多人协作联合处理的形式。《南开文艺》和《豫发号》的主要编辑人员仅一人，但是《圆方文化》需要多位编辑同时处理文献，因此采用了文件服务器(FTP)技术。编辑部所收稿件基本为电子稿，通过将电脑置于企业内部局域网内，使多位编辑能够访问和共享同一个数据库。对于一期稿件的处理流程而言，编辑主要是通过建立相应的文件夹来显示稿件处理进度。一方面使编辑能够及时获知编辑进度和减少交接程序；另一方面，每期所接收稿件的原件、修改件、校对件等各阶段处理稿件和各类型资源，以及历年刊物所接收的文稿、图片、音频和视频均保存在服务器，这实际上就构成了刊物当期和历年的数据集，在后期校对修改稿件如遇问题时能够以备随时查找和验证原件，从整体上提高编辑的工作效率。但是考虑到企业内网的安全性，服务器目前还未能与设计公司共享。

(三)文献归档

关于内资及其文稿的分类归档并没有相关的规定，只按照当时负责的编辑自我习惯和经验自行决定。同时，在内资归档的过程中，需要对内资进行排序、集合、分类，实际上是涉及个人知识管理。三种内资都是采用电子文稿进行处理，因此操作方式也主要以数字化形式呈现。根据内资时间纵向编制发布的特点，通常内资的归档是以时间序列的方式进行排序的。例如，《南开文艺》电子文稿首先按照每年各期进行保存，在各期文件夹里，再根据主题和栏目、投稿情况分别建立文件夹，其内各稿件存储按照作者和标题进行排序。《豫发号》也是按照每期分别进行存档，稿件收稿后首先按照稿件来源的项目和职能部门建立文件夹，录用稿件经审核和分栏之后，会整理成为组稿文件夹，此外，电子校对稿以及设计定稿即出件稿，也会作为存档档案。

另外，虽然内资稿件主要以数字化形式存在，但仍然会涉及纸质文献的归档管理。数字化能够实现各版本书献的保存组织，但纸质文献却会涉及选择性保存的问题。例如，《南开文艺》将定稿之后的印刷稿小样等在内的所有印刷及电子版本的校对稿都进行保存，校对稿和内资成品分开归档，校对稿按照一年一盒进行归档。《南开文艺》各阶段版本的归纳保存是为了便于领导查档，但《豫发号》纸质稿件只保存最终成品，其他纸质校对稿件并未进行归档。可见，文献归档情况也会受到机构内部管理的影响。

（四）名称规范

在《南开文艺》中，由于文学艺术投稿涉及作者真实姓名和化名等情况，因此还存在着名称规范控制。编辑接收稿件时会对作者姓名进行考查并优先登记真实姓名，主要是为避免由于一人多个笔名从而导致一期刊登该作者多篇稿件的情况，而且也为方便稿费发放管理。可见，即使内资管理中存在有名称规范的现象，但这种形式同图书情报领域的规范控制是存在差别的，一方面是由于需要处理的人名名称量较少，因此不需建立规范档，而且这种规范形式的运用是为了便于机构内部管理，而不是为了优化文献检索效果和用户使用的。

五、交流传播

内资发布之后即进入文献交流渠道，内资同用户交流主要存在两种形式，一种是内资向用户定向传递，另一种为内资借由其他信息机构向用户提供服务。

（一）定向传递

由于根据《内部资料性出版物管理办法》，内资有限定的交流范围，不允许在公共场所摆放，不得将服务对象及社会公众作为发送对象等。因此，一般情况下，内资发送对象为与该内资或企业相关的个人或单位。例如，《南开文艺》发送对象主要为刊登稿件的作者以及往期合作的作者；相关的文化学者名人；天津市和南开区文化和旅游系统相关单位，包括天津市群众群艺馆、市体育馆、南开区图书馆、南开区所有街道文化站和天津市各区文化馆，以及市级机构和部门，包括市委、市人大、市政府、市政协、宣传部、文联等。但是，南开区文化馆的内资同图书馆的传递仅限于同一级别的区图书馆，而不包括市级图书馆。《圆方文化》邮寄对象主要为全国各地分公司和子公司、机构内部有关工作人员、稿件作者等。《豫发号》传递对象主要为企业内部企业项目、子公司的领导层，还包括房地产同行业其他公司。

(二)机构采集

内资发布之后通常是采取定向发送的形式为相关用户提供服务，但在某种情况下，内资也会被图书馆、信息企业等其他机构组织所采集。例如，圆方集团同碧虚文化有限公司签订协议，每期向碧虚企业邮寄 15 本刊物，并允许其在一定范围内对刊物进行传递和使用，如允许电子刊物于碧虚网上发布。而且，《圆方文化》被收录于郑州大学图书文献馆河南内资展示专区，此外并未直接同当地的公共图书馆合作，但通过碧虚企业也能将《圆方文化》传递给那些同碧虚有合作关系的图书馆。同样，豫发集团品牌部也同碧虚文化有限公司拥有合作关系，也被收录于郑州大学图书文献馆。一方面，信息机构有收集内资的需求，例如图书馆将内资作为地方文化进行收集保管，另一方面，内资机构认为这种采集行为是有利于自身的，《圆方文化》编辑部认为交由图书馆保存可供多年之后进行查询。

第四节　会议文献源的书目控制

以会议为单位，将围绕该会议产生的各种形式的文献都统称为"会议文献"，覆盖会前、会中、会后等不同阶段，涵盖会议论文、专家课件、音视频、会议议程等类型。本书选取连续多年举办的会议作为调研对象，以探讨是否形成内部的潜在文献产生和管理模式。共对两种不同情况的会议文献进行调研分析，其中，中国城市规划年会为学术性质的会议，SmartShow 国际智慧教育展览会为商业性质的会议。

一、基本情况

（一）中国城市规划年会

中国城市规划年会由中国城市规划学会主办，是城市规划领域的学术峰会，自 2001 年起，除 2003 年外，会议一直连续举办至今。会议以学术和科研为交流内容，年会一般分为全体大会和平行会议两大部分。中国城市规划年会在召开前后产生和发布各种类型的会议资料，根据会议不同阶段产生的文献形式，可大致分为会前资料、会中资料和会后资料。会前资料主要是提供与会议主题和会议安排等相关信息，包括会议通知（内容有将要举办的会议名称、开会日期、开会地点、会场布置等）、论文征集说明（对论文著者的姓名、所属机构名、主题、论文题名、摘要等书写格式做具体说明）、会议议程（如会场分布图、会议日程表和指南）等。会中资料，也就是年会中间所产生的与年会相关的文献，包括会议议程、会议论文、演讲课件、演讲音视频资料等。会后资料，主要为会议报道和会议论文集等。

（二）SmartShow 国际智慧教育展览会

SmartShow 国际智慧教育展为北京雅森国际展览有限公司主办，中国教育技术协会指导，是中国首个专注教育信息化的专业展会，会议始于 2014 年。SmartShow 第七届国际智慧教育展览会教育展会主要分为两部分，一部分为贸易性质的展览会，主要是为教育行业内的企事业单位和机构举办的用于信息交流和贸易洽谈的展览，另一部分为教育行业相关人士和学者所做的讲座分享。因此，除一般会议产生的会议通知、会议报道等文献形式外，还包括演讲课件、视频、音频等，会前文献包括会议通知、参观指南、招展函等文献，会后文献包括会后报道、展会报告、优秀应用案例集等。

二、文献产生

会议文献依据来源判断可分为外部文献来源者向文献产生者的文献传递，以及文献产生者自行编制的文献。

(一) 内部文献

关于文献产生者自行编制的文献，主要是会前文献和会后文献，例如，中国城市规划学会秘书处负责会议举办的相关事宜，包括会议前后相关文献的制定、发布、归档、管理等工作，会议举办之前，会议主办方秘书处负责编制和发布会议议程、会议征文等。

在由同一部门专门负责历届会议文献撰写的情况下，会议征文及会议议程等文献的制定具有延续性。对比历届的文献形式，同一文献形式之间具有相同之处和不同之处，主要表现为同一文献形式所传达的信息和为支持信息所具有的内容是大致相同的，但涉及设计形式方面有所区别。也就是，在连续编制的过程中，文献体现出来的标准化和个性化兼具。例如，中国城市规划年会秘书处提到内部并未形成格式规范，也并未具有其他模板认为一定要遵照编制，只是"按照一般正常的公文进行撰写"。SmartShow 国际智慧教育展览会历届参观指南具有统一的"国际智慧教育"标志设计，各年度指南内容所涵盖的内容和信息大致相同，都包含论坛、研讨会等各同期活动等相关信息和布局图等，但具体颜色、形式等设计表达有所不同。

(二) 外部来源

会议文献的外部来源通常是以会议论文的形式存在。会议论文需遵从文献产生者的相关规定，而且这些规定是以正式期刊论文为参照的。例如，中国城市规划年会征文外部投稿需遵从论文字数、关键词、摘要、排版等论文文字格式规范要求，在关键词方面，关键词除要求遵循基本形式的论文要求外，还要求词义与文章的具体范畴相对应，如建议遵从《城市规划基本术语标准》和《建设汉语叙词表》选取关键词。此外，会议主办方采用投稿系统处理稿件，系统的应用为文献揭示提供了可行性，包括通过平台对稿件进行登记，提取稿件的题名、主题、作者单位、机构地区、收稿时间等相关书目信息，并且对这些投稿文章总数、入选论文、作者人数等投稿情况进行可视化分析，并对历届投稿情况进行纵向对比。

三、发布组织

（一）内部审核

会议文献产生者对文献的内容等方面的审核，一种情况是涉及外部来源的文献，另一种情况是关于会议内容的转述需得到相关利益者的确认。例如，中国城市规划学会一方面，是对会议文献进行审核选择，对应征文稿采取秘书处审核和两轮专家评审，并进一步将会议论文根据内部相关标准划分为宣读论文和墙报论文两种形式。另一方面，发布的会场专家的报道，一些稿件会在开篇或篇尾会注明"供稿单位""稿件已经经专家审阅""文章已经报告人审阅"等字样，以表明该报道文章中所涉及的专家分享内容已经过专家审核验证，说明该文章是具有内容控制的。

（二）数字文献组织

在当前数字化背景下，会议文献的发布具有数字资源组织的特点，通过官方网站、专题网站、微信平台和数据库的形式来对文献进行组织和传播。常见的组织形式即为专题网站和微信平台，例如，中国城市规划学会为城市规划年会所设的专门网站中建立了会议专辑，以历届年会为分类标准，在每届年会专题下，收集和展现当届年会的通知、新闻、征文信息、会后报道等各类资料，用于总结和汇总已举办的年会相关信息。教育展览会所提供的多为网络文献，因此也主要采用网络资源的信息组织方式，包括网站和微信公众号。

会议专辑涉及数字文献分类、排序和归类的问题。中国城市规划学会秘书处通常是依据稿件内容、时间、热度等方面进行年会专题策划，而且对稿件组合、发布顺序、发布方式等发布细节进行规划和安排。

此外，还存在以数据库形式进行专门会议文献的采集和组织。例如，中国城市规划学会所建立的资料数据库，收录了历届城市规划年会以及该学会主办及承办的其他各类论坛、研讨会等会议中产生的各类文献和资料，包括会议论文、专家演讲课件、会议视频等。不过，由于涉及知识产权，因此会议论文、专家课件等文献被设定了获取权限，仅限于学会会员查看。此外，数据库的使用为文献产生者开展多种信息资源组织方法提供了便利性，包括提供文献的族性检索与特性检索。对会议论文、会议视频、会议报告、演讲课件等文献类型的篇名、作者、关键词、摘要、时间等项建立索引并提供多种检索途径。同时，采取主题聚类的资源组织方法，将会议论文和演讲课件作为聚类对象进行主题分析和提取，形成二十余种的城市规划领域的相关主题，并采取文献聚类，将具有主题相近、内容相关的文献联系在一起。

此外，虽然一些会议文献仅为内部人员交流共享，但由于涉及人数众多，因此也采用了线上会议的方式。例如，教育展览会采用云端峰会和线下渠道并行的方式。云会议形式的应用，既造成传统文献形式的减少，但同时也增添了新型文献形式，例如直播视频等。

第五节　调研结果分析

通过对内资和会议文献的调研发现，虽然是两种不同的灰色文献类型，但文献产生过程中在外部监管、内部审核、文献形式规范、组织形式等方面表现出相似的做法。根据文献产生的来源形式，文献产生主体可分为来源主体和产生主体。文献产生者虽然自行决定文献产生情况，并在各自做法中仍表现出一些"有序"现象。政府部门主要起到外部监管作用，但客观上收集和形成一些书目数据。数字信息技术充分应用到灰色文献的产生领域中，但其应用程度受到灰色文献特性的影响。

一、灰色文献产生惯例

虽然没有来自主办单位或主管部门的硬性规定，但文献产生者在长期实践中，会形成关于文献形式、组织、管理等方面的惯例或者传统，即形成一种默认的规范。这也就是专家访谈编码中的"灰色文献产生的内在惯例"，即在看似无序的状态中存在着某些"有序"秩序。

(一)同一主体文献产生的延续性

同一文献产生者在长期实践中，可能会形成关于某一文献类型各时间阶段上编制产生的相似行为，或者不同时期产出的文献具有形式上或内容上的延续性。

这种惯例的表现特征主要为，其一，惯例是具有延续性的，不过这种延续性依赖于一个较为稳定的工作团队。例如，城市规划年会的会议通知、会议议程均由中国城市规划学会秘书处负责，因此认为即使没有模板规范，但也能够依照往年的形式制定。智慧教育展览会也同样由一个团队负责，因此会议参观指南具有设计上的延续性。其二，延续性之间还具有不同之处。虽然各年度产生的同一类型文献表现形式上具有相似性，但并非完全相同。其三，惯例可能是非稳定性的。由于惯例的形成多数是在工作过程中，依据工作习惯形成的，是适用于个体的，而且并没有明确规定固定下来，因此，当文献产生更换责任人员时，这种管理可能便会中断，继而逐渐形成一种新的惯例。比如，在当访谈《南开文艺》《豫发号》时，编辑人员对此前其他编辑人员负责的内资的产生和组织等情况并不太了解，而是从接手工作后形成自己惯常的工作模式。虽然个体行为有所变动，但是文献本身的产出依然具有延续性。

(二)同一文献类型产生的相似性

同一文献类型产生主体之间具有相似惯例。通过案例发现同一类型文献，至少在同一领域内存在某种共性，这或许是不同来源主体间对同一类型文献具有相互学习和借鉴，以至于他们在这个系统中的行为会越来越相近相似，例如，不同企业的内资具有大致类似的编审流程。会议论文都有征稿要求和同行评审，内资都有编审流程，可见同一类型文献背后都有类似的行为模式，不同类型文献背后有相异的行为模式。

(三)新进入者的秩序依循

当文献的产生涉及来源主体和产生主体两类主体时。产生自来源主体的灰色文献进入另一个利益主体时，文献产生主体处会设置一些"阀门"，确定一些符合条件的文献才能进入这个领域。征稿要求的存在说明外部的文献来源主体和产生主体之间建立了围绕文献本身的某些联系，只有当这种关系达到一定契合程度时，文献才被允许进入一个新领域。各个文献的撰写者可能都不乏有各自的行为惯例，不仅是产生主体，也包括来源主体，但来源主体即外部产生的文献进入另一个领域如产生主体需遵从一定的要求，这个要求既包括文献形式要求，也包括文献质量上的要求。这便相当于专家访谈编码中的"灰色文献规范的局域化"。就产生主体而言，产生主体依据自身的利益需求对外部来源的文献质量、形式、内容等方面都有所要求，代表一个领域内部由于长期实践或利益驱动等多方面因素形成了自身的规律和秩序，产生自这个领域之外的文献进入这个领域需要遵循该领域内部的规律和秩序。

(四)正式出版物"拟态"

"拟态"是一个生物学术语，指一种生物在形态、行为等特征上模拟另一种生物，从而使一方或双方受益的生态适应现象。拟态包括三方，即模仿者、被模仿者和受骗者，但有些拟态系统只包含拟态者和模拟对象。拟态是动物在自然界长期进化中的模拟对策。

在灰色文献体系中，一些灰色文献类型拥有类似的正式出版物形态，例如内部刊物对应正式期刊；会议论文对应期刊论文。虽然是以是否商业出版为界限的划分，但这些文献类型在形式上是具有相似性的。而且，虽然如内部刊物和正式期刊两种文献类型在文献定位、工作人员专业化、用户群体等方面存在差异，但内部刊物仍然表现为趋近于正式刊物的发展进程。

当前从多个方面体现出了这种趋势，一方面，关于投稿要求，各个会议主办方针对会议论文投稿制定的格式要求，以及各内资主办方在征稿时的规范要求，会议论文的格式要求参考期刊论文的普遍要求；内资的制定形式以正式出版的期刊形式为借鉴参考。另一方面，各个内部刊物拥有近似于正式出版物的编辑和印刷流程，而且，部分刊物形成了固定时间点的相应操作，还会邀请正式期刊编辑来进行审核校对；会议论文也已普遍拥有同正式期刊论文的专家审核。《豫发号》的编辑认为内资具有同正式出版物类似的编辑流程和步骤，包括选题和内容选择等，其区别可能在于刊物的定位和受众群体，以及更为专业严谨的编辑工作。

也就是说，在灰色文献和白色文献这种划分情境下，存在着灰色文献模拟白色文献的现象，拟态文献和模拟对象文献可能存在着文献形式上的相似性。例如，在文献"拟态"这一系统中，拟态者为部分灰色文献类型，如内部刊物和会议论文，模拟对象为对应的正式出版物，如正式期刊和期刊论文。这种文献模仿表现为在灰色文献生产流程、文献质量等方面的发展完善，其模仿目的可能在于提高灰色文献质量、扩大机构宣传效应、建立机构文化品牌的需求等。

二、政府部门监管行为

灰色文献的产生虽然是由文献产生者主导的，但还存在着外部主体的干预现象。来自产生者领域之外的其他利益相关者会对文献产生者的文献产生发布行为提出要求，影响到灰色文献体系的大小和构成，包括灰色文献数量；灰色文献质量；灰色文献分布；灰色文献描述和呈现，即灰色文献书目数据的提取和形成；灰色文献之间的区别和联系，即灰色文献标识系统。

外部的干预主要是来自政府官方所实施的审查和规定，主管部门对文献实行的监管是有其目的性的，主要涉及意识形态、安全性、财务（预算和报销）、传播范围等。但同时，这种政府监管的效果是并不完全的。

（一）具备必要信息的格式规定

针对文献本身规范制定的单位既有可能是政府主管部门，也有可能是机构内部，后者针对机构内部产生的灰色文献，而政府主管部门所制定的格式规范面向全国范围内的一种文献类型，如当前存在的内资、学位论文的规定。

针对一些灰色文献类型，相关主管部门制定了政策、标准等官方文件用以规范文献形式、内容等方面，例如新闻出版行政部门对内资的规定，即《内部资料性出版物管理办法》。但同时，这种规定仅是对基本外在形式进行的规定，例如，规定封面不允许出现"刊"字，凡涵盖在申请事项中的内容不允许自行变动，必须严格按照申请书所著页码页数，不得擅自减少或增多。所作规定并非是涉及各个方面的，因此，内资各产生者能够在满足官方规定的前提下设计自身的内资，如根据单位内部情况和内资定位设置内资栏目，这导致来自不同产生者的内资形式各具特点，也就是格式限定与个性化协同发展。而且，对于文献本身的格式规范的程度也不同，学位论文不仅是题名页的各类信息标注，还深入内容的格式，但内资仅仅是题名页的信息标注。

(二)集中性且分散性的书目数据

客观上，主管部门的这种监管形式收集和产生了一系列的灰色文献的书目数据。主管部门对文献产生者及文献本身进行审查，需要文献产生者提交一定范围和一定量的文献及其信息，例如，内资主办单位在创办编印内部资料性出版物时，需要向提交主管部门提交内部资料性出版物审批表进行申请，涉及包括内资名称、主办单位、主要责任人、编印目的、内容简介、印数、周期、开本、发送对象、运行管理机制等有关内资及其单位的各项内容。此外，准印证需一年一换证，在进行准印证年检审核时，内资主办单位需提交样刊、年审登记表。年审登记表涵盖内资各方面情况，包括刊物名称、准印证号、出版物类型(刊型或报型)、开本、年度总印数、出版周期、单期版数、年度出版期数；编辑部及其单位情况，包括主管单位、主办单位、编辑人数等。

不过，由于不同类型的灰色文献各有其外部主管单位，而且，即使是同一类型文献，对其进行审查的主管部门也并非是同一负责单位。登记主体的分散，造成所收集记录的文献信息也就随之分散。例如，内资为新闻出版行政部门的职责范围内，但根据《内部资料性出版物管理办法》，实际工作中，由主办单位所在地省、自治区、直辖市新闻出版行政部门对各地内资进行样本缴送、审读和监督检查、准印证核发等工作。相较而言，会议的报备主体更为复杂，依据其涉外情况、会议级别、会议举办单位归属等情况各有不同的报备审查主体，涉及会议主办单位的直属机构、主管部门、涉外部门等多个级别的部门。

(三)局部性且不稳定的登记代码

正式出版物拥有国际标准书号作为出版物的代码，一个国际标准书号只有一个或一份相应的出版物与之对应，这也被认为是前端控制的方式之一。灰色文献虽然未经商业出版环节，也不具有国际标准书号标识，但通过调研发现，在监管审查过程中，实际上主管部门的监管审查工作也具有类似文献登记功能，能够生成用于标识文献的代码。以内资为例，新闻出版行政部门在监督检查过程中对内资情况进行登记，作为内资登记和注册的结果之一，便是产生了内资的准印证号。但是，目前这种形式的登记代码存在一些问题。

首先，登记代码受到地域范围限制。虽然有全国性的准印证管理办法，但不同于全国统一的 ISBN 号，每个省份的准印证为分别核发，因此各省准印证号为独立系统且并不联系。作为标识一种全国范围内的文献类型的代码，仅是采用局部文献的管理，实际上是将一个文献类型体系以地域性割裂成各个部分，形成"标识孤岛"。

其次，登记代码存在连续性问题。即使是一省核发的准印证，准印证号的编制也并不是一成不变的，例如，天津市准印证号自 2020 年更改此前格式。并且内资规定准印证需进行年检，即一年一换证，这就造成了虽然是同一份内资，但近几年来该内资封面上的准印证号是不同的。

最后，登记代码仅覆盖该文献类型中的部分文献。即使是由主管部门实施的控制行为，这种文献监管下的内资情况登记仍是不全面的，登记注册的仅是一部分内资，而非当前产生的全部内资。通过调研发现，新闻出版行政部门下发准印证号是有限制的，需要内资符合要求，包括刊物封皮、内容质量如无广告、传播限制等。因此，准印证号的登记实际上就已经对内资进行了一轮筛选，将符合要求的一些内资进行登记，但另一些内资仍处于无外部机构(第三方机构)记录的状态。

因此，实际上，当前的内资准印证号仍无法发挥类似国际标准书号的作用。进一步而言，是由于内资等灰色文献即使未经官方部门的审核批准，仍然能够编制发布，虽然得到官方认证的文献被赋予正规性，但不同于正式出版物没有得到 CIP 和 ISBN 等标识便不允许刊出，内资等灰色文献并没有严格意义上的这种限制，这进一步限制了登记代码或者标识代码的可用性和推广性。强制性的缺乏或许同灰色文献不涉及市场交易行为和经济行为，而可以仅作为内部交换的特性有关，也就是灰色文献的非商品属性。

通过分析后认为，为某一类型灰色文献设置标识系统目前是具有局限性的，因此，类似正式出版物的前端认证，尤其是某一文献类型全国范围的认证在灰色文献领域内的推广基本是不可行的，因为缺乏对文献实施标识系统的必要性，以及由此引发的非强制性要求，限制了这种做法的推行和实施。

(四)灰色文献特征与不完全监管

虽然政府对于灰色文献的产生存在监管行为，但这种监管可能是不完全的，例如，在包括文献数量、文献形式、文献传播等方面的监管，其覆盖面存在限制或者监管效果是有限的。

首先，监管的必要性。一方面，从灰色文献生存的经济社会环境而言，是需要外部监管的。将灰色文献产生者内部采取的控制行为看作内部控制，那么政府的审核监管便属于外部控制，外部控制之所以相对于内部控制而存在，意义主要在于，外部控制是基于社会公正和社会利益所实施的控制。关于外部控制的意义存在两种极端情况。一种情况是机构或个人在一个完全封闭的、与外界毫无关联的环境下从事生产活动，其文献产出活动没有任何社会意义。另一种情况是机构或个人在一个与其他个人、机构组织等相互联系的社会环境下从事文献生产活动，这种行为会对他人利益产生影响即具有社会意义。显然，灰色文献属于第二种情形，但是又不完全等同于第二种，因为部分灰色文献内部传播特征可能不涉及广泛范围内的公众利益。

其次，监管的可行性。虽然有必要对灰色文献进行监管，但由于灰色文献自身的特性，导致监管实施的困难，因而影响其监控效果。就灰色文献方面而言，是由灰色文献产生者的特性导致的。由于文献产生者来自不同行业领域，受到不同主管部门监管，要深入到各个产生者进行监管，其现实性和可行性较小。

鉴于有监管存在的必要但监管存在难度，因此，形成了当前灰色文献不完全监管的现象。一方面，对于灰色文献体系内的各文献类型，仅对部分文献类型实施涉及文献多方面干预，而对于其他类型文献仅涉及一些必要事项，如意识形态和安全问题。另一方面，对于已实行规定的文献类型，其监管效果可能是存在限制的。

因此，监管效果的有限性影响到的是政府外部控制对于灰色文献的控制程度。

三、数字化技术采用和限制

数字化技术推动了灰色文献的产生发布，使文献编制的各项工作易于操作，并且为文献产生者进行文献描述揭示并提供检索获取提供了易于实现的路径，但同时，数字技术的应用必须根据灰色文献产生的需求，即灰色文献的特性会影响到数字技术的应用和推广。

（一）生产领域的数字化应用

数字化的应用能够推动灰色文献提高生产效率、扩大传播范围和增强传播效应，促使文献产生者转变生产方式，采用新技术和现代生产方式改造传统的灰色文献产出流程。从当前所调研的内资和会议文献的产生实践中发现，灰色文献体现出数字出版的主要特征，即灰色文献生产数字化、管理过程数字化、产品形态数字化和传播渠道网络化。

首先，灰色文献形态数字化。所调研的各类内资和会议文献都广泛采用数字文档，内资编辑部要求文献来源主体都采用电子文稿。其次，产生过程数字化。各文献产生主体都采用电子存储方式，运用信息技术处理各版本文献和进行相关操作。再次，线下和线上信息组织。信息技术既降低传统纸质灰色文献数字化的成本，而且，也使得即使不需信息技术或文献揭示专业背景，也能对数字文献进行描述和揭示，即降低了进入文献描述和检索的技术门槛，使得文献产生者也能自行开展。最后，传播渠道网络化。即使是在有限的用户范围内，数字化和网络化也能够提高文献传播效应，例如智慧教育展览会在会议期间所采取的直播方式。

（二）数字化促使外部监管多元化

数字化技术应用使得灰色文献来源数字化以及发布数字化，这就需要对灰色文献采取更加全面的外部监管。一方面，是线上线下监管。由于灰色文献体系中存在着纸质文献和数字文献，因此，外部监管针对不同载体文献采取不同措施，例如，内资通常要求提交纸质样刊。另一方面，是双阶段监管。政府部门在灰色文献产生之前实施监管，同时在文献产生发布之后也存在监管行为。例如，会议举办之前要先备案审查会议本身的情况，这些行为其实就涉及部分会议文献的主要内容。同时，在会议文献发布之前，还存在各个网络平台的网络信息和内容监管，如从 2020 年 3 月 1 日起施行的《网络信息内容生态治理规定》就要求网络信息内容生产者不得制作、复制、发布含有相关内容的违法信息，而且要防范和抵制制作、复制、发布含有相关内容的不良信息。

(三) 灰色文献特性限制数字化应用

数字化并未改变灰色文献长期以来的产生方式，数字化技术仅是辅助灰色文献生产，而且，各种数字化手段的实施是基于灰色文献产生需求的，在不同情况下，灰色文献自身特性会限制部分数字化手段的采用。

首先，生产规模限制。不同灰色文献产生主体的生产规模会影响到数字化技术的应用程度和应用范围。虽然在所调研的内资编辑部和会议主办方在不同程度上采用数字化的文献处理和生产方式，但是，产生主体的人员数量、需要处理的文献量通常会影响到是否要进一步将数字出版流程升级。相较正式出版物，灰色文献尤其是传统纸质文献的生产主体体量较小。由于灰色文献无法获得直接的经济收益，因此产生主体投入的资源也较小。例如，《圆方文化》将编辑部设立于文化中心，便说明内资实际体现的是企业文化。在所调研的内资中，《南开文艺》和《豫发号》虽设立了编辑部，但主要从事内资生产工作的仅一到两位编辑。而《圆方文化》由于拥有多位编辑且有协同工作的需要，才使得局域网的建设是有意义的。

其次，文献传播限制。不同灰色文献类型出于不同的目的和产生方式，它们的传播范围也有所不同。例如，在获得知识产权许可前提下的会议文献，可在行业内部或者公开传播，因此，可采用网络化的传播渠道，并对文献进行进一步的揭示。但是根据《内部资料性出版物管理办法》，内资通常不允许公开发布而是具有指定的发送对象，如果不能广泛传播，也就限制了信息化组织的应用意义。

四、灰色文献直接交流模式

虽然灰色文献不同于黑色文献，但根据文献本身情况、作者及其单位等各方面的考量，存在公共传播和有限传播等不同范围的传播情况，但不论传播范围和广度如何，都是文献产生者直接面向用户发布文献，即为灰色文献的直接交流模式。

(一)缺少"裁判员"的直接交流

信息和通信技术趋向于挤压灰色文献生产者和用户之间的中介(Doorn 和 Mulder,2016),文献产生者创建自身的网站、公众号,并且直接在这些网站上"发布"各类型文献,并直接进行网络信息组织。对于文献产生者而言,在从文献产生者到用户的直接交流模式中,是从原有的文献产生者转变为出版发布者和组织者,除拥有文献产出功能外,还具有文献揭示、组织、标引的行为。对于用户而言,互联网使用用户有可能直接访问和获得他们想要的文献和信息产品和服务,这使得用户访问灰色文献的方式发生了变化。

对比正式出版物,由文献产生者直接发布的灰色文献,相当于同时省略了出版商、编辑、代理商和图书馆的工作,没有经历过任何中介机构的书目工作。灰色文献的传播只存在文献产生者和用户两端,即作者产出文献和读者要获取文献,也就是相当于是作品直接从作者到读者手中,即作者对读者的"全部授权",Roosendaal(2010)认为这意味着没有质量筛选和品牌推广(branding)。但实际上,从文献产生至正式向用户发布这一过程中,是存在来自官方政府和文献产生者内部的审核的。但是相比正式出版物而言,由产生者所实施的文献审核和质量控制,其控制标准和依据是以文献产生者的利益为优先考虑的,所遴选出的文献也着重反映文献产生者的立场和观点,因此,所缺少的"质量筛选",实际上是缺少诸如出版社这样的第三方的客观立场。

从文献产生者直接公开发布的文献传播模式,适用于处理读者非常熟悉的信息,如果读者熟知某些信息的来源和获取途径,就能够十分方便地获取,而且减少了需要通过出版商、代理商、图书馆等中间步骤。但是,对于那些不熟悉的信息,读者就需要付出更多的努力来获取信息,因为没有固定的如出版商、图书馆的传播和获取渠道,即"裁判员"的存在。作者和用户就需要承担全部的风险,不仅要承担经济和时间风险,还需要自我衡量文献和信息的质量等问题。而通常这些问题,在传统的白色文献价值链中,就已经在文献和信息到达读者手中之前的环节里被尽可能地减小了。

(二)文献产生者的信息承诺

由产生主体发布的文献便是代表了该主体的立场和态度,因此,尽管文献的产生通常为个人的个体行为,但仍需要经过产生主体内部的主管人员或相关人员对文献内容和信息的审核工作。而且,无论是基于何种目的和功能产生的文献都要进行核实和确认。例如,在内资方面,经过多轮编辑审校工作之后,都要再经由该机构领导进行审阅,以确保意识形态等整体方向的把控,在会议文献方面,中国城市规划年会中的一些承办单位对所负责的会场专家讲座的会议报告的转录和撰写,会再邀请相关专家对其内容进行核实和确认。这些审核工作意即文献产生者关于所发布的灰色文献及其信息向社会的承诺行为,包括最低限度的安全性、合法性,甚至灰色文献及其信息本身的真实性、准确性等。

第六节 灰色文献源的书目控制模型

基于内资和会议文献产生领域的调研分析,并对第四章中构建的灰色文献书目控制概念框架进行进一步细化和具体化,构建灰色文献源的书目控制模型。

一、灰色文献源的主要利益主体

就灰色文献的产生领域而言,主要存在四类主体,即来源主体、产生主体、政府部门和用户。灰色文献产生一般为产生主体的操作行为,但在某些情况下,还会出现来源主体,即文献可能只拥有其中一种主体或同时拥有多个主体。例如,会议论文、内资稿件、博客等文献类型的作者便属于来源主体,而收集会议论文并组稿成为会议论文集的主办单位、内部期刊主办单位即为产生主体。来源主体和产生主体共同构成灰色文献的产生者。

这四类主体的行为共同影响着灰色文献体系和结构的形成和变化。就本书对内部刊物和会议文献的调研分析,作为文献产生的主要责任者,包括内部刊物主办机构及编辑部、会议主办方等文献产生主体影响着文献定位、文献质量、文献数量、文献传递等方面。政府部门影响灰色文献的意识形态、文献形式、文献传播范围,并对文献进行登记和收集必要的文献信息或是书目数据。

因此,本书认为文献产生主体和政府官方对灰色文献体系产生主要的控制作用。但是,从当前政府主管部门对于灰色文献的监管来看,多个监管层面是不完全的,即使是对某一类型文献如内部刊物进行的监管,也并非是覆盖全面且完全有效的，这或许可从灰色文献是复杂系统这一认识中得到部分解释。

二、灰色文献复杂系统和低尺度

从政府主管部门对灰色文献的各种监管干预行为中发现，相关措施的效果是不完全或不显著的，这或许是由于灰色文献系统具有复杂度，因此，对应对措施也要求得更为复杂，当应对措施的复杂度无法回应系统时，便会出现成效减弱的现象。

（一）系统、子系统和低尺度

系统是指由若干要素以一定结构形式联结构成的具有某种功能的有机整体。文献彼此之间虽然看似是孤立的，但实际上，文献之间天然地存在着某种关系，只是这种关系并非是明确显现出来的，例如，相关文献在主题上、时间、作者、学科、各知识单元等方面会存在着强关联或弱关联，如文献排序、分类、聚类便是基于文献间的关联对文献进行的处理。因此，通常需要借助一些手段或者方式使文献之间的这些关联性显现出来，并使人们得以观察到，如文献编目、知识网络图谱等。因此，从这个层面上来说，可将文献看作一个系统，类似地，灰色文献也是一个系统。

在将系统概念引入灰色文献领域，那么由灰色文献所组成的系统便是一个复杂系统。灰色文献系统在文献类型、文献来源、各层面的复杂度都是较高的。因为，灰色文献在文献类型、文献来源、文献载体、文献地域、文献语种、文献学科等各个方面都存在多种可能性。

同时，灰色文献系统是一个"可约"系统，即可以进行分群选择，分群后会形成一个个孤立的子系统，但它们仍然组成系统，因为相互间或者对系统是有影响的，例如，一个文献产生会影响到文献系统的数量，会对相关学科甚至会对整个人类社会知识产生变动。由于通常的实践情况是以文献类型进行划分的，因此，可将灰色文献中的各具体文献类型看作子系统。

由于有更多可能的文献排列组合，因此灰色文献系统具有较大的复杂度。即使如前所述，在内部刊物子系统或者会议文献子系统，各文献产生者会具有一些相似的行为，也就是在各文献类型子系统内可能存在一些有序状态，但在整个灰色文献系统中，仍然是具有较大的熵或者说是无序度。而且，灰色文献系统是一个开放系统，不只是在内部封闭式生产灰色文献，而是也接收和学习外部的信息，例如，借鉴正式出版物的生产流程和提升文献质量。

复杂系统的复杂度依赖于尺度(scale)，也就是层次。若将灰色文献看作一个复杂系统，由于文献通常是由个体如个人或机构组织产生，因此个人或机构便是灰色文献系统的低尺度。例如，同样是内部刊物，在内刊产生的最低层次，观察到的是社会中无数的内部刊物主办单位。在内刊产生的稍高层次，如行业领域，观察到的是所属农业、交通运输行业、通信行业、航空工业、教育领域等各个领域的内部刊物。因此，本章所调研的各个会议主办方和内部刊物主办单位，其实便是在低尺度上来对灰色文献系统进行研究的。

(二)低尺度的调节和控制效应

根据必要变异度原则(Law of Requisite Variety)，面对灰色文献的复杂系统，需要有相应的复杂行为来回应和应变系统不同层面上的复杂度。但是就当前调研情况，从各地新闻出版行政部门对内部刊物的不完全性监督和审查工作来看，面对内部刊物子系统，相对行为的复杂度显然是不够的。而且，最为重要的是，是否有足够多的动力来促使应变行为要变得复杂化，也就是人们对于灰色文献是否有重要的需求，以至于需要采用这些复杂行为要使其变得更加完善，这涉及灰色文献的功能性和需求性。但是，从目前来看，由于灰色文献面向用户群体通常具有指向性，例如，内部刊物多为同行业间的交流，会议文献多为会议范围内或该领域内的用户群体，社会广泛性的需求量并不大。整体需求性不高就限定了需要在整体层面对灰色文献系统进行控制的必要性。

因此，在无法甚至可能也没必要提出复杂且具体措施的情况下，一方面，是给予整个灰色文献系统以自适应性。另一方面，是对必要方面如灰色文献意识形态等方面进行监管。另一种措施，由于灰色文献系统过于复杂，直接对灰色文献体系进行控制是不可行的，因此，缩小所关注的系统范围，即在灰色文献系统中选择低尺度或者一个适当范围的子系统进行控制。

根据 Wellisch(1980)的书目控制理论观点，如果系统的输入过于复杂，那么系统中的调节器很可能就会失效。因为依据必要变异度原则(Law of Requisite Variety)的"只有多样性才能'消灭'多样性"，如果系统输入具有极大的多样性和复杂性，则没有控制量可以完全应对。由于灰色文献系统的输入具有极大的变动性，因此，以灰色文献整体作为系统的输入是难以实行的。从当前实践调研发现，灰色文献的控制通常在一定范围内如产生机构内部是可行的。因此，可在低尺度层面，对各微观个体在其局部范围内进行控制。

图 4-1 描述了这种灰色文献低尺度层面的调节现象，其中 D 代表低尺度层级的灰色文献外部世界，D' 和 D'' 代表各微观个体如文献产生机构，或者较高尺度层级如某一学科领域等。D' 和 D'' 同时表示了不同可能性，一部分灰色文献可能已被采取各种措施有所控制，但另一些灰色文献当前可能还未被控制。例如，在会议文献产生的最低层次即机构层面，一些会议主办单位对会议文献进行了揭示和组织，但另一些会议主办单位则并未对其产生的会议文献进行组织。

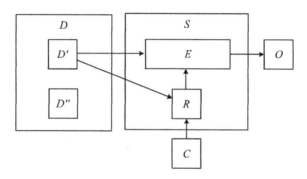

图 4-1　灰色文献源的低尺度调节和控制效应

资料来源：作者绘制。

(三) 效率和成本之间的权衡

复杂度和规模是此消彼长的关系，这两者之间的权衡实际上是对适应性和效率之间的抉择，当系统中的微观个体存在关联，那么这种微观关联就会降低系统的复杂度，但是，要想构建这样的大规模系统结构就必然会减小系统的某些功能（Siegenfeld 和 Bar-Yam，2020）。对于某一类型灰色文献来说，由于产生主体之间彼此独立，这些产生主体会有更多的行为方式，整个灰色文献系统会有更多的灵活性和多样化。虽然个体间联合协作可能会完成一些整体目标，但同样也需要付出一定代价。例如，由产生主体对灰色文献数量登记、灰色文献描述等操作行为所产生的书目数据是散布在各个产生主体内部的，虽然这个系统中的每个产生主体协作起来能使灰色文献书目数据汇集起来，提供集中式或一站式的检索服务，但从文献产生者角度而言，是需要改变以往的工作方式，承担变更工作所带来的额外时间、技术和人力成本。因此，需要对个体联合起来的必要性、所取得收益和产生成本进行衡量。

三、灰色文献源的书目控制形式

基于以上分析可知，在灰色文献产生领域，灰色文献利益相关者尤其是文献产生者和政府部门对灰色文献体系及结构具有较大的控制作用，并且，各类信息技术的应用促使文献产生者便于开展文献编制、产出和描述等工作。

在灰色文献产生领域，从文献产生到传播获取大致的过程为：产生一定数量的文献，对部分符合条件的文献进行登记以记录在案，并且对其内容表达和外在形式存在不同程度的要求，对这些文献进行整理和排序，进一步的是对信息和知识进行组织，以便使文献和信息的传播有效化。

在灰色文献产生领域促进灰色文献系统有序化主要涉及四个方面：

其一，灰色文献系统的构成和大小，也就是文献类型和文献数量。在内部刊物子系统中，存在外部政府主管部门的备案记录形式，但这种形式是不完全的，即外部登记控制是收效甚微的。

其二，灰色文献是可用的且有用的，也就是涉及灰色文献的意识形态、质量和价值。文献首先是可用的，也就是符合当前的意识形态准则，只有当符合我国一般文献产生的要求，才能进一步探讨是否具有有用性。

其三，将灰色文献以及灰色文献之间的关系进行揭示。在灰色文献产生领域，主要是文献产生者进行文献描述和相关书目数据的提取。

从以上分析中，推断出灰色文献产生领域的书目控制形式主要包括审查控制、规范控制、检索控制，每种控制形式在产生领域发生的阶段和产生的效果各有不同。因此，基于以上分析，将灰色文献概念框架中的控制形式、控制内容、控制效果(可行性或约束性)、控制范围(文献类型或利益主体范围)、生命阶段等属性具体化，构建了灰色文献源的书目控制模型，如图4-2所示。

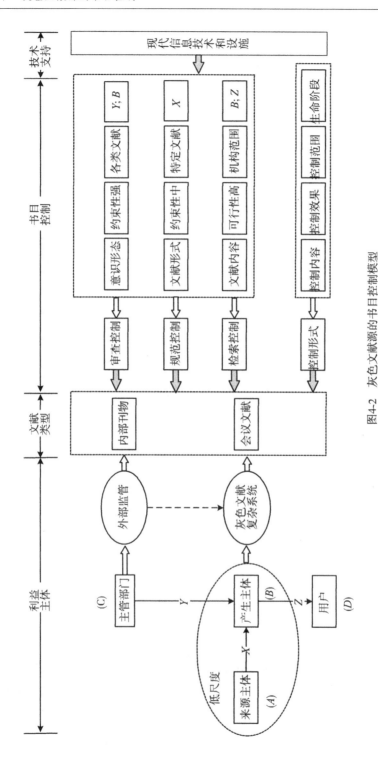

图4-2 灰色文献源的书目控制模型

资料来源：作者绘制。

在审查控制、规范控制、检索控制三种书目控制形式中，其中检索控制为灰色文献复杂系统低尺度层面的个体行为，审查控制和规范控制既有个体行为也包含政府部门的干预行为。根据灰色文献复杂系统分析，即使是某一文献类型子系统如内部刊物子系统，也需要有足够的复杂行为应对，否则，相关控制行为则难以完全施行。因此，如果没有足够的对于该文献的需求以及硬性的规定，不需要采取复杂的应对措施，那么可行方式便是在某些必要方面采取强制措施，而非系统的各个方面。在当前社会背景下，实践层面一个重要准则便是要顺应和符合意识形态要求，因此，需要具备灰色文献的审查控制。规范控制是对有需要的文献规范其内容或形式上的必要信息。

按照第三章构建的书目控制概念框架，多数控制形式通常具有应用范围，如文献类型范围、文献专业范围、利益主体范围。就本章案例分析结果而言，除审查控制是覆盖各灰色文献产生者和各个灰色文献类型的，其他控制形式是具有适用范围的，规范控制是面向某种灰色文献类型，描述控制多发生于文献产生主体内部或与之有关的行业领域内。

（一）审查控制：社会监管和机构责任

灰色文献的"审查控制"的内容是关于文献意识形态的审查监管，使灰色文献符合社会基本的价值尺度，避免出现主流意识形态的边缘化危机，否则便对他人和整个社会无用。文献本身的内容、形式可以具有选择性、多变性和差异性，但即使是多元文化的出现首先必须在遵循意识形态工作规律的前提下。一方面，文献产生有其自身的规律，开展工作要遵循文献规律；另一方面，灰色文献本身具有一定的传播范围，不论是在产生者内部、行业内部或是公开的传播，最终仍是涉及人与人之间的交流对话。灰色文献产生的自主性，说明灰色文献背后有其相应的利益群体，并都有其利益追求，而且正因未经过商业出版的审查即第三方审查，所以具有意识形态的风险。因此，需要在基于灰色文献产生规律的前提下，对灰色文献的产生加以引导和辅助，对产生主体的文献生产行为进行干预。

审查控制存在两方面的责任者，即政府部门和文献产生者。一方面，政府主管部门对文献产生主体及其文献的审核监督，不容许文献中出现扰乱社会秩序和市场秩序的内容和信息，不仅是对于纸质文献形式，还包括各种网络文献形式。

网络文献主要是在于网络平台监管，但纸质文献由于文献产生者来源多样、结构松散等情况，政府监管尚难以覆盖到所有的灰色文献。另一方面，文献产生主体内部也有对其文献的审阅。文献产生者内部自有适应其自身的文献产生流程和程序，在文献正式发布前其内部要对文献内容进行确认，因文献产生者要对文献负责，不仅是信息传达的准确性方面，还包括信息法律责任，在有关信息的生产、处理、流通、使用和保护的信息法中，信息主体需要承担一定的法律责任。

（二）规范控制：硬性规定或潜在惯例

"规范控制"是对某一灰色文献类型关于文献格式或形式上的规范性。对文献形式提出明确要求的利益主体来源不一，既有有关文献相关主管部门的规定，也有文献产生者的规定。同时，文献形式规范普遍具有一定的适用范围，或是面对全面范围内的一类文献，或是仅限于该文献产生者范围内。

关于文献形式规范，其一，形式规范与文献类型是相对应的，即一种形式的规范是针对某一类型文献，并非适用于任何文献类型；其二，并非所有文献类型都有形式规范，在灰色文献中，目前只有部分文献类型拥有形式规范；其三，形式规范规定文献的必要事项，通常留有一定空间允许文献产生者按照自身需求进行适当变更，盖因形式规范不仅要满足基本且常态的需求，能够在一般情况下适用，而且还要考虑文献产生包括文献产生者来源、产生流程的复杂性。其四，并非所有文献类型都适用于形式规范，形式要求的意义其中之一是在于对这一类型文献的形式进行统一，使这个文献类型中的所有参与制定的产生者都能够按照统一形式产出文献，但如专家访谈时认为的，只有符合一些条件的文献类型才有可能需要制定形式规范，以及需要符合一些条件才有可能推行该形式规范的应用。

此外，灰色文献的规范控制不仅仅只是来自主管部门的硬性规定，还存在一种当前在编制产生这类文献过程中潜移默化形成的文献规范。即，根据文献形式规范的受控程度，当前主要存在两种规范形式，一种是有意的规定，即经由相关文件明确规定的文献形式，另一种是无意的惯例，即由长期工作习惯积累而形成的文献产生惯例。因此，即使是要针对某类灰色文献类型开展规范控制，也必须要遵从当前已在该文献产生者领域内形成的默认的产生惯例，即在实践基础上顺势进行引导，同时，规范应是针对该类文献中的一些必要事项。

(三)检索控制：知识管理或传播倾向

"检索控制"是灰色文献产生者基于信息技术的应用对灰色文献进行文献内容的简要描述和揭示。对于文献产生者而言，可能会出于不同目的开展这一行为，出自不同的目的和需求的检索控制会影响描述的方式和深度。

一方面，最为常见的是文献产生者出自自身需求而进行的描述，由于这种情况是基于管理和实用性的角度，因此仅限于书目数据的简单提取和整理。此外，机构内部的文献组织和检索类似于机构内部的知识管理，一部分灰色文献作为利益主体工作中形成的文献，会被作为内部档案被产生主体进行归档，归档工作中也涉及灰色文献本身及其信息的组织、分类、聚集等工作。

另一方面，在文献产生者将文献对外进行传播时，也涉及对文献进行何种形式的组织。对于网络灰色文献而言，不仅包括信息的揭示、标引，而且还涉及信息的整序或主题的分类聚集，并且要把整序的结果进行合理的存储，影响到文献最终呈现给用户的方式和状态。从这个意义上而言，文献产生者又具有信息和知识的增长、加工、传播的功能。一般形式的网络灰色文献的信息组织便已经兼具了早期书目控制文献中提到的"描述控制"和"检索控制"，只是信息组织形式和深度依赖于文献产生者对于数字平台的理解和运用。而且，文献产生者所开展的目的并非是要尽可能深入而全面地揭示文献，而考虑的是如何扩大增强文献的传播效率和传播效应，并且，文献产生者的非信息专业背景也限制了其难以对文献进行类似编目的深入揭示。

第五章　灰色文献流的书目控制

灰色文献流即为灰色文献的流通领域。本章重点关注在当前数字化背景下灰色文献流的呈现状态和书目控制形式。以内部资料性出版物和会议文献为例，选择图书馆和信息机构共两个文献组织者进行实地调研和访谈，明确这两类灰色文献在采集、描述、组织等方面的情况，并依据第三章构建的灰色文献书目控制的概念框架，结合灰色文献流实际情况将概念框架具体化，构建灰色文献流的书目控制模型。

第一节　灰色文献传播与灰色文献流

在开展本章研究之前，首先要明确本章中关于灰色文献流的界定。

一、灰色文献传播

灰色文献不需要经过商业出版社控制，可以由文献产生者直接发布，但是依据文献传播理论和文献综述，未经商业出版社控制的灰色文献传播可能会存在某种问题。灰色文献存在分布分散的特征，这为查找文献设置了一定障碍，虽然网络环境下能更易于检索到相关文献，但纸质文献仍然存在这一问题。而且，数字化灰色文献虽易于检索，但可能还存在长期保存的问题。因此，在这种情况下，出现了一些机构组织基于保存或服务等不同目的，对相关灰色文献开展收集工作，将经过描述和组织后的灰色文献集中向用户提供服务，这些机构在从文献产生者到用户的灰色文献传播过程中起到"中介"的作用。这种传播方式可被称为灰色文献的间接交流模式，而灰色文献产生者直接面向用户发布文献的方式可被称为灰色文献的直接交流模式。在灰色文献间接交流模式下，灰色文献交流前端为文献产生者，中端为文献组织者，后端为用户。在缺少出版社及其编辑的情况下，这种文献交流情况会影响前端和中端的行为。

基于这些机构的行为，对于灰色文献体系来说，一方面，将不同来源的灰色文献进行聚集后保存在新的位置，改变了灰色文献布局，另一方面，如图书馆、情报所等信息机构对灰色文献进行著录和编目，是凸显、明晰和构建了灰色文献个体及其相互间的关系。

二、灰色文献流

依据以上分析，本书所谓的"灰色文献流"，指的是灰色文献的流通领域，其特征在于拥有信息机构或其他机构组织作为灰色文献交流的"中介"节点，这些机构起到将灰色文献集中、描述、整序、保存等作用。文献产生者和用户虽然仍为两端节点，但文献产生者和用户是以文献为内容的间接交流。

第二节　研究方法选取与设计

本章承继第四章的研究，继续延用案例研究法对国内灰色文献流的书目控制实践进行调研。

一、调研设计

由于灰色文献覆盖文献类型广泛，因此本章继续延续第四章的案例设计，将内资和会议文献为重点分析对象。本书的研究命题是关于灰色文献流通领域的书目控制，即灰色文献是如何被收集和组织以及书目数据是如何产生、规范和管理的。因此，为试图理解和解释灰色文献流的书目控制现象，本书采取案例研究方法，选取适当的内资和会议文献的利益主体，并对其开展调研分析。

二、样本选择

关于内资的案例单位的选择。图书馆作为文献资料的"保管者"在整个文献交流系统中的重要地位，不仅指作为国家书目的国家图书馆，还包括作为地方书目中心的区域中心图书馆(Downs, 1954)。东莞图书馆在全国图书馆领域率先成立专门从事灰色文献开发和研究的灰色文献项目组, 因此将东莞图书馆作为案例单位。同时, 由于东莞图书馆的内资来源中涉及碧虚文化有限公司, 因此对碧虚文化有限公司进行了补充调研, 将其嵌套在东莞图书馆案例单位中。

关于会议文献的案例单位的选择。鉴于会议论文和会议通知的控制的普遍性, 从目前较少开展的文献形式, 本案例选择主要以会前、会中和会后各阶段文献资料, 尤其是会中资料的管理机构。E 线图情作为联合主办方举办了两届全国灰色文献年会, 从 2006 年起建立 E 线图情网站进行会议文献的收集、组织和发布, 因此, 选择 E 线图情为案例样本。

三、调研目的

本书关注在灰色文献流书目控制过程中体现出的特征和相关工作情况, 以识别当前数字化背景下在灰色文献流通领域的书目控制形式。本书对灰色文献开展的实地调研, 主要在于识别灰色文献收集、分类、描述、组织等情况, 以及实践中存在的问题和解决措施, 分析、提炼、归纳出灰色文献书目控制形式。

通过调研了解当前灰色文献实践情况, 包括:

(1)从文献交流的角度出发, 确定灰色文献传播模式和渠道是怎样的?

(2)在灰色文献流通领域主要存在几类利益主体? 这些利益主体的功能是怎样的?

(3)灰色文献是如何被进行描述和组织的? 存在哪些内容的控制形式?

本书设计的访谈问题参考附录四和附录五。

四、调研过程

本书按照内资和会议资料两种文献类型, 共择取东莞图书馆和 E 线图情两个样本进行调研。2020 年 8 月 26 日至 27 日, 笔者对东莞图书馆进行实地调研, 并与东莞图书馆的三位部门主任和馆员进行半结构访谈。10 月 23 日, 对北京碧虚文化有限公司进行实地调研, 并与研究发展部经理进行访谈。根据事先拟定好的访谈提纲进行提问, 访谈内容侧重东莞图书馆、E 线图情、碧虚在开展内资和会议资料书目控制工作中发生的实际的行为事件。调研过程如表 5-1 所示。

表 5-1　　　　　　　　　　灰色文献流书目控制的调研过程

	案例	样本	对象性质	调研时间	调研方式
总体	案例 A： 连续性内部资料性出版物	东莞图书馆：灰色文献项目组、采编部、地方文献部	事业单位	8 月 26 日—27 日	实地调研；面对面访谈
	案例 B： 会议文献	北京碧虚文化有限公司：E 线图情	民营企业	10 月 23 日	实地调研；面对面访谈

注：总体＝1；案例＝2；样本＝2

资料来源：作者整理。

五、资料收集

基于相关利益主体在文献采集、组织、著录和编目方面开展的实践进展，本书的资料收集方法主要采用半结构化访谈并配合文件资料、网络调研、直接观察等多种方法。在内资方面，对东莞图书馆灰色文献项目组负责人、采编部主任、地方文献部主任分别进行了为时 1 至 2 小时的深度访谈；在会议资料方面，对北京碧虚文化有限公司研究发展部经理进行了为时 2 小时的访谈。同时，本书在调研期间及后续联系中收集了东莞图书馆、E 线图情和碧虚网的相关资料，涵盖内资等文献的建设目标、采集标准、分类方案等内容。

第三节　机构内资流的书目控制

有关内资的实践情况以东莞图书馆为调研对象，通过对东莞图书馆的内资传递和采集、描述和揭示进行分析，以便明确图书馆领域对内资的组织情况。

一、内资的传递和采集

东莞图书馆针对内资的采集，当前主要存在三种方式，如图 5-1 所示。分别是：面向企事业单位直接联系收集内资（Y_1 路径）；通过专门收集内资的企业进行采购（Y_2-Y_2' 路径）。图书馆除作为内资的接收者之外，同时也作为内资的来源单位，例如产出内资《易读》。Z_1 路径是图书馆向版权局申请内资准印证和提交内资样本，接受版权局的审核和监督。Z_2 和 Z_2' 路径是图书馆向有关单位和个人传递和分享其内资。

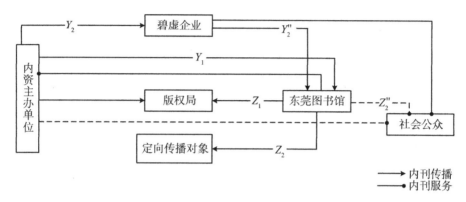

图 5-1 东莞图书馆内资传播路径

资料来源：作者绘制。

(一)面向企事业单位的直接采集

东莞图书馆在面向企业同事业单位和政府部门进行的内资采集有所不同。事业单位、政府部门、行业协会由于拥有财政拨款，这些单位发展和人员较为稳定，因此图书馆同其建立起来的联系也比较稳定。

但是，企业则被认为是较难建立内资采集关系的组织，而且这种联系的状态并不稳定，导致还存在文献采集的连续性问题。首先，文献产生者数量和图书馆资源难以匹配。产出内资的企业数量庞大，但与之相对的，是图书馆从事文献建设的馆员数量的欠缺。其次，文献传递关系的不稳定性。不同于拥有稳定拨款的政府部门，企业人员流动性较大，一旦出现负责文献传递的工作人员调配离职等情况，则文献传递关系就需要重新建立。最后，企业文献传递的意愿。企业对于内资和图书馆的看法影响到内资传递与否，一些企业认为图书馆作为事业机构采集机构内资，担忧图书馆会以此种方式来监测企业情况。当前，内资产生者被认为鲜少有参与进内资传递的积极性。

（二）信息企业的"代采"

东莞图书馆除直接面向企业采集内资外，还通过其他专门从事内资组织的企业来采集内资，例如碧虚文化有限公司。东莞图书馆是"碧虚优秀企业文献长期保存示范基地"之一，该基地的设立主要是源于纸质灰色文献保存和展示的需求。相较于图书馆自身直接联系企事业单位，通过信息企业收集的内资更具有连续性。

由于内资产生者数量众多，碧虚制定了核心资源的评选标准，涉及企业文献产出主体、企业文献产出单位、内资三方面，企业本身以其经济实力作为主要判断；产出单位主要衡量其办刊条件，涉及编辑部、专职编辑人数、项目经费稳定性等；内资质量涉及出版周期的固定性、出版连续性、内容原创性、文字错误率等。碧虚以符合这些标准的企业为重点采集对象，因为其主管人员认为"企业能够定期出版自己的内资，肯定在企业文化建设方面是很重视的。如果企业有余力去做这一方面，它本身的实力是比较好的"。因此，将内资的来源企业的综合实力和影响力作为内资自身质量的替代标准。

内资产生机构同碧虚签订的协议书涉及内资的数量和授权等问题。协议书被认为可约束和规范双方行为，能够促进双方长期合作和内资连续采集。企业向碧虚定期提供内资的初衷在于，希望碧虚通过各种渠道去推广企业文献以扩大该企业的知名度。基于双方协商，企业会提供给碧虚多份同一内资原件，然后碧虚再将收集到的其中一个原件提供给具有合作关系的图书馆进行保存。

不同于一般的企事业单位，碧虚在采集内资的同时，也会对内资进行整理和揭示，这使得在向图书馆提供内资的同时，也能够提供有关这些内资的初步书目信息，信息单提供包括内资的题名、单位、产地等。在此层面上，其功能类似于传统形式的图书馆配商，在文献来源单位和图书馆之间起到中转和代采的作用。

碧虚对于内资的组织方式涉及内资分类、排序、著录和编目。碧虚按照产业链进行资源组织，将行业划分为 24 个大类、107 个一级行业、219 个二级行业（产业）、853 个三级行业，将相关企事业单位的内资进行分类并归入到相关的类别。其一，碧虚将 24 个大类分别赋予其行业代码，将所采集内资的主办单位根据相关分类方法进行分类和排序，如碧虚自定义的行业划分方法或地区，制定企业内资名录，涉及行业代码、行业、地区、企业名称、企业特点、刊物名称、周期、刊型（如杂志、报纸）等。其二，企业内资会在书目系统中进行著录和编目。

二、内资的描述和排序

东莞图书馆面向企事业单位内资的编目工作目前存在两种方式，一方面，继续沿用 CNMARC 格式进行编目，另一方面，灰色文献项目组探索使用元数据进行内资编目。

（一）传统编目格式

图书馆内资著录和编目工作基本同正式出版物类似，遵循我国图书情报领域的一系列相关业务规范和标准，包括机读目录格式、文献主题标引、文献分类标引、文献著录、文献编目规则。东莞图书馆对内资等灰色文献采用 CNMARC 编目系统，即 Interlib 图书馆集散管理系统，按照传统著录和编目的流程、规则和标准对内资等灰色文献进行统一编目。这意味着内资同正式出版的杂志期刊的编目方式和流程是一样的，例如，在内资编目中采用统一题名，将拥有同一题名的不同期号的内资集中起来，只是著录项根据内资实际情况会相对较少，如没有国际标准刊号或中国标准刊号。并且，由于内资相较正式刊物缺少如分类号、主题词等相关信息，因此还需要对这些缺失的字段进行原始编目。

（二）自定义编目格式

在图书馆的传统环境中，采用 CNMARC 格式对灰色文献进行编目可能会存在一些问题，如著录单元和灰色文献实际情况不匹配，或是无法突出内资等灰色文献的特性。因此，图书馆采取其他方法探索新的编目规则。灰色文献项目组采用碧虚灰色文献管理系统对内资等灰色文献进行登记和著录。灰色文献系统提供了有关灰色文献的基本著录项目，并且允许使用者自由创建和添加字段。当前，项目组所采取的措施主要为：

首先，项目组对内资进行初步登记和录入，择取灰色文献编目常用字段，并建立有关灰色文献书目数据的 Excel 列表，包括题名、作者/主编、出版日期、出版地、出版社/责任单位、页码、数量、分类号、单价、备注、栏目等，同时，联系灰色文献管理系统开发商添加相应著录字段。其次，基于 Excel 表格的字段内容将内资书目数据批量导入灰色文献管理系统。该系统支持全文存储，但涉及企事业单位内资的版权问题，因此并未公开全文，也并未在全文建立检索点，目前只是用于书目信息的描述和记录。

当前，项目组对于内资等灰色文献的描述并未根据不同文献类型而设置不同的著录项目，而是倾向于在文献标题和题名上备注文献类型和体裁，如注明该文献为成册或为零散状态；是内资、画册、宣传册或是宣传单等。基于内资编制发布的连续性，项目组构想了关于书目的层级性，其设想是构建涵盖一级目录、二级目录、三级目录的题录体系。其中，一级目录集合同一种内资各期以及各种内资的题名，二级目录为各期单本内资自身的目录，三级为预留。但是由于目录登记的人力资源限制，因此目前还尚未深入二级目录。

在对各本内资的描述时，涉及其采编时间、来源及编码、体裁及编码、学科、地域及编码、标题、题名、单价、作者/主编、出版社/出版单位、出版日期、出版地、内部分类、关键词、刊物总页数、刊物数量等。这些著录项目与传统著录项大体一致。其中，灰色文献管理系统开发商提供了有关来源、体裁、载体、学科、地域、行业的基本内容和分类，并为对应项编制编码，以建立关于内资等灰色文献的编目规则。其中，依据来源单位和机构性质和层级构建了三级体系框架，栏目是项目组自行设定的一些主题，以便将相应主题的文献进行归类，例如，一级栏目业务部灰色文献，其下二级栏目阅读推广内报内资、图书馆内部资料；一级栏目灰色文献项目组，其下二级栏目成册、企业内资专题、展会、文广旅体等。

(三) 分类排序

在传统编目和分类中，图书馆以每种书为单位，按照同一类的书籍或文献入藏和分编的先后顺序进行排列并赋号。但由于灰色文献管理系统与全馆图书分编系统尚不兼容，为避免不同种文献出现重号问题和排架混乱，灰色文献项目组目前并未采用与全馆统一的以种次号作为内资等灰色文献的书次号。未来进一步考虑是采编部和技术开发部进行并库，实现批量的书目数据的导入，但当前出于实际工作需要，内资仍需要馆员自行查找和分配中图号，因此为节省人力成本和时间成本，只使用中图法作为分类号，以适应图书馆当前人力短缺的现状。根据内资的产生单位作为分类依据，在一些内资上贴标签来源单位类型"政府""事业单位"，例如，考虑到常用的来源单位进行标签，把标签为"政府"的内资进行聚类，以便于查找。

第四节　会议文献流的书目控制

选取 E 线图情和东莞图书馆作为会议文献的调研对象，其中，E 线图情以网络会议文献的采集和组织为主，东莞图书馆以纸质会议文献的采集和编目为主。

一、会议文献的采集和传递

（一）采集对象和方式

以会议资料整个系统来说，E 线图情首先是确定学科领域，即图书情报领域，以学科领域确定采集机构，然后以会议本身进行文献的聚合，而非是以会议主办机构为单位。

E 线图情的会议资料涉及会议前后各种类型的相关文献，包括会议通知、演示课件、视频、音频、会议照片、会议论文、会议报道等，由于会议文献多为数字化文献形式，因此以网络化获取方式为主。E 线图情以尽可能收集全部的图情领域的会议为目标，因此将全国公共图书馆、高校图书馆、高校设立有图情学科的院系都作为采集对象，追踪这些机构以及国外主要协会学会举办的会议。出于管理便利性等考虑，编辑人员将各个图书馆和相关机构的名称、网址等信息做成名录，根据实际情况不断更新采集目标的网站和网址。E 线图情对于会议本身并没有明确的进行筛选，认为会议选取以全面性为主。不过，由于采用人工采集且机构数量较多，无法时刻追踪所有的目标对象的行动，因此，在实际工作中会根据一定标准进行有重点的扫描和采集，主要是依据该机构在图情领域的重要性和影响力。

在多种会议文献形式中，由于会议论文涉及后期会议论文集的正式出版问题，因此，目前对会议论文仅进行收集和保存，并未在网站或以其他形式公开。

(二) 会议文献授权

各类文献的使用必须符合著作权法的规定，即凡是还没有进入公有领域的各种作品，都必须得到权利人授权后才能使用。因此，获取会议文献的首要任务就是解决文献授权问题，只有得到权利人授权，之后才能按照其内部相关要求进行内容编辑加工和向其他人员提供使用权限。针对从作者个人或机构单位等各种获取途径；已发布的一般文章、新闻稿、演示课件等各种文献形式，E 线图情为此准备了不同的入编协议。授权书通常授予的是信息网络传播权，无授权期限限制。授权形式可以分为授权对象是权利人或权利人作品等不同情形，例如，授权对象为演讲者在会议中所做的演示课件，而非个人其他所有作品；或是同作者个人签订授权协议，则该作者署名的相关作品都可以保存到数据库中，同时在其相关网页上注明版权归属。

二、会议文献的描述和揭示

为对会议文献等相关资料进行揭示和标引，E 线图情搭建了文献采编系统。文献编目主要以都柏林元数据标准为主要依据，并参考其他网络资源描述的元数据标准，同时，考虑与图书馆编目工作中使用的 CNMARC 元数据之间的相互转换情况，以此来建立 E 线图情的元数据标准。该元数据标准的主要字段包括标题、作者、单位名称、摘要、关键词、正文、文章链接、站点域名、文章语言、采编时间、学科、栏目、行业、地区、分类号、栏目号等，其中，E 线图情的学科字段默认为图情学。在描述网络会议文献时，标题、作者、单位名称、摘要、关键词、出版时间为必选字段，附件链接、文章链接、站点域名为可选字段（林泽明等，2014:114）。采编系统的著录项和著录单元是可扩展的，能够在已规定的元数据要素基础上根据特定需求再添加一些元素或修饰词，例如，对于专题的会议资料，系统中设置有专题分类的字段，可以支持将采集到的所有相关的文献资料集中归类到这个专题里面。

会议文献本身所显示的页面字段主要为标题、正文、作者、作者单位、关键词和摘要。对于文献关键词的选取，若是原文已经有关键词，就按照原文转录，相反，则根据编辑自身经验撰写。根据网站发布情况，关键词涉及表示该文献主题、作者、会议单位等情况，可见关键词并非严格按照图书馆领域的主题词表和编制标准来制定。

第五节　调研结果分析

灰色文献书目控制的目标之一是推动灰色文献体系实现有序化，首先便是要尽可能了解和掌握当前灰色文献体系的结构和大小。由于文献从产生到最终提供利用是一个不断变动的过程，不仅是指文献实体的传递，也包含文献信息和知识的提取、组织和获取。灰色文献体系并非是静止不变的，它既包含当前灰色文献的静态分布状态，也包括灰色文献整个生命周期的动态发展过程。正式出版物的流通在市场监管之下，然而，灰色文献从产生、传播、组织到提供使用这一过程仍然是不明确的。因此，案例分析首先关注的便是灰色文献的传播模式和传播渠道。其次，关注灰色文献的知识产权问题和编目问题。

一、灰色文献间接交流模式

在缺少商业出版社的情况下，灰色文献在文献产生者和文献组织者之间的传递呈现出同正式出版物不同的特征，一方面，两类主体需要共同承担相应责任，另一方面，文献产生者的专业性或在业界的声望、地位被认为反映了灰色文献自身的质量情况，成为灰色文献选择工作中替代其内容评判的主要标准。

（一）文献产生者和信息机构责任分担

就正式出版物而言，出版发行（出版社）是交流传播的"信道"，而灰色文献正是缺少了这一"信道"，即灰色文献缺少能够进行编码和译码的媒介机构，这种情况影响的是文献选择标准的制定，例如，图书馆、碧虚、E线图情对内资和会议文献的采集与否为侧重文献作者和产出单位本身情况。只有作者和单位作为考量标准，这意味着类似信任和声誉的责任承担也有所变动。

在缺少了出版社这一中间环节后，就把原先属于出版物社的一些责任分担到文献产生者和信息机构的身上，涉及文献审校工作、授权、内容质量等方面。例如，原先属于出版社及其编辑人员的审校工作，现在则分散到产生者和信息机构。产生者需要对原文负责，并且 E 线图情等收集机构需对会议文献等进行简单审核，但审核的功能和目的并非如同出版社的三审三校，信息机构的审核不负责原文内容的准确性和格式，而是要确保同原文没有出入。信息机构仅是将收集回来的文章进行整理以便其格式符合该机构的发布格式等标准，它的审核主要是因机构管理和使用需求而开展的工作。可见，信息机构默认文章是已经经过确认和核实的，即默认文章原文是准确的、完整的。因此，这就将文章内容的准确性必须交由作者自己完全承担。

(二)文献产生者"替代"标准

信息机构也存在对文章内容质量的考量，但这通常发生在是否要将该文献进行采集，即发生在明确采集对象的过程中。在对文献进行质量判断时，除却文献本身的直接判断外，还包括一些间接评判标准。间接判断依据的现实性在于，对文献进行内容的直接判断需要较高的专业背景和专业素养，而且是基于文献整体进行全面的判断，需要首先对文献有全面的把控。此外，一些文献在获取之前可能无法获知其内容。

在这种情况下，考虑到时间效益和成本效益，需要存在其他一些更为明显的标识能够直接给出该文献质量程度的信息。对于正式出版物而言，作者、作者单位、出版机构等都能够判断出版物质量的依据，但对于灰色文献而言，在缺少出版社这一环节的情况下，文献产生者便是替代直接评判其内容质量的依据之一。产出机构本身的声望和影响力成为信息机构对该文献预判断的标准，判断是否要将该文献作为选择目标。在这一层面上，灰色文献作者及其单位在学科、行业、社会中的声望与影响力等指标被认为能够代表和反映文献本身的准确性、可靠性、完整性等文献质量的高低。

(三)线上线下多渠道搭建

由于从文献产生者到文献组织者之间欠缺图书馆配商，因此，图书馆等机构要直接同文献产生者建立联系，同时，建立线上和线下的交流渠道。在网络环境下，灰色文献产生和发布的形式多元化，既存在纸质形式的灰色文献，也包含数字化和网络化的灰色文献形式。面对文献存在的复杂性，图书馆等信息机构也转变文献采集方式，针对不同文献类型的存在特性采取相应的措施。例如，东莞图书馆项目组此前内资采集多为纸质版，但随着数字技术在内资文献产生者当中的应用，一些企业内资逐渐转到微信公众平台或是官网的电子期刊，项目组认为未来可能会加强网络和电子内资的采集。

二、灰色文献传递通道问题

灰色文献在由文献产生者传递到相关信息机构的过程中存在一些特征，这些特征影响到灰色文献采集和入藏的情况，包括：由于不同领域间的无形边界，图书馆等文化服务机构同其他领域内的机构组织之间存在一些沟通方面的问题；以机构功能定位为导向的灰色文献收集界限；信息机构同文献产生者之间存在多条传播路径，但各文献传播渠道中都存在"文献阈值"来控制各通道可容纳和通过的文献量。

（一）领域隔阂和宣传问题

各行业、领域由于其在各自范围内存在一些共同规则和为了维护这些规则而反复产生的一些行为规范，这种现象和行为可能会使不同领域间形成无形的边界。在灰色文献源的调研中，涉及关于内资传递给图书馆的问题。调研中得知，文化馆由于和图书馆同属于一个体系，因此了解图书馆对于内资的收藏情况和收藏需求。但相比文化领域内文化馆和图书馆之间的联系，工业、商业、机械、通信、化工、金融、农业、医疗等其他行业和领域内的机构组织同图书馆尤其是公共图书馆之间接触较少，因此，这些机构组织同图书馆之间的关系则较为弱化，一方面缺乏关于图书馆灰色文献收集和保存职责的认识，同时，也缺少文献传递路径。这表明，图书馆缺少关于内资等灰色文献及其收集组织工作的宣传，同时，侧面说明图书馆实际上的内资收集状况并不理想。

（二）文献采集的范围界限

不同的信息机构有其不同的功能定位、目的和职责，依据其目的有选择地采集文献，形成不同灰色文献聚集范围。例如 E 线图情是以图书情报领域为界限，而公共图书馆是以"地域性"为界限。这表明在灰色文献进入公共图书馆时，就已经被"噪音"影响，只有部分符合地方性要求的文献才能进入图书馆。灰色文献按照产生地域被迫分流向当地的公共图书馆，也就是说，从整体灰色文献的角度，灰色文献以地域为标准存在"分流"现象。

由于地域性的划分，因此，灰色文献在公共图书馆资源建设中通常是以"地方文献"的形式存在。例如，在所调研的公共图书馆中，浙江图书馆将灰色文献归属于地方文献部，东莞图书馆早期也为同样做法，及至 2017 年成立灰色文献项目组才区分出来。限定于"地方文献"这一说法之内，实际上也就限定了公共图书馆对于灰色文献的收集范围，即从全国范围内的灰色文献来看，灰色文献从产生来源传播到公共图书馆，是以"条块分割"的状态被图书馆收集。根据灰色文献的产生机构所在地，公共图书馆将全国范围内的灰色文献按照行政区划进行划分，将符合某一公共图书馆服务范围的灰色文献进行收录，也就是说，每一个公共图书馆所收录的灰色文献都仅是全国范围内灰色文献整个系统的其中一部分。

虽然根据图书馆职能的地方性收录原则，从灰色文献体系而言，是将文献进行人为地地域性划分，但就图书馆来说，不同图书馆所收录的有可能是其他图书馆所没有的，是该图书馆所独有的灰色文献资源。

(三) 文献传递的通道容量

通道容量又称"渠道容量"，为通信领域的术语，指传送信息的一切渠道运载信息量的限度，这种限度是针对信息的接受者而言的。通道容量的意义在于如果将信息流量限定在通道容量的最大限度之内，那么这个限度之内的信息就可以在受到噪音最小影响的条件下通过。反之，如果信息量超过接受者的通道容量，噪音就会增加，也就是接受者的信息接受准确性会下降。

如果将从文献产生者到信息机构之间文献传递和采集的路径看作"文献通道"，那么这个"文献通道"就是有一定容量的，而非是可以无上限地容纳灰色文献流量的。对于信息机构如图书馆而言，也是存在一定的文献接受容量的，其原因部分在于，其一，由于灰色文献产生者和信息机构之间资源的不对等情况，即灰色文献产生数量与有限的信息机构之间的矛盾，以及灰色文献产生数量与信息机构内部资源有限性之间的矛盾，造成必须要有选择性地收集文献，其二，信息机构出于想要提高入藏的灰色文献质量和后期文献揭示效果的目的，选择性的采集质量相对较高、更具价值、更符合信息机构发展需求的灰色文献。

因此，各传播路线上的利益相关者都设立了一个阈值来控制接收文献的流量，即存在灰色文献流量的把控现象，即使是不同的利益群体，不论是图书馆、碧虚、E线图情都存在这一现象。由于各利益相关者设立的文献阈值以及其他各种影响因素导致文献流失，使得只有部分文献可能得到收集和组织。文献从一个利益主体传递到另一利益主体的过程中，由于各种原因，部分文献未能到达另一利益主体，导致文献量越来越少，就整个文献体系而言，文献整体流量呈现递减的状态。

三、灰色文献知识产权问题

不论是在灰色文献源还是灰色文献流的调研实践中，只要是有关灰色文献不同利益主体之间的文献获取和使用等各种形式，都涉及灰色文献的知识产权问题，例如专家课件需要征求专家意愿的文献形式，以专家共享意愿来确定文献传播与否和传播范围，信息机构需要与文献产生者签订使用协议等。

"灰色文献"并不表示合法性和非法性之间的中间阶段（Mack，2018），而是一个具有法律利益的特定对象，既显示出普通文献的典型特征，又具有相对新颖且非典型的特征和目标（Polšák，2010:67）。在与灰色文献的创作和出版有关的所有法律问题中，重点之一便是著作权问题。由于现有法律并未对灰色文献进行具体规定，因此，更需要对其进行辨别和分析。

（一）灰色文献受著作权法保护

根据《中华人民共和国著作权法》（以下简称《著作权法》）（2020年修正）规定，"中国公民、法人或者非法人组织的作品，不论是否发表，依照本法享有著作权"（《著作权法》第2条）。作品是指文学、艺术和科学领域内具有独创性并能以一定形式表现的智力成果，包括文字作品、口述作品、摄影作品、视听作品等。但单纯事实消息不享有著作权。据此可知，中国公民、法人或者非法人单位的作品受著作权法保护的时间是自作品完成之时，而与该作品是否发表无关。这说明那些非原始数据或事实，那可能具有一定的独创性且反映智力成果的灰色文献是受到《著作权法》保护的，并且文本资料以及非文本资料都属于该保护范围之内。

(二)版权归属和许可使用

灰色文献同正式出版物的版权归属和许可使用存在区别。正式出版物是著作权人与图书出版者之间版权的转让，根据《著作权法》规定，"图书出版者对著作权人交付出版的作品，按照合同约定享有的专有出版权受法律保护，他人不得出版该作品"(第33条)。灰色文献归作者所有，作者通过发布此"发明"来声明"发明"的财产，作者始终保留个人表达的权利，并且此个人表达受到保护。精神权利是版权的一部分，作者将永久保留这些"精神权利"(王益平，2009)。这些精神权利是身份权(right of paternity)和作品完整权，作者可以将开发权全部或部分转让给第三方。不论是正式出版物，还是灰色文献对于文献的发表、复制、复制、修改、翻译、使用等行为都需要版权许可使用。对于正式出版物而言，作者和出版商在出版过程中就已完成版权转让。因此，在正式出版物的"出版、制作、发行等项"著录项目中，即使只标明文献的出版商，就已然说明它受到著作权法的保护，其他人应在著作权的法定许可范围内合理使用，否则便被视为侵权。但是，未经过正式出版的灰色文献显然还不具备这项条件，版权许可使用的内容、条件和范围都还不明晰。因此，在灰色文献著录时就需要尤为注重关于知识产权的说明。

著作权属于作者，创作作品的自然人是作者(《著作权法》第11条)。但是鉴于灰色文献产生和发布情况的复杂性，例如，在研讨会等在高等教育制度中学生创作的学术作品；研究人员或研究团队为其雇主或补助提供者创作的作品；专业组织或专业协会的雇员创作的文件。灰色文献著作权归属和版权声明仍需要区分不同情形、不同场景和场合，需要因事制宜。

(三)灰色文献的邻接权

除著作权外，还有与之相邻近的权利，即"邻接权"，又称作品传播者权。作品在产生出来之后要进行传播，传播者在作品传播中同样具有一些创造性劳动，这种劳动亦受到法律保护。我国的邻接权主要包含有出版者的权利、录音制作者的权利、录像制品制作者的权利等。根据《中华人民共和国著作权法实施条例》第 26 条规定，"出版者对其出版的图书和期刊的版式设计享有的权利"，与著作权有关的权益指出版者对其出版的图书、报刊的版式、装帧设计享有的权利；《著作权法》第 37 条，"出版者有权许可或者禁止他人使用其出版的图书、期刊的版式设计"。但灰色文献中涉及的复制作品并进行发行的行为主体中虽然不存在商业出版社，但也有具有类似行为的主体，例如内资编辑部对内资的制作和发布。出版者是出版社并不是绝对的（咸晨旭，2020），除出版社外的其他主导并统筹文献制作全程的主体，例如，内资主办单位，应是能代表传统出版社的"出版者"角色享有版式设计权和装帧设计权。

(四) 图书馆等机构的合理使用

图书馆、档案馆、纪念馆、博物馆、美术馆等为陈列或者保存版本的需要来复制本馆收藏的作品为合理使用的方式（《著作权法》第 22 条）。依据该条款，这些机构如果是出于陈列或者保存的目的对已属该馆藏的灰色文献进行复制是为合理使用，但除此之外的其他行为如入藏、出借等行为仍需进行辨析。

对于文献组织者而言，文献组织者可能会采集机构内部或机构外部的灰色文献，例如高校机构知识库或图书馆收集本高校内各院系的灰色文献，公共图书馆收集本地区各机构团体所产生的灰色文献。一般情况下，如果一个机构意图对其灰色文献进行控制，则必须根据合同法的基本原则找到能够支持这些控制行为的法律机制，使服务条款能够代表一个具有法律约束力的合同，用于阐明访问和使用的条款和条件（Lipinski 和 Henderson，2019）。当符合著作权保护范围的灰色文献被施以复制、传播、改编、汇编等行为时，需要符合法律规范。如果该作品的使用不受法定许可或合理使用的限制，则只能通过与拥有著作权的实体如著作权人或著作权集体管理组织以权利许可使用合同的形式授予来使用该作品。

(五) 免费许可证

经过协议协商签订的合同需要明确作品使用者和著作权人或与著作权有关的权利人，而不包括单方面的声明。根据《著作权法》，"使用他人作品应当同著作权人订立许可使用合同"（第 26 条）。也就是说，这种权利许可使用合同必须具有双边法律关系的性质，双边法律关系是指在特定的双方法律主体之间，存在着两个密不可分的单向权利义务关系，其中一方主体的权利对应另一方的义务，反之亦然。例如，E 线图情作为数据库的创建者，同所有作品的著作权人签订了许可合同；上海图书馆在获赠家谱、名人手稿等文献入藏时，也会向权利人授予"捐赠证书"以作凭证，"捐赠证书"除作为对捐赠行为的认可功能外，更重要的是明确文献开发权的转让和使用许可，当文献正式入藏图书馆后，便作为国有资产永久收藏，以便图书馆用作研究与服务。在这种情况下，是无法给予不确定的利益相关方进行复制和传播作品的。解决这一问题的方式之一是所谓的免费许可证(free license)。从技术上讲，这是面向未指明的相关利益者所签订的许可合同的公开要约，免费许可证告知各方使用者，并在许可证范围内提供复制和进一步传播的使用行为(Polčák,2010:71)。

四、灰色文献编目问题

图书馆在长期文献揭示和组织实践工作中形成了关于文献工作的一般程序和工作流程，但面对灰色文献区别于正式出版物的特性；灰色文献体系内部各类文献所具有的不同特性，沿用惯常的做法可能会存在一些问题。

(一) 传统编目格式和灰色文献适应性问题

当前图书馆对于内资等灰色文献编目工作中存在的普遍现象是，图书馆对灰色文献采用同正式出版物相同的编目规则和格式，但传统编目格式并非是完全适用于灰色文献的。

将传统编目规则和 CNMARC 标准套用在灰色文献，一些字段是适用于灰色文献的，但诸如"价格""出版地"等字段并不太适用。例如，"价格"字段，正式出版物所指为出版物的价值，是文献的交换价值在流通过程中所取得的转化形式，其数值由市场供需关系决定。但是，灰色文献本身不具有商品属性。最高人民法院、最高人民检察院《关于摘要转发〈依法查处非法出版犯罪活动工作座谈会纪要〉的通知》明确规定："凡不是国家批准的出版单位印制的在社会上公开发行的报纸、期刊、图书、录音带、录像带等，都属于非法出版物。"灰色文献由非出版单位印制并且无书号、刊号、版号，按照《出版物市场管理暂行规定》等相关政策规定，灰色文献无法在市场上公开发行和流通。在这种情况下，"价格"所指并非灰色文献本身的商品价格，一种情况，是图书馆对该文献的经费支出，另一种情况，是灰色文献本身所标价格，但由于灰色文献只能进行内部交换，因此该定价也并非如商品般具有买卖行为。

在现有的 CNMARC 和编目标准并不完全适用于灰色文献自身的情况下，图书馆采取其他方法探索适用于内资等灰色文献的编目方法，例如东莞图书馆专门使用一个灰色文献系统，其初衷便在于将内资等灰色文献作为试验性质项目，脱离传统的 CNMARC 编目，重新探索和开拓适用于灰色文献的新的编目工作。这就说明虽然内资等灰色文献同正式出版物同样，必然存在对于文献的描述和揭示控制，但在当前图书馆普遍所使用的编目规则和标准的环境下，灰色文献描述控制的工作中存在与普遍规则不完全兼容的情况。

(二)编目格式综合性和灰色文献多样性问题

灰色文献作为多个文献类型的集合，在文献编目方面表现出的问题主要为：一方面，基于各类灰色文献的共有特征，各类文献编目中存在一些共同存在的问题，另一方面，各类灰色文献有自己独有的特征，这甚至会影响到编目的深度和广度，例如，家谱、地方志等文献类型的内容结构性较高，而且文献之间的内容表达具有相似性，因此，这些文献类型适合于开发关联数据。因此，灰色文献编目既要考虑灰色文献总体特征，还要考虑各类文献个体的特征。不过，对于文献组织者尤其是图书情报领域而言，开发编目规则和编目格式需要付出一定成本，并非所有灰色文献类型都需要单独开发一套具有针对性的标准或格式，东莞图书馆和 E 线图情都未特别区分灰色文献类型，而是选择在一套编目格式中灵活运用。因此，通常的操作方法是，一方面，为某些具有特别需求的文献类型制定专属的编目格式，例如上海图书馆的家谱元数据方案，另一方面，为灰色文献制定综合性的描述格式，主要著录项目是反映灰色文献一般特征的，如知识产权等，并为有需要特别著录的文献类型允许添加著录项和字段。

(三)编目规则自定义和数据重用问题

由于当前灰色文献的著录编目并没有相关的针对性的规则或标准，只能够由各个利益主体自行进行探索，各馆制定的文献编目标准或元数据标准有所不同，这可能导致各馆书目数据的重用和交互等问题。例如，东莞图书馆当前面临的问题是，因为所有文献类型都集中到一个系统中进行处理，馆员数量和灰色文献描述和揭示的工作量不匹配，只能根据工作需要自行探索。并且，提到目前行业内部也未明确灰色文献类型如何细分，也没有关于编目的国家标准和规范格式等相关指导，无法使各个图书馆进行统一规范格式和书目数据的套录，项目组认为如果未来有这种发展，就可以按照新的国家标准对著录项目进行再加工。

第六节　灰色文献流的书目控制模型

从内资和会议文献的案例调研中发现，存在一些类似的控制形式，基于第四章中构建的灰色文献书目控制概念框架，结合案例调研结果对其进行进一步细化和分析，同时由于本章与第五章存在逻辑联系，因此以第五章构建灰色文献源的书目控制模型为延续，来构建灰色文献流的书目控制模型。

一、灰色文献流的开环系统

在灰色文献流通领域，当文献并非由文献产生者直接提供，而是由外部的文献机构作为"中转环节"，以这些文献机构为平台向用户提供相对集中的文献信息时，大致主要可分为两个阶段，即文献传播过程，文献产生到被外部的文献组织者获取；文献组织过程，文献被组织者进行登记、分类、编目、标引等工作后，将文献入库或后续提供文献信息服务。

对于灰色文献而言，要开展文献描述和揭示就必然要建立在一定数量的文献基础之上，无法脱离灰色文献的采集和入藏工作，文献入藏情况影响着后续文献描述工作的开展。由于灰色文献并非如同正式出版物在产生领域就已经经过初步组织，其文献体系的构成和大小在要进行文献描述工作前是具有易变性的。而且，文献本身特性也会影响后续文献组织、分类、描述、管理等工作的开展，例如，针对不同类型文献的特征制定具有针对性的元数据元素，开展面向文献类型以个性化的文献描述工作等。因此，在 Wellisch(1980)提出的开环系统的基础上进行适应于灰色文献书目控制的相应改良，在文献来源与组织工作之间添加文献传递的环节，提出具备传递控制的书目控制开环系统。在图 5-2 中，D_m 代表文献经由各种有意的选择筛选和无意的遗漏所造成的文献数量、文献类型、文献形式等文献体系结构的变化，这一过程影响达到 E 节点，决定要进行文献组织的文献的数量、类型、形式、来源等，以及影响义献分类、著录、编目的方式和措施。

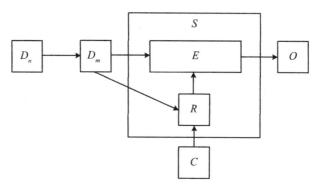

图 5-2　灰色文献流的调节和控制效应

资料来源：作者绘制。

二、灰色文献流的书目控制形式

依据本书中界定的灰色文献书目控制概念，是要推动有用的但无序的灰色文献体系成为有序的灰色文献交流系统，灰色文献体系中涉及灰色文献数量、质量、文献呈现以及文献之间关系的呈现。经过分析本书认为在灰色文献流通领域：

首先，关于灰色文献体系大小，即灰色文献数量。灰色文献从文献产生者到文献组织者，由于灰色文献产生者和组织者之间数量差距；文献组织者拥有的一定数量内部资源情况；"地域性"问题；文献传递渠道建立问题等，导致灰色文献从初始状态即产生领域到流通领域这一阶段中，灰色文献体体系范围是缩小的。

其次，关于灰色文献的质量问题。即使是已设立了文献目标界限，但由于文献组织者内部资源有限性和特定性，而灰色文献及产出者数量众多，因此，在一定范围内选择重点文献对象，选择性地采集就涉及文献质量或价值问题。

再次，关于文献呈现和文献之间关系的呈现。入藏的灰色文献构成了文献揭示和描述工作的基础量，文献组织者如图书馆基于这部分灰色文献开展描述和揭示工作。灰色文献之于图书馆等机构组织，基本还是按照图书馆的一般程序和流程来开展，但是相比正式出版物，灰色文献因其分散性、多文献类型等特征，在文献著录和编目等方面需要采取不同于以往的一些措施。

最后，在灰色文献传递过程中，还涉及灰色文献的知识产权问题。

基于以上分析，可推断出灰色文献交流领域的书目控制形式主要包括传递控制、选择控制、权利控制、揭示控制。其中，传递控制和选择控制发生于文献产生者与文献组织者之间，影响的是文献数量和质量；权利控制是关于文献知识产权的明确和使用许可；揭示控制发生在文献组织工作中，影响的是文献组织效果。

基于此，依据灰色文献概念框架的框架，构建了灰色文献流的书目控制模型，如图 5-3 所示。

(一)传递控制：合作利益和文献通道

传递控制，控制的是文献的流通与否和流向。传递控制的提出是基于目前没有类似呈缴制度用于规范灰色文献的提交和传递，因而，传递控制强调的是文献传递和接收两方之间的合作行为，以便促进灰色文献的传播和流通。

有关灰色文献的传递和获取行为发生在文献从一个责任主体(文献传递者)到另一主体(文献接收者)的传递过程中。在传递控制中，首先要明确文献传递者和文献接受者；其次，辨识文献传递者和文献接受者双方，有关影响文献传递和接受的因素；最后，采取措施促进文献传递和接收两方达成合作行为。传递控制的目的是促进灰色文献传播的有效性，维持文献必要的传递工作。

当文献传递涉及文献传递者和接收者两方时，需要传递方拥有满足接收方采集标准的文献，并且双方拥有共同利益，才有可能发生文献的传递行为。通常而言，文献组织者处于主动的地位，因而，就当前而言，相对重要的是文献接受者一方的行为。对于文献传递者而言，文献传递也会涉及各项考量因素：其一，要能认为是这一文献对自身是有用的，因而不会无故遗弃。其二，需要在符合并满足自身利益情况的前提下，才有可能达成文献流通或进一步被使用的意愿，以及同接受者的合作意愿。其三，不违背相关自身的规定，或损害自身的利益，包括文献保密性质、经费规定等。

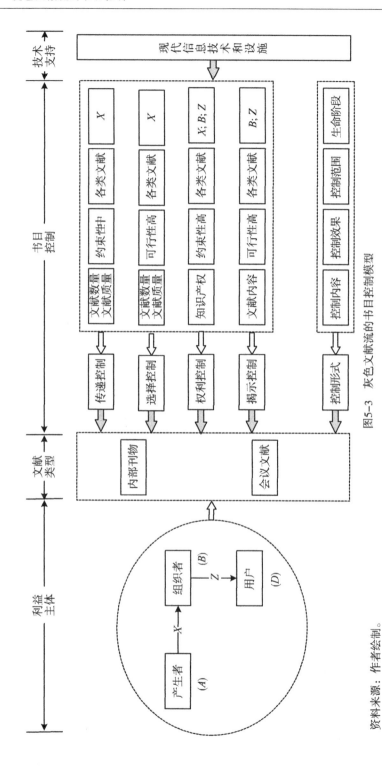

图5-3 灰色文献流的书目控制模型

资料来源：作者绘制。

文献传递者和接收者仅是一种合作关系而非强制规定。但这种情况也意味着没有相应的政策、制度来保障文献传递行为。这导致，一方会基于"人情"关系联系对方取得文献，但这种关系往往是不稳定的，因此，合作双方采取一些措施用于规范和约束双方的行为。

(二)选择控制：功能定位和文献标准

选择控制是关于灰色文献如何择选以及择选哪些灰色文献入藏的控制形式。它发生于传递控制过程中，而且通常是发生于文献组织者同文献产生者即权利人直接接触的过程中。选择控制是关于文献接受者对文献的选择和接受，是属于文献接受者一方的文献控制类型。一方面，文献接受者会设立有关文献及其文献产生者多方面的标准和要求，另一方面，文献接受者也会采取各种措施努力促进这些文献入藏。

选择标准的设立与多个因素有关：其一，该收集机构的功能行为、建设目标和方向。其二，该收集机构管理的情况，一方面是出于便于管理的需要，另一方面是收集机构内部资源分配和倾斜情况，如人力、空间、设备的资源配置情况。选择标准与后续的文献组织管理密切相关，因此，在这一过程中设立的标准也可视作并扩大成为灰色文献的整体发展规划。

选择标准一般考虑的因素涉及权力人、文献类型、文献领域等。其一，由于文献产生于权利人，因此，通常以权利人为目标开始文献的采集和传递工作。围绕文献产生者的确定，需要考虑产生者及单位的领域、性质、地域、行业等情况。其二，关于文献类型，灰色文献包含文本、音频、视频等各种形态和类型的资源，但相对来说，图书馆所获取的散页形式较少，而更为看重成册文献。其三，关于文献内容，文献内容本身首先涉及时限年代、地域、学科等方面，其次，还包括对产生机构的要求、文献物质载体的限制等。

(三)权利控制：权利明确和使用许可

灰色文献本身是具有知识产权的，受到《著作权法》等知识产权相关法律保护。但不同于正式出版物明确注明著作权归属和受到著作权法保护的标识，灰色文献尤其是数字化灰色文献在这一问题上涉及各个利益相关者都是不明确的。一方面，灰色文献关于权利所有者的标注可能是欠缺的或者是不完全的，另一方面，灰色文献的使用许可包括对使用方式、时间和地域范围等方面的限制是不确定的。因此，作为承接文献产生者和用户具有"中转"性质的信息传播媒介，文献组织者如图书馆需要承担灰色文献知识产权的相关工作，既是为规避知识产权风险，也是文献组织者的社会责任。

首先，保护灰色文献著作权人的权利。文献组织者负有提醒和注意的义务，需要在灰色文献上增加版权提示，提醒用户注意版权问题以及可能会产生侵权的警告(隆茜，2021)，不论是纸质还是数字化等各种形式和类型的灰色文献。其次，获得权力人的使用授权和使用许可。文献组织者同文献产生者(权利人)的直接联系牵涉到授权问题，需要在汇编专题资料、信息咨询服务、超文本链接、知识库建设等各种情况中考虑到著作权问题，以及要明确灰色文献使用许可的对象、方式、时期和地域范围。

(四)揭示控制：文献揭示和内容关联

揭示控制是指对灰色文献的知识内容和物理格式基于一定规则进行分析、选择和记录的过程。在图书馆领域表现为文献著录和文献编目，但在其他领域也存在其他文献描述的表现。

当前，图书馆的描述方法正在不断发展，而且，系统和网络的发展也为文献描述的不断完善提供了机会。灰色文献作为文献的一种形式，灰色文献除具有题名、责任者、资料数量、尺寸等文献一般特征外，还拥有同正式出版物有所区别的方面，与正式出版物相比，灰色文献呈现出无序性、多元性、异构性等特点。因此，一方面，是遵循既有的文献著录、编目规则和标准，同时，又需要依据灰色文献自身的特征进行特别描述，如需要明确知识产权项、灰色文献类型等。

虽然当前我国图书馆领域采用 CNMARC 格式的传统图书馆编目十分有效，但对于灰色文献而言，却具有数据单元、标识系统、编码标准等方面的局限性。此外，由于缺少商业出版社，信息机构同文献产生者直接接触和联系，这或许可影响到文献产生者直接参与到文献描述和揭示工作中来。但是，这也需要考虑多种因素，在信息机构方面，需要信息机构建立文献产生者可识别、易于理解和易于操作的数据上传和存储格式。在文献产生者方面，涉及作者的数据可用性、作者对其进行存储并使其公开访问的意愿。因此，需要有一种折中方式，这种方式既可以保证文献揭示效果，同时也能够在节省时间资金的基础上提高工作效率，而且能够便于非文献编目专业人员理解，从而为其他领域人员参与文献揭示提供可能性（Gorman，2001）。因此，在当前广泛采用的 CNMARC 格式的情况下，并行元数据标准。

第六章　我国灰色文献书目控制的路径探索

关于理论性的灰色文献书目控制探讨最终仍是要落足于实践工作，以实践经验和理论指导相结合，共同促进书目控制业务工作的开展。就灰色文献体系内部而言，目前存在各类型灰色文献控制程度不一、控制范围不同等情况。在同属于"灰色文献"这一概念的背景下，各类型文献既体现出共同之处，同时又体现出各自独有的特殊之处，这就要求一方面对各类型文献综合视之，同时又区别对待。鉴于灰色文献类型众多，无法涉及各类文献提出具体的操作方式，因此，仅针对灰色文献的基本特征，提出适用于我国的灰色文献书目控制的措施和路径。

第一节　利益者网络建设

在灰色文献生命周期中涉及多种利益主体，包括文献产生者、文献组织者、政府官方、用户等，这些利益相关者作为节点共同构成了灰色文献的利益者网络。由于灰色文献的产生者所属行业不同、所属利益团体不同、所产生文献的目的不同，其文献产生各有自身的行为准则和运作方式，无法一概而论。相较而言，文献组织者尤其是图书馆领域对自身有同一身份认知，在多个方面都易达成共识。因此，为了增强提出措施的可操作性和实用性，主要面向这一领域的众多主体提出了行为建议。同时，提出文献产生者共同参与的建议。

一、概念宣传推广

灰色文献不仅仅是图书情报领域相关主体单方面的工作对象。一方面，缺少其他利益主体的支持，图书馆等主体的相关工作也难以开展；另一方面，作为社会中各个主体都会产出的文献形式，也离不开整个社会的共同维护。

将一个术语向社会推广，需要考虑到这一术语是否易于被群众接受，是否同社会的意识形态、各种运作机制土壤是相容的。"灰色文献"一词原为图书情报领域的专业术语，但是当应用到其他领域时会存在一些问题，在对灰色文献进行实践调研的过程中，笔者发现文化馆、企业、政府部门等文献责任主体普遍对"灰色文献"这一概念不甚了解，而且，一些企业和图书馆反馈认为"灰色"会有不好的联想，尤其是在我国党政红色浓郁的氛围中，"灰色"一词比较敏感，例如"灰色地带"。此外，灰色文献一词也并不容易被人们理解其意义，笔者在同企业的访谈中，不仅仅需要说明"灰色文献"的含义，还需要对"灰色文献"一词进行解释，说明为何会使用"灰色"一词。同时有专家认为，图书馆要加强宣传推广，使社会中更多的单位和个人了解这类文献的情况，了解到这类文献对于图书馆等机构的意义，而不能只将这一术语限定在图书馆领域范围之内。因此，一方面，图书情报领域需加强对这一概念的宣传和推广，促进公众对这一概念的了解并消除误解；另一方面，考虑不同应用场合的实际需求，采取灰色文献的操作性概念。

二、文献采访政策

图书馆正式出版物的采集通常是经由采购渠道从供应商处获得，但由于灰色文献并未具有商业价格，因此从商业和利润的角度而言，灰色文献对供应商的吸引度有限。因此，需要制定切实有效的文献采访政策促进灰色文献的有效获取。首先，确定文献采访政策来保障文献采访的连续性。通过文献采访政策的制定和执行，使文献采访工作不受人员变更等因素影响，以确保馆藏文献建设的连续性和稳定性，涉及灰色文献采访的类型、范围、机构对象、机构等方面。其次，确定文献采集范围，范围的确定既要考虑各机构自身的职责范围、预期实现的目标，同时，鉴于人力、空间、设施等成本因素，无法对各灰色文献类型面面俱到，因此需要选择性地进行灰色文献类型的采集。

(一)效益平衡

灰色文献采集的确定，需要考虑多种因素，主要包括机构效益和灰色文献质量。

一方面，灰色文献采集范围要与机构效益之间取得平衡。通过对机构自身的评价工作，能够明确机构工作表现情况以及在该机构体系内的相对地位，同时，内部效益较好的机构也能对社会产生吸引力，进而吸引社会公众进一步支持机构发展。因此，机构效益的高低影响到灰色文献入藏情况的可持续发展。由于灰色文献涵盖类型众多，因此需要对文献类型范围进行适当界定，如果将灰色文献限定为狭义范围，就会导致可资入藏的文献量的减少。进一步地，这会对机构开展有关灰色文献业务工作考核、经济效益衡量等评估工作产生不利影响，或者由于文献量过低导致机构评估工作无法顺利开展。

另一方面，灰色文献采集范围要与其质量之间取得平衡。当图书馆将地方文献限定为广义范围时，文献入藏量大量增长，由此导致的问题便在于，鉴于有限的机构人员数量、人员时间、存储空间等，无法全部入藏组织所有的灰色文献，因此需要择取出那些相对来说高质量的灰色文献。灰色文献由于自身非商业出版特征，导致其质量衡量处于"空白"的境地，质量监管这一控制手段就从出版商下移到图书馆，图书馆成为文献产生到进入社会公众视野并为其所用的重要"把关者"。

因此，需要在保证机构效益和机构处理能力的基础上衡量灰色文献入藏范围。

(二)重点文献

面对类型众多的灰色文献，需要确定重点采集文献，明确采集范围。在无法于一定时间内实现文献全面采集的情况下，可综合考虑各类文献的各个方面，包括文献产出量、文献分布情况、文献生产者识别、文献采集方法制定，以及图书馆针对各类型文献的组织加工能力和策略等，突出部分文献的重点采集，明确各类文献的优先次序，而非将全部类型文献置于采集工作的同等地位，导致采集工作重点模糊。可通过判断某一文献类型普遍存在的重要性以及文献或历史价值，来确定文献采集的优先顺序。

(三)入藏判断

关于灰色文献质量及价值判断的参考主要有三个方面：首先，从文献本身来看，文献本身具有客观质量，如真实性、清晰性、可读性等。其次，从文献用户使用情况来看，不同用途的文献对于不同用户而言也会拥有不同的价值取向。例如，拥有高科研成果的科研文献对于研究人员而言就是高质量的文献。对于灰色文献而言，从综述了解目前灰色文献的主要应用范围是科研引用和事实查证等，也就是说要加强这几个行为的灰色文献的获取效果。如果是从应用价值的视角进行判断，那么灰色文献的价值就体现在科研性和事实性上。在事实性方面，最重要的是保证文献的真实性、清晰性。此外，灰色文献是否还有欣赏、娱情等意义，已有文献并未提及，但案例调查中发现有以此为目的而创作的灰色文献，所以，也将此列入，那么灰色文献的价值主要体现在三个方面，即科研价值、事实价值、文学价值。最后，从社会和政治的要求来看，不同情境下的社会和不同体制会要求文献采取不同的做法，当代社会政治层面赋予灰色文献以意义和功能，即灰色文献要符合主流价值观。

因此，灰色文献的入藏判断基本包括四个方面，即科研价值、事实价值、文学价值、主流价值观。

三、合作关系建立

（一）角色识别和主要参与者模式

灰色文献由于不受商业出版途径的控制，文献通常无法通过出版商或代理商获得，因此书目机构只能转向直接从文献来源获取，但灰色文献产出者类别和性质情况复杂，任何个人或机构组织都可能成为灰色文献产出者。因此，需要建立识别、鉴定、合作确立、合作选择的灰色文献利益相关者的合作网络。在对高校，图书馆、博物馆和其他文化机构，行政机关，企业、商业组织，社会团体和其他公共行政主体等机构组织所产出的灰色文献类型、获取途径等进行分析的基础上识别和确定利益相关者来源，以及考虑法律规定、版权问题和组织内部限制等各方面因素，即开展对灰色文献生产者和灰色文献类别的识别、鉴定和确定工作。

在有条件的地区，可建设灰色文献的主要参与者模式，将某一地区参与进灰色文献产生、组织、描述、获取、服务等主要利益相关者容纳进来，根据这些机构组织的类型以及各自承担的主要责任、机构文献产出范围、服务方式等，将其划分为灰色文献创建者、支持者和服务者三种角色。由于图书馆在灰色文献组织管理方面长期实践中所取得的经验，因此该参与者模式可由图书馆主导进行，但最为关键的是需要地区主管部门的支持。创建者、支持者和服务者三种角色并非以机构性质为判断依据，因此，图书馆既可为创建者，也可为服务者。在该模式下，创建者强调的是关于灰色文献书目数据的创建以及相关规则、标准和格式的制定，因此可为该地区的区域总馆。其他灰色文献的产生者即为支持者，支持者的含义在于这些文献产生者参与该利益主体网络的建设，但是不负责多数的工作业务，也并不强调其义务，而是重点强调要争取这些文献产生者的支持。在明确主要参与者模式之后，便可依据其角色特征明确其在灰色文献网络布局的地位，并针对不同角色类型制定不同的参与政策。

（二）"承诺书"制度

由于当前并没有关于灰色文献"呈缴"的相关制度，而且为灰色文献建立这一制度也并不现实，因此，可采取基于文献产生者和文献组织者双方共识的基础上来制定关于文献传递的协议，目的是要维护长期的合作关系，促进文献获取的可持续性和长期性，以便形成连续性的文献积累。一种方式是形成法务合同，但牵扯到法律业务和法律责任等，尚不具备推广性。另一种方式是"承诺书"，尤其是图书馆作为处级单位，在面对级别更高的政府部门时，无法签订对等的协议，因此可采取类似"承诺书"方法的折中化制度设计。"承诺书"即表明该机构组织遵守《中华人民共和国公共图书馆法》的相关规定，为促进图书馆系统收集地方文献信息。保存和传承地方文化的职能的实现，承诺向相关公共图书馆呈缴样本。"承诺书"制度为图书馆采集灰色文献的工作提供了依据，将采集文献范围和其他要求具体化，但并非确切保证，即使一些机构会组织专人进行收集，但仍然需要图书馆定期派馆员进行采集。

四、书目数据共享

对于书目机构而言，在灰色文献类型繁杂且大多没有格式规范的情况下，灰色文献揭示和著录并未像正式出版物便宜行事，主要原因就在于著录信息源。根据国家标准《文献著录 第1部分：总则》（GB/T 3792.1—2009），信息源是文献著录所选用信息的来源。一种是文献本身及其相关物质自身携带的以文字表达的已揭示该文献的书目信息，如反映文献基本特征包括书名、责任说明、版本等书目信息在内的题名页；另一种是文献本身及其相关物含有该文献的信息，但需要书目工作人员对文献内容本身进行揭示和提取。正式出版物的著录信息一般取自其题名页和为特定著录项目所规定的其他信息源，包括版权页、封面、书脊、封底等。但是，灰色文献却无法保证这些信息源是否具备以及书目信息的完整性和规范性，这便为书目工作人员直接从文献本身获取著录信息造成不便。因此，一者是要采取措施提供能够全面揭示该文献的完整的书目信息，二者是要获取靠近灰色文献产生源头的内部书目信息。

文献产生者同文献组织者之间共同承担书目数据产生、传递和共享的情况，通常在有共同利益的责任者之间。文献组织者联系其他组织者或者文献生产者，两者一同承担书目信息创建的责任。这种联合承担创建原始书目记录的责任，需要制定特定的书目语言，不仅要使书目编者与用户理解，而且也要能使文献产生者理解，以便于从供应端获取灰色文献书目数据。

书目数据共享就合作的利益主体而言，可发生在不同主体之间，包括文献组织者同文献产生者，或者文献组织者之间。

就文献组织者同文献产生者之间的书目共享而言，是要求文献生产者向图书情报机构提交有关文献形式特征和内容特征各方面描述信息的表格文件或者系统填报。通过这种方式既可以减轻图书馆著录压力，同时，也可减少编目人员因识别问题导致的灰色文献书目记录有误的情况。不过，这种书目数据共享通常是有范围限制的，责任者之间存在上级、下级的隶属关系，或者内部、外部的从属关系。因此，对于一些存在灰色文献统计、记录和分析需要，或者要掌握本机构灰色文献产出情况和信息、知识产出成果的情况下，可在相关的责任者之间建立灰色文献书目共享的平台渠道，培养书目数据共享的工作习惯。

就文献组织者之间的书目共享而言，以图书馆领域为例。区域省馆所开发的数据库除揭示本馆藏品外，还应覆盖全省相关灰色文献的整体情况。在因文献资源数量、人力资源等限制下尚无法建立覆盖全省的灰色文献数据库的情况下，可先建立某一灰色文献类型的数据库，涵盖本省各个馆征集的该类灰色文献。一方面，区域省馆可向各个图书馆下发有关该类文献元数据的工作单，同时对馆员进行业务培训使其了解填写规则，藏有该类文献的图书馆填写好相关信息后向总馆提交，总馆按照统一格式进行整理和书目信息录入；另一方面，可建立该类文献的数据库，同时向征集有该类文献的各级图书馆开放权限，并提供后台入口，使该馆工作人员可以自行登录并录入该文献的书目数据。最终是要形成基于公共图书馆服务体系之上的该类文献的联合目录，形成该地区的特色文献数据库。

第二节　灰色文献描述揭示

一般而言，灰色文献的著录和编目同一般文献的著录和编目规则和标准是适用的，盖因文献著录和编目规则都是以文献本身的属性和特性来考虑的，灰色文献作为以一种特殊划分方式而聚集的文献集合，也当适用于一般规则和标准。但是，在以《中国文献编目规则》（第二版）和 CNMARC 为主的国内图书馆编目工作中，还是以正式出版物为主要对象制定的规则。因此，针对灰色文献区别于正式出版物的一些特性，在灰色文献著录和编目时还需特别注意。

一、灰色文献描述规则

（一）灰色文献特性和 CNMARC 编目细则

在我国图书馆界普遍采用 CNMARC 作为各类灰色文献的编目格式，但当前 CNMARC 在应用到灰色文献编目时存在一些问题，尤其是某些字段的名称和内容同灰色文献本身有所出入，例如，价格、出版商等字段。而且，虽然各图书馆都普遍采用 CNMARC 格式，但调研发现在具体工作中，一些图书馆针对不同类型灰色文献特性制定了适应于自身的编目规则。例如，浙江图书馆制定了《浙江省公共图书馆非书资料编目规则》，用于规范散页、图照、地图、契约文书、文件、手稿（含手抄本）、名录、信札、音像资料、零散数字资源等非书资料机读目录的编目工作。考虑到我国图书馆行业的普遍实践状况，可以想见当前以及未来一段时间内灰色文献的编目仍会以 CNMARC 为主。因此，为提高 CNMARC 格式与灰色文献的适应性，可编制关于灰色文献或部分灰色文献类型的编目细则，在现行的 CNMARC 格式中明确关于灰色文献编目细节。

在细则制定之前首先是要确定编制的文献对象。由于灰色文献涉及的文献类型众多，而且各文献类型的特性有所区别，因此，一方面，需要识别灰色文献的特征，针对灰色文献特性制定关于灰色文献的细则；另一方面，是考虑机构的文献组织的需求，以及文献组织的现状，并非所有灰色文献类型都有制定编目细则的需求。因此，可根据灰色文献所具有的一般特性，制定通用型的细则或明确相关著录项目的内容。

例如，在文献产生方面，对于灰色文献而言，制作者、出版者、发行者、印刷者的现代职能区分并不明显。而且，灰色文献通常没有出版商等机构参与，即使是在文献信息源（如正式出版物意义下的题名页、版权页）上所著的出版者或印刷者，也并非正规的出版商或印刷商。因此，出版、发行、印刷等项对于多数灰色文献而言，是没有实际意义的。在《国际标准书目著录》（2012：119）中，规定如果资源属私人印刷，则发布资源的个人或团体（不管是商业出版社，还是私人出版社，或者是资源为其印刷的个人或团体）作为出版者著录。这种方式指明了所有状况下文献产生项的著录，但一定程度上模糊了"出版者"术语的准确性。在 RDA 中，资源产生项目的著录考虑到出版资源和非出版资源的不同，针对非出版资源，采用了"制作说明"元素名称而非"出版说明""发行说明""生产说明"元素名称，便没有明显区分和限制非出版资源产生者的身份。其中子元素"制作地""并列制作地""制作者名称""并列制作者名称""制作日期"。虽然该"非出版资源"所指为广泛意义下的未经出版一途的资源类型，包括手稿、雕塑、绘画等，但也不失为灰色文献提供借鉴。

因此，出版发行项中，鉴于灰色文献一般没有出版社，而是存在类型编著行为的主办单位，因此以主办单位或权利人为主。在政府出版物代码一项中，散页类文献要求根据散页刊发单位级别进行刊印，散页文献中协会和节庆组织者为出版方的较多，但协会不视为政府出版方，节庆若主办方为政府机构，以第一主办方为准。契约文书则根据契约文书核准单位著录，若个人著录则为非政府出版物。

（二）多文献类型和 RDA 编目规则

《英美编目条例（第二版）》（*Anglo-American Cataloguing Rules*, Second Edition, AACR2）这种方式被认为存在结构性缺陷，即每当新出现一种文献类型就需在其著录法中另加一章(王松林,2014:18)。因此,面对涵盖多种文献类型的灰色文献集合,这种以文献类型划分的方法的适用性有所欠缺。RDA 的目标之一是,成为针对多类型多形式的文献编目工具,为所有文献或资源类型提供有效的书目控制(王松林,2014:21)。RDA 不再按文献类型区分和排列,而是将特定数据元素的说明收集集中后,再识别并记录那些可用于编目的数据元素(蔡惠霞,2012)。从 AARC2 到 RDA 的趋势表明,编目工作会逐渐弱化文献类型的影响,而更加关注在文献内容表达、载体表现等方面的属性。

因此,为不同类型的灰色文献建立体现各自特征的编目规则虽然是可操作的,但是不利于文献类型的扩容,而且不符合文献编目发展的趋势。也因此,在未来以 RDA 为基础制定国内编目规则时,寻求适用于所有灰色文献的编目,先制定通用规则或核心元素,如果通用规则或核心元素对一些灰色文献类型不适用,再另外制定规则予以说明(罗翀,2015:225);或是为突出一些类型文献独有的特征来制定条件元素。

首先,是明确要编目的灰色文献类型。根据《元数据规范设计指南》,制定元数据规范要先对著录对象(被描述的资源)等三方面开展调查分析,要首先明确著录对象及其著录对象之间的关系,而且,著录对象的确定关系到元数据的结构和具体元素的设计(肖珑等,2005)。另外,为保持元数据方案的稳定性,如有"新增的资源类型原则上只能从已有的属性元素集合中选取元素"。灰色文献也是"开放性"的文献集合,不断有新的资源类型被纳入进来,因此,把具有某种相同内容、属性或特征的文献集合起来,制定较为统一的编目和著录方案和规范准则。

二、特别著录信息

在有关灰色文献类型的编目格式方面,主要分为两种情况,图书馆界的文献编目通常以 MARC 格式为主。元数据因其灵活的记录结构和数据元素内容为灰色文献揭示和描述提供了更多可选的解决办法。而且相比图书馆领域的 MARC 格式,以都柏林核心元素集(Dublin Core™ Element Set)即"都柏林核心"(the Dublin Core, DC)为主的元数据格式似乎更适用于同灰色文献产生者之间就灰色文献书目数据的合作。

灰色文献除具有题名、责任者、资料数量、尺寸等文献一般特征外，还拥有同正式出版物有所区别的方面。在灰色文献产生、发布、流通过程中形成不同于正式出版的文献特征，如灰色文献的文献类型、获取方式、质量问题、知识产权问题、密级与获取问题等。因此，诸如获得方式、知识产权说明、质量说明、密级等著录项目对于灰色文献是独有的，有些则是不同于正式出版物的，需要进行更加明确地说明。

(一)知识产权

虽然灰色文献享有知识产权，但关于灰色文献的著作权人身权利、合理使用范围等在目前的版权法规定中尚不明确，如果资源未经合法许可，则其他人便无法使用该资源。例如，在澳大利亚，没有任何许可的资源就会被认为"保留所有权利"①。因此，需要采取相关措施对灰色文献的知识产权及授权使用等情况进行标注和明确。其中一种应对方式是采用公共版权。另外，考虑到各国所使用的版权法或著作权法有所不同，因此需要一些易于理解和操作的通用型著作权授出制度，如著作权"开放内容授权"(Open Content Licenses)，以便于未来国际化对话和接轨。其中，在当前灰色文献应用实践中，可采用的授权方式便是知识共享许可协议(Creative Commons license)，即 CC 协议，这是允许他人分发作品的公共版权许可之一，在作者不放弃所有权或者在版权法允许的范围内放弃相关权利的情况下，提供给他人更多开放的使用权。CC 协议提供多种可供选择的授权形式及条款组合，作者可为自己的文献选择一种许可证同文献一起发布，允许他人在版权制度的合法框架下进行使用。CC 协议的使用条件中较为常见的为 CC—BY—SA，即署名—非商业用途—相同方式共享(by-nc-sa license)。

权利所有者可以根据 CC 协议发布灰色文献，以促使学者能够以快速且无障碍的方式将其成果告知其他专家，并促进对灰色文献的免费访问。因此，需在灰色文献著录时明确标出知识产权相关情况。例如，在灰色文献的元数据标准中，

---

① Australian National Data Service. Licensing and Copyright for Data Reuse[EB/OL]. (2019-11-03）[2021-02-11]. https：//www. ands. org. au/working-with-data/publishing-and-reusing-data/licensing-for-reuse.

明确"知识产权"元素，以用来表示该文献可以发布和复制等情况的条件。也就是，首先，要强调该灰色文献受到《著作权法》保护，然后在此基础之上再增加CC协议，以精确定义每一份文献的使用许可情况，表明文献允许使用的条件。因此，"知识产权"元素可为重复项，第一次应为必选项，显示出全文受版权保护，其次为可选项，显示出该文献的CC协议。进一步地，也可配套增加"获取权限"元素，即资源的访问限制，用来描述将文献公开的方式。

(二)唯一标识

标识符本身可看作一个名称，其功能是要为各种各样的资源指定唯一的名称。对于正式出版物而言，通过采用一系列代码用于识别传播和媒体世界中的唯一出版作品，但灰色文献在生产阶段却并没有有关"书目标识符代码"的标准规范，因此，灰色文献本身便存在着文献编号和标识的问题。早在1978年约克会议时，与会人员讨论的要点之一就是要促进灰色文献识别，认为需要对"灰色"或"非常规"文件进行唯一标识(Alberani 和 Castro，2001)。例如，GreyNet 联合网络多媒体信息系统研究实验室(Networked Multimedia Information Systems，NeMIS)在2019年开展的关于永久标识符的"获取灰色"(AccessGrey Project)①的项目研究，旨在鼓励为数据库中的灰色文献增加DOI(Farace 等，2020)。

Web技术在电子信息的可用性方面创造了足够的机会，在开放系统中，用户或信息的位置并不重要。提高灰色文献可发现性的其中一种方法是铸造唯一标识，特别是数字对象唯一标识(Digital Object Identifier，DOI)，它可以帮助信息资源的生产者和用户在数字环境中组织和定位智能对象(Chandrakar，2006)。DOI是分配用于唯一标识对象的字母数字字符串，它与对象的元数据描述以及数字位置(如URL)相关联，在该位置可以访问有关该对象的所有详细信息。DOI代码具有唯一性，它拥有同ISBN类似的识别对象且定位对象的功能。

对于数字灰色文献而言，铸造DOI得以有效地避免文献重复，使用户以一种可持续且明确的方式来访问对象，而且它是一种国际公认的标准化引用形式。因

---

① Grey Literature Network Service 2021. AccessGrey Project 2019[EB/OL]. (2019-02-17)[2021-02-12]. http：//www.greynet.org/images/AccessGrey_Project.pdf.

此，对于建立数字灰色文献的元数据标准而言，可通过为必要的数字灰色文献分配 DOI，确保用户可以对其进行检测和访问，例如，科技报告、未出版的会议论文、技术标准和规范等，以满足相关用户引用和使用这些文献类型的需要。此外，针对个人简历形式的数字灰色文献，用于作者和研究人员身份标识的开放研究者与贡献者身份识别码（Open Researcher and Contributor ID，ORCID）可为其增加持久标识和定位。

(三) 文献质量

灰色文献的普遍看法之一是由于未经第三方如出版社的监督审核而导致缺乏质量和严谨标准，这会造成文献真实性和可靠性等文献质量的质疑。但从调查中发现，部分类型的灰色文献存在不同来源或程度的质量控制，既有来自文献产生者内部自身的审核确认，也有外部相关政府部门的监管。因此，需要将能够证明该灰色文献质量的信息显示出来，拥有质量评判结果会有利于用户衡量是否使用以及在何种程度上使用灰色文献。在书目工作中，灰色文献质量审核结果便是以灰色文献书目信息或元数据元素的形式呈现，因此，可在元数据标准中设置类似"审查"元素，涉及该份灰色文献是否经过审核、由谁审核、经过何种方式审核等内容，审查的方式可能包括同行评审、专家小组审查、内部审查、其他审查程序、发表后同行评审等。

(四) 传播限制

灰色文献并非正式出版物自产生之时起，便是面向社会公开发行的，但也并非黑色文献本身含有密级性质。灰色文献关于保密程度和获取程度的情况相对复杂，其文献特征含有相对隐蔽性、发行数量和范围限制，一些文献只在机构内部或有限范围内发行、交换和赠阅，但有一些文献可能在产生状态时仅限内部传播，但之后经由权利人许可或其他方式能够公开获取，因此，还需要在灰色文献描述时明确该文献当前的传播范围和获取限制，并且注意该文献前后获取情况的变动。例如，在书目标准中设置"获取情况"元素，用来描述当前该文献的传播途径和获取方式。

三、关联开放数据

在网络环境下，任何书目数据都面临着分布异构环境中的互操作和共享问题，灰色文献书目数据也同样如此。在通过制定各种著录编目规则和标准来提高书目数据一致性和规范性的同时，互联网时代的灰色文献书目控制还要能够使不同的计算机系统、操作系统和应用程序中在 Web 上访问和交换数据，从单一机构的独立建设向各类机构的整合方向发展。

对于网络环境下灰色文献的描述和处理，一些工具如 XML 中的 XML Schema 和 RDF 等被用来进行标记扩展，使得所描述文献的元数据信息成为机器可理解的信息。其中，RDF 是专用的元数据描述工具，RDF 使用 XML 语法来描述网络环境下资源的特性以及资源与资源之间的关系，通过为元数据在网络环境下提供一个基础结构促进元数据交换。同时，开放性是解决互操作问题的前提和关键，DC 或其他类型元数据格式基于 OAI-PMH (Open Archives Initiative Protocol for Metadata Harvesting) 协议支持元数据收割和交互，以促进分布式环境下元数据的共享和传播。

传统的图书馆目录基于 MARC 格式存储于图书馆自动化系统中，不论是单馆的书目数据还是多馆的书目数据联合操作都局限于图书馆行业范围之内。关联数据 (linked data) 被认为是传统规范控制的扩展 (刘炜，2011)，它可以为图书馆资源更好地融入互联网提供可行途径，促进图书馆书目数据同其他机构书目数据之间的跨网域共享和重用，以便实现跨机构的书目控制 (夏翠娟和吴建中，2015；夏翠娟，2020)。

关联数据技术在灰色文献领域的应用，主要便是灰色文献规范数据集的创建和开放。其中一种方式是将存储在图书馆内部的相关类型的灰色文献书目转换为 RDF 格式，并发布成为关联开放数据，将每个资源对象、规范实体、术语词表赋予 URI，并支持在不同网域之间的数据互联。另外一种方式，是在建立灰色文献数据库时通常需要划分灰色文献类型，这种情形下，可参考文献组织中主题词表的做法，将灰色文献各文献类型名称也制定成类似的名称词表，并且将名称词表中的各个文献类型，如科技报告、会议文稿、演讲课件等类型使用 URI 作为各种类型灰色文献的标识，经过 RDF 的形式化描述再以关联数据的形式进行发布。

在此基础上，不论是在收集灰色文献还是灰色文献书目记录的创建方面，各图书馆相关者都可以通过 HTTP 来交互操作、揭示、获取并重用这些规范数据，使之能够以一种统一且通用的词汇标准开展对话，达到对灰色文献概念体系及其文献类型术语的规范控制。

但是，这种方式对于图书馆工作人员的技术要求较高，因此，当前对于大多数图书馆而言并非可广泛推广，但是，从国外多国国家图书馆到国内上海图书馆的实践表明，将关联数据应用到灰色文献领域已成为当前的一种发展趋势。

四、增强出版

信息领域的两个发展对灰色文献产生了重要影响（Farace 等，2019），一个是 FAIR 原则（FAIR data principles），在该原则中，数据是可查找、可访问、可互操作和可重用（Wilkinson 等，2016），它提供了研究领域数据共享的准则；另一个为数据论文（data paper），数据论文被定义为"一种可搜索元数据文献的学术出版物，它是根据标准学术惯例发布的某种在线可访问数据集或一组数据集"（Chavan 和 Penev，2011），数据论文代表了一种学术交流中的数据共享方法（Farace 和 Schöpfel，2021）。在开放数据的前提下，增强出版（Enhanced Publication）为出版物增加了三类信息，包括研究数据、额外材料和出版后数据，并且拥有在对象之间具有显式链接的结构，对象可以是文章、数据集、图像、视频、评论、模块或指向数据库中信息的链接（的一部分）（Bijsterbosch 等，2008）。

增强出版结合了文本资源，即包含对原始数据的解释或分析的文档，被认为是从根本上促进了灰色文献的审阅过程以及研究复制和研究成果在学术交流链中的知名度。[①] 一方面促进灰色文献的知名度和公开度，通过连接文献与数据的桥梁和纽带，便于读者发现更多的灰色文献；另一方面促进灰色文献的使用，把相关的数据都集合起来并建立链接。

因此，除了传统的对灰色文献外在特征和内容特征的揭示外，在将灰色文献与其相关数据及其此后正式出版物进行收集和存储的情况下，还可将某一灰色文

---

① GreyNet International. Enhanced Publications Project [EB/OL]. (2018-04-17) [2021-02-12]. http：//www. greynet. org/opengreyrepository/enhancedpublications. html.

献与其他相关文献如正式出版物、视频、音频、图像集等资源和数据之间建立同域链接或跨域链接。例如，可以建立会议文献增强出版的数据库，将会议论文、会议报告、会议视频、会议论文所涉及的研究数据、实证数据等容纳进来，以及涵盖会议论文正式出版后的会议论文集，将数据库中的会议文献的各种文字资料元数据记录同研究数据、正式出版物建立链接，即将研究数据与全文、其他补充材料以及出版后数据结合并连接在一起。这种方式可以用于提升灰色文献信息整合与揭示的准确性、规范性和内在关联性，而且，还可为未来的正式出版创建工作流，使人们更全面地了解在知识生成过程中使用和应用数据和信息的过程。

第七章　总结与展望

通过全面梳理国内外灰色文献书目控制的研究进展，结合专家访谈、案例研究等实证研究的开展，从理论高度提炼出我国灰色文献书目控制的控制形式以及影响其效果的因素和条件，并从实践角度总结出我国灰色文献书目控制的控制形式。基本到达了研究预期的目的。本章将对本书作结，总结研究的主要贡献，并对未来的研究进行展望。

第一节　研究结论与主要贡献

一、研究结论

灰色文献是文献体系中的重要组成部分，其中蕴含着不可忽视的价值和潜力。由于商业出版商希望从其出版的材料中获利，因此他们常常忽略了为小部分人群服务的领域，在这种情况下，灰色文献便成为一种重要的信息来源，它帮助读者填补了那些无法从正式出版的期刊文章中获得的信息或知识空白。但同时，由于灰色文献自身的特性，尤其是非未经商业出版的控制，导致灰色文献结构长期处于松散的状态。因此，探究如何对灰色文献进行组织和控制使其成为有序化集合成为当前一个重要的研究课题。

本书运用专家访谈法并结合对访谈资料的编码分析，来识别灰色文献书目控制中的影响因素、利益相关者、控制形式等内容，基于此，构建出灰色文献书目控制的概念框架。将灰色文献划分为文献源和文献流两个主要阶段，在每个阶段均采取多案例研究方法，选择内部连续性出版物和会议文献两种文献类型作为本研究的研究对象，并按照研究目的分别择取适合的样本进行调研，共调研七个相关利益主体：在灰色文献源阶段，选取《南开文艺》《圆方文化》《豫发号》作为内部连续性出版物的分析单位；中国城市规划年会、SmartShow 国际智慧教育展览会作为会议文献的分析单位。在灰色文献流阶段，选取东莞图书馆、E 线图情分别为内部连续性出版物和会议文献的分析单位。在个案分析之后，随后进行了总结分析，提取出两类文献中控制形式的共同之处，以此分别构建灰色文献书目控制产生领域和流通领域的实践模型。最后，根据当前提取出的灰色文献书目控制形式，提出面向我国的灰色文献书目控制的实现路径。

本书的主要研究结论如下：

其一，通过专家访谈的译码分析，共得到 34 个范畴和 104 个概念化标签。概念范畴涉及灰色文献自身情况包括属性、特征、功能发挥等；灰色文献产生阶段的结构化、组织化、标准化等；灰色文献及其书目数据的传递；灰色文献描述揭示工作；灰色文献利益相关者的识别、功能、结构等。在对这些概念进行分析的基础上，进一步挖掘概念之间的相互关系，并探究其作用机理，以此识别出灰色文献书目控制的控制属性：书目控制形式其内包含控制形式、控制内容、控制范围、控制阶段、控制效果、控制意义等多个属性，这些属性共同构成了书目控制形式这一模式的属性空间，并且，灰色文献特性和利益主体是书目控制形式最为基本的影响因素，数字化和信息化技术是当前支持和促进书目控制开展的重要条件。基于以灰色文献控制形式为核心的概念分析，构建了面向灰色文献的书目控制概念框架。书目控制形式的确定并非是单独孤立的，它受到灰色文献特性、利益主体意愿和成本、控制意义和价值等因素影响，而且通常有其发挥控制作用的时间阶段和范围界限。

其二，通过分析后认为可将灰色文献看作一个复杂系统，根据必要变异度原则，在难以提出或者不需要提出具有足够复杂性措施的情况下，可从两个方面应对灰色文献系统，一方面，对必要事项如灰色文献意识形态等方面进行监管，另一方面，缩小所关注的系统范围，即在灰色文献系统中选择低尺度或者一个适当范围的子系统进行控制。

其三，在灰色文献的产生领域，在从来源主体传递文献至产生主体的过程中，涉及文献数量、文献质量、文献形式等方面的控制，这表明一种文献类型领域内经过长期实践形成了一定规律和秩序，产生自一个领域之外的文献要进入这个领域需要遵循该领域内部的规律和秩序，即在看似无序的状态中存在着某些"有序"秩序。

其四，在灰色文献的产生领域，经过理论与实证研究，提取出三种控制形式，即审查控制、规范控制、检索控制，以此构建我国灰色文献书目控制源的实践模型。灰色文献产生领域的书目控制作用的形式是：灰色文献的产生领域主要存在四类主体，即来源主体、产生主体、政府部门和用户。其中，来源主体和产生主体共同组成灰色文献的产生者，文献产生者根据所采取的不同行为其角色也会发生变化，他们既是灰色文献的产生者，也会成为文献发布者和文献组织者。关于"审查控制"，在文献正式发布前，需要经由来自产生主体内部和来自政府部门外部的有关灰色文献意识形态、内容、形式的审查核实，产生主体内部的审核可看作产生者对社会的信息承诺。关于"规范控制"，灰色文献的产生既有外部主管部门的硬性规定，同时也存在产生主体内部的软性的延续和习惯，因此，对灰色文献施加的控制要立足于当前灰色文献已形成的产生惯例，顺势而为并加以引导和辅助，对产生主体的文献生产行为进行适当的干预。关于"检索控制"，文献经由产生主体制定之后，一方面，文献产生者出于自身管理的需求对文献进行简要描述；另一方面，在文献发布工作中涉及对文献的分类、排列、聚类等组织形式，以及文献信息的组织。

其五，在灰色文献的流通领域，在实践调研的基础上，提取出四种控制形式，即传递控制、选择控制、权利控制、描述控制，以此构建我国灰色文献书目控制流的实践模型。在灰色文献的间接传播模式中，文献从产生到发布可大致分为两个阶段，即文献传播过程和文献组织过程，由于灰色文献各类型的差异性和不确定性，因此，文献传播的结果影响文献组织开展的对象、措施和程度。关于"传递控制"，在文献传播过程中，从文献产生到被外部的文献组织者获取为双方的一种合作关系而非硬性规定，当符合双方共同利益的情况下才有可能发生传递行为。关于"选择控制"，通常文献组织者处于主动的地位，积极接触文献产生者并设立各项标准对灰色文献进行有选择性的采集和接收。关于"权力控制"，虽然灰色文献具有知识产权，但鉴于当前灰色文献知识产权情况并不明确，因此需要为灰色文献特别标注权利人和使用许可等信息。关于"描述控制"，在图书馆领域，灰色文献的描述通常表现为文献著录和文献编目，在使用 CNMARC 格式对灰色文献进行编目的进程中，图书馆和一些信息机构也在不断探索使用元数据揭示灰色文献的方法，以弥补将传统机读目录格式应用于灰色文献的不适应性，降低灰色文献描述工作的专业背景限制，并加强灰色文献描述结果的多元化呈现方式。

二、主要贡献

其一，在技术层面，本书引入相关学科理论，基于学科理论基础，综合运用专家访谈、文本编码分析、案例分析等多种方法，设计了灰色文献书目控制概念框架和实践模型，并提出了促进我国灰色文献书目控制的建议，为灰色文献组织和管理实践提供指导。

其二，本书从灰色文献宏观层面出发，系统地探讨了从灰色文献的书目控制问题，覆盖文献从产生、发布、传播、揭示、组织等一系列流程。在已有的研究中，有关灰色文献的组织和控制多集中于图书馆领域，探讨在图书馆实践中如何能将灰色文献进行更好的组织和揭示。本书将书目控制前移至灰色文献的产生领域，从整个灰色文献生命周期的视角，将灰色文献因其产生情况所导致的文献特殊性与书目控制联系起来，避免了孤立分析灰色文献流通阶段被采集、揭示和组织所存在的局限性。通过专家访谈和案例分析，关注灰色文献的产生特性以及灰色文献产生者的行为和作用，将灰色文献的产生者依据文献产生流程划分为来源主体和产生主体，发现在灰色文献产生领域存在一些现象，包括非规定式的内部惯例，以及来源主体和产生主体两类主体间存在关于文献产生的秩序遵从等。

其三，本书补充了关于灰色文献书目控制的文献类型。由于灰色文献的类型众多，因此，当前已有研究或综合分析灰色文献整体的书目控制实践情况，或者重点关注学位论文等灰色文献类型。本书经过分析，选择较少被关注和研究且具有代表性的两类灰色文献，即内部连续性出版物和会议文献作为分析对象，运用案例分析集中探讨了这两种文献类型的组织和控制情况，避免因灰色文献体系过于宏观而无法深入探究的情况。根据文献特性和研究目的分别选择多个样本进行调研，由于文献产生的复杂性，为尽可能涵盖同一类型文献的不同情况，综合反映该类文献在不同情境下存在的书目控制形式及其适用范围。因此，在样本选择的过程中，注重同一文献类型内部的差异性：在内部连续性出版物的样本选择方面，《南开文艺》为事业单位主办的杂志，《圆方文化》和《豫发号》同为民营企业主办的杂志，但其中唯有《豫发号》是经由报纸转型为杂志，且尚不具备准印证号；在会议文献的样本选择方面，中国城市规划年会为学术性质的会议，SmartShow 国际智慧教育展览会为商业性质的会议；此外，东莞图书馆代表公共图书馆领域对内部连续性出版物和会议文献的组织实践主体，E 线图情代表信息企业对会议文献的组织实践主体。而且，案例样本的选择覆盖北京、天津、河南郑州、广东东莞等不同地区的内部连续性出版物和会议文献的书目控制形式。

第二节　研究局限与未来展望

一、研究局限

其一，灰色文献类型的代表性。从文献综述和理论分析章节可知，灰色文献作为一个文献概念集合，其中包含众多的文献类型，但由于研究篇幅所限，无法分析全部的灰色文献类型，因此仅选择了两种文献类型即内部连续性出版物和会议资料用于代表灰色文献。在理论上，通过从内部连续性出版物和会议资料的文献源和文献流进行案例研究，提取出的书目控制形式被认为具有灰色文献的一般特征。但只选用这两种文献类型，一方面，对于代表整个灰色文献体系具有一定的局限性；另一方面，虽然其他文献类型如发展报告、研究报告等具有灰色文献在产生、分布、传播等方面的一些共同特征，但它们也可能会具有自身的一些特征，因此仅使用内部连续性出版物和会议资料为例可能无法代表其他类型灰色文献书目控制的特征。

其二，案例样本选择的代表性。本书中为识别内部连续性出版物和会议资料的书目控制形式采用案例研究方法，尽管本书中所选用的案例样本具有很好的代表性，但基于数据搜集限制，共采用了七个样本用于分析和识别内部连续性出版物和会议文献的书目控制形式。通过这些样本所得出的研究成果和结论，是否对该类文献体系中的其他文献具有普适性，是否足以反映出该类文献的书目控制形式，尚需有待后续的研究和验证。

189

二、未来研究展望

其一，调研和分析其他类型的灰色文献。灰色文献作为覆盖多种文献类型的集合，未来还需要对灰色文献体系进行进一步分析，确定当前急需研究和分析的文献类型。对其他更多的灰色文献类型进行书目控制的调研研究，结合本书所得出的关于内部连续性出版物和会议资料书目控制形式的成果和结论，通过进一步归纳总结，提取多种文献类型书目控制的共性，得出灰色文献书目控制的共同形式和一般形式。同时，在此基础上，通过对比各种文献类型的特征和个性，得出在灰色文献书目控制一般形式下的特别形式，以探索发现即使都归属于灰色文献，但文献在不同情境下所具有的书目控制的可能性，赋予灰色文献书目控制以弹性和更大的发展空间，进而识别出灰色文献书目控制的变量和作用域。

其二，从读者角度分析灰色文献书目控制需求和效果。书目控制的目的和效果主要分为两个方面，本书目前仅从文献角度对灰色文献书目控制进行分析，但书目控制的效果离不开用户终端的使用效果评价。因此，下一步的研究将从灰色文献的使用末端着手，了解灰色文献用户的需求和评价，改善灰色文献获取效果。具体可将这一目标分解为五个主要任务，包括：第一，判断灰色文献的用户和用途。第二，如何寻找灰色文献，主要涉及灰色文献的分布；用户是否能够有效获取；是否有更多用户知晓灰色文献。第三，如何提高灰色文献的"查全率"，主要涉及两个方面，一方面，是否要扩大灰色文献收集范围，另一方面，考虑灰色文献用户需求，重点收集那些被更多用户青睐的灰色文献。第四，如何确保灰色文献的"查准率"，主要为如何判断灰色文献的质量和价值，去除无质量无价值的灰色文献，清理整个灰色文献集。第五，用户是否能最终获取到想要的灰色文献，主要涉及使用授权、永久标识符等。

参 考 文 献

中文文献

[1] W. R. 艾什比. 控制论导论[M]. 张理京, 译. 北京: 科学出版社, 1965.

[2] 蔡惠霞. RDA 对我国文献编目工作的启示[J]. 图书馆学刊, 2012(3): 37-39.

[3] 陈传夫, 罗博, 冉从敬. 目录学的时代性——教学研究体会[J]. 图书情报知识, 2014(3): 14-20.

[4] 陈光祚. 目录学是研究文献流的整序、测度和导向的科学——对目录学对象的再认识[J]. 图书情报工作, 1990(1): 3-9, 32.

[5] 陈毅晖. 网络环境下编目工作的核心能力及其构建[J]. 大学图书馆学报, 2011, 29(4): 69-72.

[6] 程国洪. 我国书目控制论研究术略[J]. 图书馆学研究, 1993(1): 21-24.

[7] 程焕文. 世界书目控制: 现状、趋势和策略[J]. 中山大学学报(社会科学版), 1990(2): 111-118.

[8] 程三国. 书目控制与资源共享[J]. 国家图书馆学刊, 1986(3): 25-34.

[9] 高家望. 目录控制与目录控制论[J]. 图书馆学通讯, 1988(1): 43-47.

[10] 郭庆光. 传播学教程(第2版)[M]. 北京: 中国人民大学出版社, 2011.

[11] 国际图书馆协会和机构联盟. 国际标准书目著录(2011年统一版)[M]. 顾犇, 译. 北京: 北京图书馆出版社, 2012.

[12] 国家图书馆《中国文献编目规则》修订组. 中国文献编目规则(第2版)[M]. 北京: 北京图书馆出版社, 2005.

[13] 黄俊贵. 书目控制简说[J]. 图书馆学通讯, 1989(3): 35-37, 6, 91.

[14]黄俊贵．书目控制论的思辨：从世界到中国[J]．中国图书馆学报，1995
（5）：56-63．

[15]姜华珍．信息时代如何开发利用灰色文献[J]．图书馆论坛，2001(4)：72-74．

[16]蒋永福，陈丽君，吴昆．从书目控制论走向文献控制论[J]．图书馆，1993
（1）：12-16．

[17]蒋永福，孟越．社会控制论视角的文献控制论述略[J]．大学图书馆学报，
2016，34(3)：30-37．

[18]柯平，曾伟忠．试论面向数字书目控制和数字资源控制的数字目录学[J]．图
书情报知识，2007(5)：34-41．

[19]柯平．试论以书目情报为基础的书目控制[J]．图书馆理论与实践，1991
（3）：8-12，62．

[20]柯平．书目控制发展概述[J]．图书馆学刊，1984(3)：41-44．

[21]柯平．文献经济学[M]．北京：中国书籍出版社，2001．

[22]李进香．文献传播特点及规律初探[J]．图书馆工作与研究，1994(4)：56-
57，24．

[23]李黎明．传播学概论[M]．武汉：武汉大学出版社，2011．

[24]林泽明，刘锦山，刘锦秀．图书馆灰色文献资源开发与利用[M]．北京：国家
图书馆出版社，2014．

[25]刘炜，林海青，夏翠娟．数字人文研究的图书馆学方法：书目控制与文献循
证[J]．大学图书馆学报，2018，36(5)：116-123．

[26]刘炜．关联数据：概念、技术及应用展望[J]．大学图书馆学报，2011，29
（2）：5-12．

[27]刘雪峰．反馈在书目控制中的作用[J]．图书馆建设，1988(1)：27-29．

[28]隆茜．高校图书馆文献传递馆员版权素养研究[J]．国家图书馆学刊，2021，
30(1)：25-37．

[29]罗翀．RDA全视角解读[M]．北京：国家图书馆出版社，2015．

[30]罗昊．语义网信息组织机制论纲[J]．图书情报工作，2005(7)：16-19．

[31]罗志勇．论谢拉的思想体系及其价值[J]．中国图书馆学报，1994(3)：12-
17，29．

[32]诺伯特·维纳．控制论：关于动物和机器的控制与传播科学(第二版)[M]．陈娟，译．北京：中国传媒大学出版社，2018.

[33]彭斐章，付先华．20 世纪中国目录学研究的回眸与思考[J]．图书馆论坛，2004，24(6)：5-10，57.

[34]彭斐章．目录学教程[M]．北京：高等教育出版社，2004.

[35]彭建炎．出版学概论[M]．长春：吉林大学出版社，1992.

[36]乔好勤．地方文献的范围及其界定原则[J]．图书馆论坛，2007(6)：86-90，34.

[37]乔好勤．书目控制[J]．图书与情报，1982(3)：11-19.

[38]秦宜敏．灰色文献的激励与控制思考[J]．图书馆，1998(5)：28-31.

[39]秦宜敏．书目控制的层次与中介物[J]．图书馆学通讯，1990(3)：36-38.

[40]秦宜敏．我国书目控制研究述评[J]．图书馆，1992(3)：20-26.

[41]全国信息与文献标准化技术委员会．信息与文献 书目数据元目录 第 5 部分：编目和元数据交换用数据源：GB/T 19688.5—2009/ISO 8459—5：2002[S]．北京：中国标准出版社，2009.

[42]全国信息与文献标准化技术委员会．文献著录 第 1 部分：总则：GB/T 3792.1—2009[S]．北京：中国标准出版社，2010.

[43]单波．控制论方法向目录学渗透的机制[J]．四川图书馆学报，1985(2)：27-29.

[44]石曼．关于引用控制论进行目录学理论研究诸问题的思考[J]．湖北高校图书馆，1987(2)：60-61.

[45]孙更新．文献信息编目[M]．武汉：武汉大学出版社，2006.

[46]谭必勇．目录控制思想在政府信息资源管理领域的应用及其发展趋势[J]．图书情报知识，2009(5)：30-36.

[47]图书馆·情报与文献学名词审定委员会．图书馆·情报与文献学名词[M]．北京：科学出版社，2019.

[48]王磊．现实采访环境下对灰色文献馆藏角色的主动选择——以国家图书馆为例[J]．图书情报知识，2013(1)：72-77.

[49]王淑群．灰色文献开发利用的障碍与措施[J]．中国图书馆学报，2000(4)：

81-82，88.

[50]王松林．中文编目与 RDA[M]．北京：海洋出版社，2014.

[51]王岩．书目控制的含义及实用性研究[J]．中国图书馆学报，1992(4)：68-71，92.

[52]王益平．数字技术和互联网环境下作者精神权利比较研究[D]．上海：复旦大学，2009.

[53]王英．网络灰色文献控制管理与开发利用刍论[J]．图书情报导刊，2010，20(6)：91-93.

[54]王自洋，姚照丰，尹思思．论公共图书馆灰色文献资源建设的地方性[J]．图书馆建设，2019(6)：74-78.

[55]夏翠娟，吴建中．从门户到平台——图书馆目录的转型[J]．图书馆论坛，2015，35(7)：1-7.

[56]夏翠娟，许磊．中文关联书目数据发布方案研究[J]．数字图书馆论坛，2018(1)：8-16.

[57]夏翠娟．面向人文研究的"数据基础设施"建设——试论图书馆学对数字人文的方法论贡献[J]．中国图书馆学报，2020，46(3)：24-37.

[58]咸晨旭．"虚拟现实+出版"模式引发的著作权困境与对策[J]．科技与出版，2020(10)：101-108.

[59]肖珑，冯项云，沈芸芸，等．我国数字图书馆标准规范建设：专门数字对象描述元数据规范设计指南[R]．中国科学院情报中心，2005.

[60]熊翔宇，郑建明，孙红蕾．近十年国外书目控制研究动向述评[J]．图书情报工作，2020，64(20)：140-149.

[61]严怡民．情报学概论(修订版)[M]．武汉：武汉大学出版社，2000.

[62]叶继元．文献概念漫议——从《图书馆·情报与文献学名词》对文献的定义说开去[J]．高校图书馆工作，2019，39(4)：19-23.

[63]叶鹰．情报学基础教程(第三版)[M]．北京：科学出版社，2018.

[64]张锦．灰色文献控制观[J]．情报资料工作，1999(4)：8-10.

[65]张娟，倪晓建．精准服务与单元信息组织探析[J]．图书馆理论与实践，2017(8)：50-52.

［66］张立，王飚，李广宇. 步入高质量发展的中国数字出版——2019—2020 年中国数字出版产业年度报告［J］. 出版发行研究，2020（11）：20-25.

［67］张旺君. 系统适应性层级进化思想研究［J］. 系统科学学报，2021（2）：12-16.

［68］张正勤，肖仙桃. 网络环境下书目控制实践的变革［J］. 图书与情报，2001（1）：65-68.

［69］赵志刚. 政府出版物中灰色文献的界定与采集［J］. 国家图书馆学刊，2013，22（6）：53-58.

［70］郑满庄. 论灰色文献书目失控的原因及对策［J］. 图书情报工作，1998（1）：41-42.

［71］周庆山. 文献传播学［M］. 北京：书目文献出版社，1997.

［72］周文骏. 文献交流引论［M］. 北京：书目文献出版社，1986.

外文文献

［1］Adams R J, Smart P, Huff A S. Shades of Grey：Guidelines for Working with the Grey Literature in Systematic Reviews for Management and Organizational Studies ［J］. International Journal of Management Reviews, 2017, 19(4)：432-454.

［2］Alberani V, Castro P D. Grey Literature from the York Seminar (UK) of 1978 to the Year 2000［J］. INSPEL, 2001, 35：236-247.

［3］Arksey H, Knight P. Interviewing for Social Scientists：An Introductory Resource with Examples［M］. London：Sage Publications, 1999.

［4］Auger P. Non-conventional Literature：Chairman's Introduction ［J］. Aslib Proceedings, 1982, 34(11)：457-458.

［5］Banks M. Blog Posts and Tweets：The Next Frontier for Grey Literature［M］// Farace D J, Schöpfel J. Grey Literature in Library and Information Studies. New York：K. G. Saur, 2010：217-225.

［6］Baxter D, Hilbrecht M. From "Grey Literature" to "Specialized Resources"：Rethinking Terminology to Enhance Grey Literature Access and Use［C］// GreyNet International, Grey Literature Network Service. Open Science Encompasses New Forms of Grey Literature：Twentieth-First International Conference on Grey

Literature. Amsterdam: TextRelease, 2020: 130-137.

[7] Becker S A, Cummins M, Davis A, et al. NMC Horizon Report: 2017 Library Edition[R/OL]. https://www.learntechlib.org/p/177969/.

[8] Bhattacherjee A. Social Science Research: Principles, Methods, and Practices (Second Edition) [M/OL]. https://scholarcommons.usf.edu/oa_textbooks/3/.

[9] Bijsterbosch M, Elbaek M K, Hochstenbach P, et al. DRIVER Technology Watch Report[R/OL]. https://biblio.ugent.be/publication/723558/file/723577.pdf.

[10] Cancedda F, De Biagi L. International Identification and 'White and Grey Literature': Identities, Retrieval, Reuse and the Certainty of Knowledge While Sharing and Connecting Information[C]//GreyNet International, Grey Literature Network Service. A New Wave of Textual and Non-Textual Grey Literature: Seventeenth International Conference on Grey Literature. Amsterdam: TextRelease, 2016: 95-99.

[11] Cassell K A. Report on the 6th International Conference on Grey Literature[J]. Collection Building, 2005, 24(2): 70-71.

[12] Chan L M. Cataloging and Classification: An Introduction [M]. New York: McGraw-Hill, 1981.

[13] Chandrakar R. Digital Object Identifier System: An Overview[J]. The Electronic Library, 2006, 24(4): 445-452.

[14] Charmaz K C. Constructing Grounded Theory: A Practical Guide Through Qualitative Analysis[M]. London: Sage Publications, 2006.

[15] Chavan V, Penev L. The Data Paper: A Mechanism to Incentivize Data Publishing in Biodiversity Science[J/OL]. BMC Bioinformatics, 2011, 12(15).

[16] Childress E, Jul E. Going Grey: Grey Literature and Metadata[J]. Journal of Internet Cataloging, 2003, 6(3): 3-6.

[17] Cuvillier J. Indexing Grey Resources: Considering the Usual Behaviour of Library Users and the Use of Dublin Core Metadata Using a Database of Specialised Vocabulary[C]//GreyNet International, Grey Literature Network Service. Open Access to Grey Resources: Seventh International Conference on Grey Literature.

Amsterdam: TextRelease, 2006: 119-126.

[18] De Castro P, Salinetti S. "Uniform Requirements" for Grey Literature: Proposal for the Adoption of "Nancy Style" [J]. Publishing Research Quarterly, 2006, 22: 12-17.

[19] Doorn P, Mulder T W. Non-literary Text and Non-textual Literature [C]// GreyNet International, Grey Literature Network Service. A New Wave of Textual and Non-textual Grey Literature: Seventeenth International Conference on Grey Literature. Amsterdam: TextRelease, 2016: 11-14.

[20] Downs R B. Problems of Bibliographical Control [J]. Library Trends, 1954: 498-508.

[21] Drees B, Plank M. Video is the New Grey [C]//GreyNet International, Grey Literature Network Service. Public Awareness and Access to Grey Literature: Nineteenth International Conference on Grey Literature. Amsterdam: TextRelease, 2018: 127-131.

[22] Egan M E, Shera J H. Foundations of a Theory of Bibliography [J]. The Library Quarterly: Information, Community, Policy, 1952, 22(2): 125-137.

[23] Egan M E, Shera J H. Prolegomena to Bibliographic Control [J]. Journal of Cataloging and Classification, 1949, 5(2): 17-19.

[24] Farace D, Frantzen J, Biagioni S, et al. AccessGrey: Securing Open Access to Grey Literature for Science and Society [C]// GreyNet International, Grey Literature Network Service. Open Science Encompasses New Forms of Grey Literature: Twentieth-First International Conference on Grey Literature. Amsterdam: TextRelease, 2020: 89-96.

[25] Farace D, Frantzen J, Schöpfel J. Open Data Engages Citation and Reuse: A Follow-up Study on Enhanced Publication [C]// GreyNet International, Grey Literature Network Service. Research Data Fuels and Sustains Grey Literature: Twentieth International Conference on Grey Literature. Amsterdam: TextRelease, 2019: 117-122.

[26] Farace D, Schöpfel J. Data Papers Provide an Innovative Tool for Information and

Data Management: A Use Case[C]// GreyNet International, Grey Literature Network Service. Applications of Grey Literature for Science and Society: Twentieth-Second International Conference on Grey Literature. Amsterdam: TextRelease, 2021: 69-72.

[27] Furner J. "A brilliant mind": Margaret Egan and Social Epistemology[J]. Library Trends, 2004, 52(4): 792-809.

[28] Gelfand J M, Lin A. How Open Science Influences Next Developments in Grey Literature[C]// GreyNet International, Grey Literature Network Service. Open Science Encompasses New Forms of Grey Literature: Twentieth-First International Conference on Grey Literature. Amsterdam: TextRelease, 2020: 31-46.

[29] Gerring J. Case Study Research: Principles and Practices[M]. New York: Cambridge University Press, 2007.

[30] Giannini S, Molino A. Open Access — A Never-ending Transition? [C]// GreyNet International, Grey Literature Network Service. Open Science Encompasses New Forms of Grey Literature: Twentieth-First International Conference on Grey Literature. Amsterdam: TextRelease, 2020: 67-88.

[31] Goggi S, Pardelli G, Bartolini R, et al. A Semantic Engine for Grey Literature Retrieval in the Oceanography Domain [C]// GreyNet International, Grey Literature Network Service. A New Wave of Textual and Non-textual Grey Literature: Seventeenth International Conference on Grey Literature, Amsterdam: TextRelease, 2015: 104-111.

[32] Gorman M. Bibliographic Control or Chaos: An Agenda for National Bibliographic Services in the 21st Century[J]. IFLA Journal, 2001, 27(5-6): 307-313.

[33] Gul S, Shah T A, Ahmad S, et al. Is Grey Literature Really Grey or a Hidden Glory to Showcase the Sleeping Beauty[J/OL]. (2020-02-12) [2021-02-14]. https://www.emerald.com/insight/content/doi/10.1108/CC-10-2019-0036/full/html.

[34] Hagemann W S, Hauschke C, Plank M. ConfIDent — An Open Platform for FAIR Conference Metadata[C]// GreyNet International, Grey Literature Network

Service. Open Science Encompasses New Forms of Grey Literature: Twentieth-First International Conference on Grey Literature. Amsterdam: TextRelease, 2020: 47-51.

[35] Haynes A. Practical Techniques to Enhance the Quality of Grey Literature Produced: The Case of Research Posters [C]// GreyNet International, Grey Literature Network Service. Applications of Grey Literature for Science and Society: Twentieth-Second International Conference on Grey Literature. Amsterdam: TextRelease, 2021: 31-33.

[36] Herriott R E, Firestone W A. Multisite Qualitative Policy Research: Optimizing Description and Generalizability [J]. Educational Researcher, 1983, 12(2): 14-19.

[37] Hickey D J. Bibliographic Control in Theory [J]. IFLA Journal, 1980, 6(3): 234-241.

[38] Hickey D J. Theory of Bibliographic Control in Libraries [J]. Libraty Quarterly, 1977, 47(3): 253-273.

[39] Hoesen V, Bartlett H, Walter F K. Bibliography: Practical, Enumerative, Historical (Second Edition) [M]. New York: Scribner, 1937.

[40] Holley R P. Self-Publishing: A New Challenge for Universal Bibliographic Control [C]//IFLA WLIC 2014-Lyon-Libraries, Citizens, Societies: Confluence for Knowledge, August 16-22, 2014, Lyon, France.

[41] Holton J A. The Coding Process and Its Challenges [J]. Grounded Theory Review, 2010, 9(1).

[42] Jackson E B. Unpublished Research Reports: A Problem in Bibliographical Control [R/OL]. (1950-12-18) [2021-01-14]. https://www.ideals.illinois.edu/bitstream/handle/2142/3963/gslisoccasionalpv00000i00017.pdf?sequence=1&isAllowed=y.

[43] Jamoulle M, Cardillo E, Ittoo A, et al. Indexing Grey Multilingual Literature in General Practice in the Era of Semantic Web [C]// GreyNet International, Grey Literature Network Service. Public Awareness and Access to Grey Literature:

Nineteenth International Conference on Grey Literature. Amsterdam: TextRelease, 2018: 61-84.

[44] Kepes S, Banks G C, McDaniel M, et al. Publication Bias in the Organizational Sciences[J]. Organizational Research Methods, 2012, 15(4): 624-662.

[45] Klir G J. Facets of Systems Science[M]. New York: Springer, 1991.

[46] Kuckartz U. Qualitative Text Analysis: A Guide to Methods, Practice and Using Software[M]. London: Sage Publications, 2014.

[47] Lambert S, Matthews B M, Jones C. Grey Literature, Institutional Repositories, and the Organisational Context [C]//GreyNet International, Grey Literature Network Service. Open Access to Grey Resources: Seventh International Conference on Grey Literature. Amsterdam: TextRelease, 2006: 142-146.

[48] Lawrence A, Thomas J, Houghton J, et al. Collecting the Evidence: Improving Access to Grey Literature and Data for Public Policy and Practice[J]. Australian Academic and Research Libraries, 2015, 46(4): 229-249.

[49] Lawrence A. Electronic Documents in a Print World: Grey Literature and the Internet[J]. Media International Australia, 2012, 143(1): 122-131.

[50] Lipinski T A, Henderson K A. Legal Issues Surrounding the Collection, Use and Access to Grey Data in the University Setting: How Data Policies Reflect the Political Will of Organizations[J]. The Grey Journal, 2019, 15(2): 77-90.

[51] Lombardi S. Every Document is Born "Grey"— Some Documents Can Become "Open" [C]//GreyNet International, Grey Literature Network Service. Applications of Grey Literature for Science and Society: Twentieth-Second International Conference on Grey Literature. Amsterdam: TextRelease, 2021: 57-60.

[52] Luzi D. Trends and Evolution in the Development of Grey Literature: a Review [J]. International Journal on Grey Literature, 2000, 1(3): 106-117.

[53] Mack D. Law, Liability, and Grey Literature: Resolving Issues of Law and Compliance[C]// GreyNet International, Grey Literature Network Service. Public Awareness and Access to Grey Literature: Nineteenth International Conference on

Grey Literature. Amsterdam: TextRelease, 2018: 55-59.

[54] Mackenzie Owen J. Expanding the Horizon of Grey Literature[C]// GreyNet International. Perspectives on the Design and Transfer of Scientific and Technical Information: Third International Conference on Grey Literature. Amsterdam: TextRelease, 1998: 9-13.

[55] Marsolek W R, Cooper K, Farrell S L, et al. The Types, Frequencies, and Findability of Disciplinary Grey Literature within Prominent Subject Databases and Academic Institutional Repositories[J]. Journal of Librarianship and Scholarly Communication, 2018, 6(1).

[56] Martínez-Ávila D, Zandonade T. Social Epistemology in Information Studies: a Consolidation [J]. Brazilian Journal of Information Science: Research Trends, 2020, 14(1): 7-36.

[57] Mathews B. Gray Literature: Resources for Locating Unpublished Research[J]. College & Research Libraries News, 2004, 65(3): 125-128.

[58] Merriam S B. Qualitative Research: A Guide to Design and Implementation[M]. San Francisco: Jossey-Bass, 2009.

[59] Miles M B, Huberman A M. Qualitative Data Analysis: An Expanded Sourcebook (Second Edition) [M]. London: Sage Publications, 1994.

[60] Minichiello V, Aroni R, Timewell E, Alexander L. In-depth Interviewing (Second Edition) [M]. South Melbourne: Longman, 1995.

[61] Monachini M, Stamuli M F, Calamai S, et al. The Grey-side of Audio Archives [C]//GreyNet International, Grey Literature Network Service. Applications of Grey Literature for Science and Society: Twentieth-Second International Conference on Grey Literature. Amsterdam: TextRelease, 2021: 34-37.

[62] Patton M Q. Qualitative Research and Evaluation Methods (Third Edition) [M]. Thousand Oaks: Sage Publications, 2002.

[63] Polčák R. Legal Aspects of Grey Literature [M]//Pejšová P, et al. Grey Literature Repositories. Zlín: VeRBuM, 2010: 67-79.

[64] Puccinelli R, Reggiani L, Saccone M, et al. Open Educational Resources and

Library & Information Science: Towards A Common Framework for Methodological Approaches and Technical Solutions[C]// GreyNet International, Grey Literature Network Service. Open Science Encompasses New Forms of Grey Literature: Twentieth-First International Conference on Grey Literature. Amsterdam: TextRelease, 2020: 153-163.

[65] Resnick M P, Ittoo A, Jamoulle M, et al. The Q-Codes: Metadata, Research Data, and Desiderata, Oh My! Improving Access to Grey Literature in Family Medicine[C]// GreyNet International, Grey Literature Network Service. Research Data Fuels and Sustains Grey Literature: Twentieth International Conference on Grey Literature. Amsterdam: TextRelease, 2019: 123-132.

[66] Roosendaal H E. Grey Publishing and the Information Market: A New Look at Value Chains and Business Models[M]//Farace D J, Schöpfel J. Grey literature in library and information studies. New York: K. G. Saur, 2010: 11-27.

[67] Savić D. Rethinking the Role of Grey Literature in the Fourth Industrial Revolution [J]. The Grey Journal, 2018, 14: 7-14.

[68] Schmidmaier D. Ask No Questions and You'll Be Told no Lies: Or How We Can Remove People's fear of "Grey Literature"[J]. Libri, 1986, 36(2): 98-112.

[69] Schöpfel J, Rasuli B. Are Electronic Theses and Dissertations (Still) Grey Literature in a Digital Age? A FAIR Debate[J]. The Electronic Library, 2018, 36 (2): 208-219.

[70] Schöpfel J. Towards a Prague Definition of Grey Literature [C]// GreyNet International, Grey Literature Network Service. Transparency in Grey Literature, Grey Tech Approaches to High Tech Issues: Twelfth International Conference on Grey Literature. Amsterdam: TextRelease, 2011: 11-26.

[71] Sheehan J. Open Science and the Transformation of Scholarly Communication [C]// GreyNet International, Grey Literature Network Service. Applications of Grey Literature for Science and Society: Twentieth-Second International Conference on Grey Literature. Amsterdam: TextRelease, 2021: 11-17.

[72] Shera J H. Documentation: Its Scope and Limitations [J]. Libray Quarterly,

1951, 21(1): 13-26.

[73] Siegenfeld A F, Bar-Yam Y. An Introduction to Complex Systems Science and Its Applications[J]. Complexity, 2020: 1-16.

[74] Smith J. The Evidence Base: Where is It? [J]. Australian Library Journal, 2009, 58(1): 28-38.

[75] Smith L M. An Evolving Logic of Participant Observation, Educational Ethnography and Other Case Studies[J]. Review of research in education. 1978, 6(1): 316-377.

[76] Stake R E. Case Study Methodology: An Epistemological Advocacy[M]//Welch W W. Case Study Methodology in Educational Evaluation. Proceedings of the 1981 Minnesota Evaluation Conference, Minneapolis: Minnesota Research and Evaluation Center, 1981.

[77] Stake R E. Multiple Case Study Analysis [M]. New York: The Guilford Press, 2006.

[78] Stake R E. Qualitative Case Studies[M]// Denzin N K, Lincoln Y S. The Sage Handbook of Qualitative Research (Third Edition). Thousand Oaks: Sage Publications, 2005: 443-466.

[79] Strauss A, Corbin J M. Basics of Qualitative Research: Techniques and Procedures for Developing Grounded Theory (Second Edition) [M]. Thousand Oaks: Sage Publications, 1998.

[80] Thomas D R. A General Inductive Approach for Analyzing Qualitative Evaluation Data[J]. American Journal of Evaluation, 2006, 27(2): 237-246.

[81] Thomas S E. Quality in Bibliographic Control[J]. Library Trends, 1996, 44(3): 491-505.

[82] Tillett S, Newbold E. Grey Literature at the British Library: Revealing A Hidden Resource[J]. Interlending & Document Supply, 2006, 34(2): 70-73.

[83] Vicary T, Pettman I. Abstracting and Indexing as An Enabling Interface between Open Science and Grey Literature — The Approach of the Aquatic Sciences and Fisheries Abstracts service[C]// GreyNet International, Grey Literature Network

Service. Open Science Encompasses New Forms of Grey Literature: Twentieth-First International Conference on Grey Literature. Amsterdam: TextRelease, 2020: 21-30.

[84] Vickers S, Wood D N. Improving the Availability of Grey Literature [J]. Interlending Review, 1982, 10(4): 125-130.

[85] Wellisch H H. The Cybernetics of Bibliographic Control: Toward a Theory of Document Retrieval Systems[J]. Journal of the American Society for Information Science, 1980, 31(1): 41-50.

[86] Wilkinson M, Dumontier M, Aalbersberg I, et al. The FAIR Guiding Principles for Scientific Data Management and Stewardship[J]. Sci Data, 2016, 3.

[87] Wilson P. Two Kinds of Power: An Essay on Bibliographical Control [M]. California: Univ of California Press, 1968.

[88] Wood D N, Smith A W. SIGLE: A Modle for International Co-operation[J]. Interlending & Document supply, 1993, 21(1): 18-22.

[89] Wood D N. The Collection, Bibliographic Control and Accessibility of Grey Literature[J]. IFLA Journal, 1984, 10(3): 278-282.

[90] Yin R K. Case Study Research: Design and Methods (Third Edition) [M]. Thousand Oaks: Sage Publications, 2003.

[91] 池田貴儀. インターネット時代の灰色文献 灰色文献の定義の変容とピサ宣言を中心に[J]. 情報管理, 2015, 58(3): 193-203.

附　　录

附录一　专家访谈提纲

研究介绍：书目控制产生于文献大量出现的年代，是人们面对海量文献时提出的想法。灰色文献书目控制的目的是：从文献的角度，是要记录、掌握、组织和揭示灰色文献；从用户的角度，是要提供检索和获取的途径。本书中的"灰色文献"，采用"布拉格定义"进行界定，即：灰色文献是由各级政府、学术单位、工商业界所生产的多种类型的印刷与电子形式的资料，这些资料受知识产权的保护，并具有被图书馆或机构知识库收藏并保存的质量，但不受商业出版社的控制，即出版不是生产主体的主要活动。

访谈设计：选择常见的具体文献类型如会议资料、内部刊物、博客、学位论文切入问题，从某类型文献继而延伸到关于灰色文献整体的探讨。

访谈目的：了解灰色文献组织、记录、揭示、格式、质量等方面的情况，发现其中存在的问题，促进灰色文献体系有序化和记录获取。

访谈方式：面对面访谈/电话访谈/邮件访谈。

一、访谈开场

老师好，非常感谢您能在百忙之中接受我的访问。本次访谈主要通过问答形式进行，访谈内容我会严格保密。

二、访谈问题

1. 您拥有主办和承办会议的丰富经验，请您谈一谈如何对会议资料(包括会议论文、会议通知、会议日程)进行资源组织，才能使它成为有序化的集合?

2. 您认为当前在掌握和获取全国范围内的会议资料方面存在哪些障碍? 需要采取哪些措施?

3. 现在多数会议资料只发布在官方网站或内部传播，虽然图书馆是传统的书目控制机构，但由于现有文献资料多数未被图书馆收集，也就无法编制全面的书目记录。为使他人了解和掌握全国范围内的会议资料的存在和分布情况，您认为是继续加强图书馆功能，还是采用其他途径? (例如，建立统一平台)需要有哪些利益相关者参与其中? (例如，会议主办方、上级主管单位)

4. 据调查，企事业单位内部刊物也多数未被图书馆收集。为使他人了解和掌握全国范围内的产生和分布情况，您认为是继续加强图书馆功能，还是采用其他途径? 需要有哪些利益相关者参与其中?

5. 您认为文献产生者(例如，会议资料、内部刊物的主办单位)在书目控制进程中可以担任哪些角色? (例如，自行开展信息组织; 参与图书馆等机构的文献揭示)

6. 当前学位论文、科技报告、手稿等已有文献编目规则; 家谱拥有元数据规范。对于其他类型如会议资料、内部刊物、年度报告、调查报告、大事年表等，您认为该如何进行有效的揭示? 是否也适宜制定相应的编目规则或元数据规范? 需要注意哪些方面? (例如，关注不同文献类型特征; 便于文献产生者理解和参与)

7. 灰色文献由于未经正式出版，因此文献质量通常会被质疑，但学位论文和会议论文需要经过专家审核; 一部分内部刊物得到版权局审核。您认为是在文献产生时加强质量监管，还是在文献流通阶段进行筛选? 为什么?

8. 当前部分文献类型如学位论文和内部刊物已有相应的格式标准和要求。对于其他文献类型如会议资料、会议论文集、调查报告、年度报告、大事年表等，您认为是否适用于制定相应的文献格式的参考标准? 您认为需要关注哪些方面? (例如，文献结构; 相关书目信息如题名、来源单位的标注)

9. 对于自由撰稿的博客、手稿等文献类型，您认为是否有必要促进文献标准化和规范书目信息标注？

10. 会议资料中的会议论文已有相应的数据库，其他会议通知、会议报道也被一些网站、微信平台收集，整体而言，您认为会议资料是否可以看作一个逐步得到控制的过程？

11. 从学位论文数据库到会议论文数据库，您认为灰色文献是否是一个逐步得到控制的过程？逐步实现各类型文献的控制是否可行？

12. 您认为灰色文献本身特征(例如，非正式出版、多类型文献)对开展书目工作产生了哪些影响？如何应对这些情况？

13. 相比正式出版物，您认为灰色文献书目工作的特殊性体现在哪里？

14. 您认为灰色文献得到控制的预期或者目标是怎样的？（例如，在文献数量统计、文献来源登记、文献主题揭示、文献质量、文献获取等方面）

附录二　机构内资源的访谈提纲

尊敬的各位专家：

　　您好！

　　在图书情报领域，将不受商业出版社控制的一类文献称之为灰色文献，其具有发行受限、无统一文献格式等特点，内资便是其中一种非常重要的文献形式。本书关注的就是内资等灰色文献管理和控制的相关问题，主要了解内资及其文稿的产生、组织、管理、传播和归档的基本情况，侧重内资产生过程当中的管理和控制模式。本访谈用于搜集有关内资管理和控制的相关意见，为后续研究提供支持。

　　访谈内容将被用于学术研究，并严格实行保密原则，请您放心参与。非常感谢您的支持与配合！

　　访谈题目：

　　1. 请您谈一下内资的基本情况？（办刊历史、办刊定位、受众群体和发展方向等）

　　2. 请问内资的格式是如何确定的？

　　3. 请您谈一下内资的稿件来源和征稿要求。

　　4. 请您谈一下内资的文稿筛选和质量控制。

　　5. 请您谈一下内资的编辑流程。

　　6. 请您谈一下内资的出版流程。

　　7. 请您谈一下内资文稿是如何管理的。（如分类、整理和归档）

　　8. 请问是否有文稿信息的提取、登记和统计？（如题名、作者、作者单位、收稿时间等）

　　9. 请问一份文稿的不同版本(初稿、校对稿、终稿)是怎么归档留存的？

　　10. 请问内资(纸质版、电子版)是如何归档保存的？

　　11. 请问内资的传播情况和发送对象分别是？

　　12. 您认为内资和正式刊物的关系和区别是？

附录三　会议文献源的访谈提纲

尊敬的各位专家：

您好！

在图书情报领域，将不受商业出版社控制的一类文献称之为灰色文献，会议文献便是其中一种非常重要的文献形式。本书关注的就是会议文献等灰色文献管理和控制的相关问题，主要了解会议文献的产生、组织、管理、传播和归档的基本情况，侧重会议文献产生过程当中的管理和控制模式。本访谈用于搜集有关会议文献管理和控制的相关意见，为后续研究提供支持。

访谈内容将被用于学术研究，并严格实行保密原则，请您放心参与。非常感谢您的支持与配合！

访谈题目：

1. 请您介绍一下会议的举办情况。

2. 请问主办方主要负责制定哪些类型的会议资料？

3. 请问承办方主要负责制定哪些类型的会议资料？

4. 请问历届的会议议程拥有标准格式或统一格式吗？（以后的每一届会议议程都能够参照这个格式制定）。

5. 请您谈一下是否有会议资料的质量审核。

6. 请问参会人员的演讲文稿、课件等资料的收集工作是怎样开展的(收集范围、使用范围)

7. 请您谈一下各类会议资料的分类归档情况。

8. 请问把这些资料归档之后有做什么样的处理呢？请问是否有论文和其他资料的作者、作者单位这些信息的提取、登记和统计？

9. 协会网站上设立了会议专辑，您认为设计专辑的意义在何处？

10. 请您谈一下会议论文的审稿流程和标准。

11. 请您谈一下征集到的会议论文的归档和保存情况。

12. 请问一份文稿的不同版本(初稿、校对稿、终稿)是怎么归档留存的？

附录四　机构内资流的访谈提纲

尊敬的各位专家：

您好!

灰色文献作为不受商业出版社控制的一类文献，其具有发行受限、无统一文献格式等特点，它包括会议资料、学位论文、专利文本、企事业内报内资、预印本等多种文献类型。随着出版领域、社会环境和信息技术的发展，被认为是灰色文献的文献类型不断拓展，但同时，信息技术和书目工作的进步也为灰色文献进行书目控制提供了有利条件和可行参考。本书关注的就是灰色文献书目控制的相关问题，试图确立灰色文献书目控制的模型，本访谈用于搜集有关灰色文献书目控制的相关意见，为后续研究提供支持。

访谈内容将被用于学术研究，并严格实行保密原则，请您放心参与。非常感谢您的支持与配合!

访谈题目：

1. 请您谈一下如何收集内报内资？收集依据是什么？

2. 在内报内资收集时，有哪些方面需要特别注意？

3. 除图书馆外，还有哪些机构组织也在收集、组织和管理内报内资？

4. 图书馆所制定的内资是如何管理？是否同外部来源的内报内资采用相同的处理方式？

5. 请您谈一下如何开展内报内资的描述和揭示工作？遇到什么问题？

6. 灰色文献本身特征对内报内资的书目工作产生了哪些影响？如何应对这些情况？（如非正式出版、多文献来源等）

7. 相比正式出版物，您认为开展内报内资书目工作的特殊性体现在哪里？

附录五　会议文献流的访谈提纲

尊敬的各位专家：

您好！

灰色文献作为不受商业出版社控制的一类文献，其具有发行受限、无统一文献格式等特点，它包括会议资料、学位论文、专利文本、企事业内报内资、预印本等多种文献类型。随着出版领域、社会环境和信息技术的发展，被认为是灰色文献的文献类型不断拓展，但同时，信息技术和书目工作的进步也为灰色文献进行组织和管理提供了有利条件和可行参考。本访谈用于搜集有关灰色文献组织和管理的相关意见，为后续研究提供支持。

访谈内容将被用于学术研究，并严格实行保密原则，请您放心参与，非常感谢您的支持与配合！

访谈题目：

1. 请您谈一下会议资料建设的目标。

2. 请您谈一下会议资料的收集方式。收集依据是什么？是否有会议资料的质量、内容等审查机制？

3. 专题形式的会议资料是如何收集和组织的？

4. 在会议资料收集时，有哪些方面需要特别注意？

5. 请您谈一下会议资料的登记入藏情况。

6. 请您谈一下会议类型和会议资料的分类情况。

7. 请您谈一下如何组织和管理电子版和纸质版的会议资料？

8. 请您谈一下如何描述和揭示会议资料？

9. 网页文献为什么按照"作者""单位""摘要""关键词"的格式进行组织？如何确定相关信息？

10. 会议资料本身特征(如非正式出版、多类型文献)对书目工作产生了哪些影响？如何应对这些情况？

11. 请您谈一下全文数据库建设情况。

12. 请您谈一下如何进行会议资料的二次开发？开发成果是什么？

13. 在会议资料建设方面，是否有其他合作机构和单位？这些会议资料会流向哪些机构单位？

后　记

　　本书源自我的博士论文，回首我在南开大学读博求学生涯的数年间，其间有数不尽的收获，也有道不尽的艰辛；有沉默如山的压力，也有点滴成长的快乐。

　　首先，衷心感谢我的导师柯平教授。我很荣幸也很感激能够跟随老师学习做学问、做事情和做人的道理。导师不仅是一位学问大家，更是一位德风昭昭的贤者。在学术研究上，柯老师一直对学生严格要求。在我博士阶段的学习过程中，老师给予我很多参与国家项目和各类课题的机会，借项目之故，我得以前往新疆、内蒙古、广东、北京、河南等地调研学习，这些难得的经历使我得以开阔眼界和增长见识，同时也锻炼了我的科研能力。对于论文的指导，老师的指导总是鞭辟入里，仅是几句话的点拨就足以让困在迷思之中的我拨云见日，而且能让我在今后的论文写作中也不断受益。桃李虽不言语，但其下自成蹊。行止所见，犹记在心。每每回想起老师对我的殷殷教诲，总觉得很多事情尚未能做好，愧对于老师的良苦用心。

　　其次，感谢南开大学商学院为我们提供的良好的学术氛围。老师们对科研学术的热忱和深厚的学术造诣，无不让我感到望尘莫及。感谢于良芝教授，在当代西方图书馆学思想研究这门课中使我领略到了以往不曾见到的风景，让我得以从更高的视角来看待图书馆学。感谢徐建华教授，在图书馆管理专题研究这门课中得以让我更加深入地了解和学习图书馆管理等各方面的知识。感谢李月琳教授、王芳教授、王知津教授、樊振佳副教授在日常生活中给予的关爱。感谢商学院的诸位老师，在我日常学习生活中给予的指导和关怀。

　　最后，我还要感谢本书写作过程中给予我调研支持的各位专家学者和各界人士。感谢王新才教授、蒋永福教授、盛小平教授、王平教授、赵益民研究馆员、樊振佳副教授、王铮副教授、李大玲副研究员、王毅博士、宫平博士等专家学者提供的指导和帮助。同时，还要感谢来自图书馆领域包括浙江图书馆、上海图书馆、南京图书馆、东莞图书馆等馆内领导和馆员的大力支持；感谢来自企事业单位和社会组织包括北京碧虚文化有限公司、郑州圆方集团、天津市南开区文化馆、河南豫发集团有限公司、中国城市规划学会等机构相关人员的鼎力支持。感谢武汉大学出版社编辑沈继侠老师为本书所做的认真且专业的编辑工作。

　　由于水平有限，本书难免存在错误和疏漏，恳请各位专家学者不吝批评指正。

张雅琪

2023 年 2 月于郑州大学